マスコミ就活

テレビ局

内定獲得！

2025年度版

放送業界内定までの
近道はここに。

Wセミナー専任講師

冨板 敦

JN172606

TAC出版

TAC PUBLISHING Group

はじめに

　本書は、テレビ局やラジオ局に入社して、テレビ（ラジオ）番組に関わっていきたい、番組を実際につくっていきたいと思う君のための本である。

　2025年採用版には、テレビ局やラジオ局、そしてテレビ番組制作会社（テレビ番組制作プロダクション）に入るためには何をしたらよいのかを、最新情報を含めて余すところなく記した。

　私はこれまで30年間、各大学のマスコミ就職講座や早稲田マスコミセミナー、また日本ジャーナリスト専門学校で、放送業界をめざす多くの学生とともに就職戦線をくぐりぬけてきた。少なくない仲間が現在、放送業界で番組づくりに携わり、また、報道記者としても活躍している。

　今は、「芸能人に会いたい」「売れるドラマをつくりたい」「バラエティー番組で世の中を笑わせたい」など、憧れの気持ちがあるだけでよい。私が各大学や早稲田マスコミセミナーで、就職講座の最初の講義を始める前に「今の気持ち」を尋ねると「実際に、テレビ（ラジオ）局に入るためには何をどう準備したらよいのか、さっぱりわからない」と答える大学生が多数を占める。まず、本書を通読してもらいたい。

　この本では、**放送業界の現状**から、**エントリーシートや作文の書き方、面接対策**まで、**放送局やテレビ番組制作会社をめざすすべての人へのアドバイス**を記した。**従来の放送業界就職対策本にはなかった多くの特長**がある。

　まず、**民放キー局・準キー局**をはじめとして、現在テレビ局の入社試験でもっとも難しいとされる**「クリエイティブ試験」対策**に多くのページを割いた。

　実際にテレビ・ラジオ局の試験で出されたクリエイティブ試験例と合格作文回答例を記している。

なかでも、「天気予報番組を視聴率 80％にするにはどうしたらよいか」「世界中の人を同時に笑わせる方法を書いてください」「あなたが『サザエさん』に特別出演します。どんな役柄で登場しますか」など、毎年志望者を驚かせ、悩ませてきた過去の難問例と合格例文も豊富に紹介した。ほかに、**クリエイティブ試験の基本ともいえる三題噺の解き方**など、読むだけで力をつけられるような構成をめざした。

　次に、**NHK や地方放送局**に入社するためにもっとも大切な**作文の書き方**については、合格できるレベルの例文を豊富に掲載した。この本で紹介した「恥さらし」作文術は、放送業界だけでなく、あらゆる就職作文試験に対する万能突破法だ。ぜひ学んでほしい。

　また、これまであまり明らかにされてこなかった**放送業界（民放、番組制作会社）の直近 3 年間**（2024 年度、2023 年度、2022 年度）**の一般教養問題**を紹介した。巻末には、**放送局と主な番組制作会社のリスト**を掲載し、付録とした。美しく見ごたえのあるホームページを作っている会社が多い。また、通年採用を行っている会社も少なくないから、気軽にアクセスしてほしい。

　いざ放送業界への就職を考えはじめても、もう目の前に試験が迫っている時期かもしれない。本書は、そんな君のための最短でもっとも効率のよい放送業界内定獲得（対策）本である。じっくりと読み込んでほしい。必ず放送局、番組制作会社の内定は獲得できる。頑張ろう！

CONTENTS

PART 9 📖 放送業界ならではの面接攻略法

PART

1

テレビ・ラジオ局に入るには

1 放送業界の現在と放送局の主な仕事を知る

　まず、2023年現在の放送業界の現状を簡単に知っておこう。

　現在、日本には放送局が208社ある（2023年7月1日現在）。これは公共放送であるNHKと、いわゆる民放207社（日本民間放送連盟正会員社）を合わせた数字である。

　民放の内訳を見てみよう。地上放送は、テレビ・ラジオ兼営社が31社、テレビ社が96社、ラジオ社が67社、衛星放送が13社である。

　ちなみに、民放テレビでは関東圏のキー局を中心とした五つのネットワークを、ラジオ局も五つのネットワークを形成している（12〜15ページ）。

1 番組制作会社とポストプロダクション

　また、テレビ番組を制作している番組制作会社は現在1000社以上ある。

　ここで知っておいてほしいのだが、諸君がプロデューサーやディレクターとして、民放やNHKで放送されるテレビ番組やラジオ番組づくりに携わりたいのならば、およそ1200社以上もの会社の中から選ぶことができるということである。

　もちろん一つのテレビ（ラジオ）番組は、プロデューサーやディレクターだけではなく、多くの社外スタッフの協力でできあがっている。

　たとえば、技術系の番組制作会社のスタッフとなって、カメラマン、照明、音声、美術などの仕事をするのもよいだろう。さらに、

民放の現況（2023年7月1日現在）

地上放送	テレビ・ラジオ兼営社　31 社		
	テレビ社 96 社		
	ラジオ社 67 社	中波	16 社
		短波	1 社
		FM	50 社
衛星放送	13 社（うち音声放送のみ 1 社）		

（参考）電波利用の現状

種類	利用	周波数
超長波 （VLF）	対潜水艦通信	3KHz（キロヘルツ）
長波 （LF）	船舶・航空機用ビーコン、電波時計	30KHz
中波 （MF）	**ラジオ中波（AM）放送**、船舶通信	300KHz
短波 （HF）	**ラジオ短波放送**、アマチュア無線、船舶・航空機通信	3MHz（メガヘルツ）
超短波 （VHF）	**ラジオ FM 放送**、警察無線、消防無線、コードレス電話	30MHz
極超短波 （UHF）	**地上デジタルテレビ放送**、携帯電話、無線 LAN、タクシー無線、列車無線、GPS、自動車の電子キー	300MHz
マイクロ波 （SHF）	**衛星放送**、放送番組中継、ETC	3GHz（ギガヘルツ）
ミリ波 （EHF）	各種レーダー	30GHz
		300GHz

情報伝送容量が小さい。直進性が弱く、遠くまで伝わる。

情報伝送容量が大きい。直進性が強く、遠くへは伝わらない。

11

テレビニュースネットワーク （2023年7月1日現在）

	JNN（28局）	NNN（30局）	FNN（28局）	ANN（26局）	TXN（6局）	JAITS（13局）
北海道	北海道放送 HBC	札幌テレビ放送 STV	北海道文化放送 UHB	北海道テレビ放送 HTB	テレビ北海道 TVH	
青森	青森テレビ ATV	青森放送 RAB		青森朝日放送 ABA		
岩手	IBC岩手放送 IBC	テレビ岩手 TVI	岩手めんこいテレビ MIT	岩手朝日テレビ IAT		
宮城	東北放送 TBC	宮城テレビ放送 MMT	仙台放送	東日本放送 KHB		
秋田		秋田放送 ABS	秋田テレビ AKT	秋田朝日放送 AAB		
山形	テレビユー山形 TUY	山形放送 YBC	さくらんぼテレビジョン SAY	山形テレビ YTS		
福島	テレビユー福島 TUF	福島中央テレビ FCT	福島テレビ FTV	福島放送 KFB		
東京						東京メトロポリタンテレビジョン TOKYO MX
群馬						群馬テレビ GTV
栃木	TBSテレビ TBS	日本テレビ放送網 NTV	フジテレビジョン	テレビ朝日	テレビ東京	とちぎテレビ GYT
茨城						
埼玉						テレビ埼玉 TVS
千葉						千葉テレビ放送 CTC
神奈川						テレビ神奈川 TVK
新潟	新潟放送 BSN	テレビ新潟放送網 TeNY	NST新潟総合テレビ NST	新潟テレビ21 UX		
長野	信越放送 SBC	テレビ信州 TSB	長野放送 NBS	長野朝日放送 ABN		
山梨	テレビ山梨 UTY	山梨放送 YBS				
静岡	静岡放送 SBS	静岡第一テレビ SDT	テレビ静岡 SUT	静岡朝日テレビ SATV		
富山	チューリップテレビ TUT	北日本放送 KNB	富山テレビ放送 BBT			
石川	北陸放送 MRO	テレビ金沢 KTK	石川テレビ放送 ITC	北陸朝日放送 HAB		
福井		福井放送 FBC	福井テレビジョン放送 FTB	福井放送 FBC		
愛知	CBCテレビ	中京テレビ放送 CTV	東海テレビ放送 THK	名古屋テレビ放送	テレビ愛知 TVA	
岐阜						岐阜放送 GBS
三重						三重テレビ放送 MTV

● JNN：Japan News Network　● NNN：Nippon News Network　● FNN：Fuji News Network
● ANN：All Nippon News Network　● TXN：TV-Tokyo（TX）Network

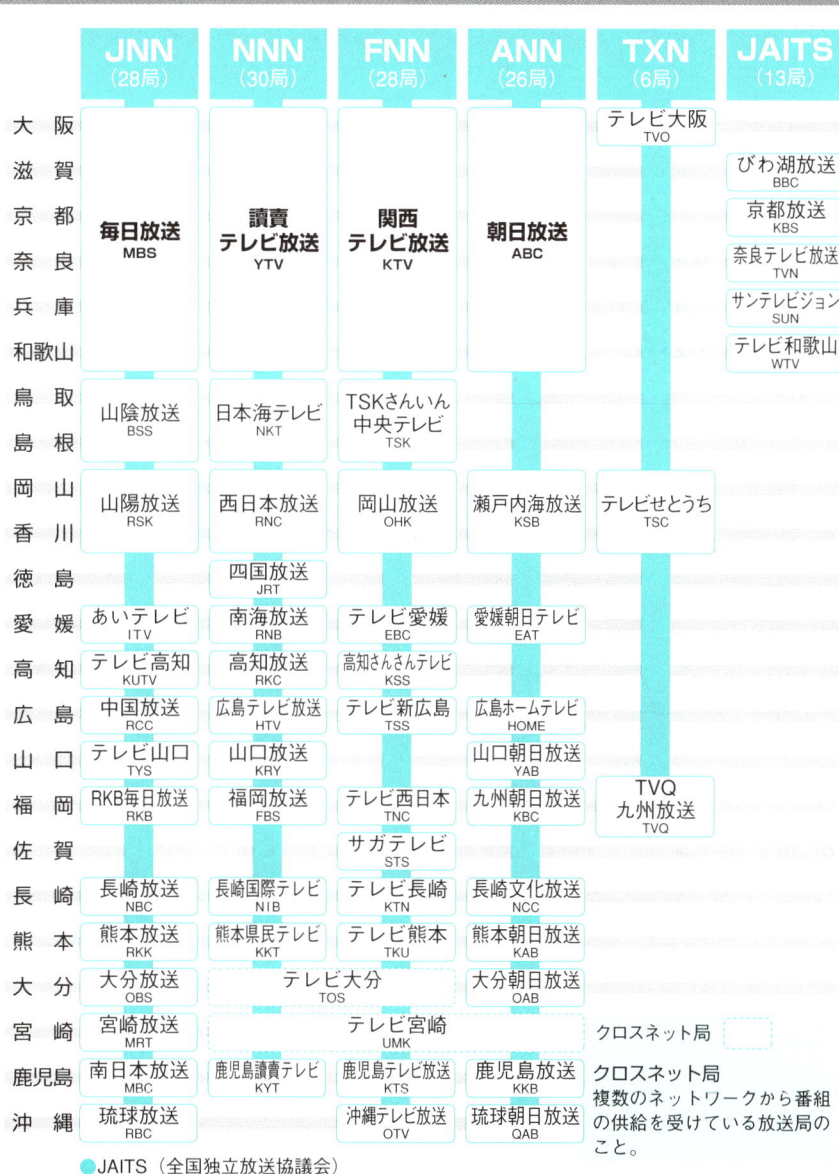

	JNN（28局）	NNN（30局）	FNN（28局）	ANN（26局）	TXN（6局）	JAITS（13局）
大阪	毎日放送 MBS	讀賣テレビ放送 YTV	関西テレビ放送 KTV	朝日放送 ABC	テレビ大阪 TVO	
滋賀						びわ湖放送 BBC
京都						京都放送 KBS
奈良						奈良テレビ放送 TVN
兵庫						サンテレビジョン SUN
和歌山						テレビ和歌山 WTV
鳥取	山陰放送 BSS	日本海テレビ NKT	TSKさんいん中央テレビ TSK			
島根						
岡山	山陽放送 RSK	西日本放送 RNC	岡山放送 OHK	瀬戸内海放送 KSB	テレビせとうち TSC	
香川						
徳島		四国放送 JRT				
愛媛	あいテレビ ITV	南海放送 RNB	テレビ愛媛 EBC	愛媛朝日テレビ EAT		
高知	テレビ高知 KUTV	高知放送 RKC	高知さんさんテレビ KSS			
広島	中国放送 RCC	広島テレビ放送 HTV	テレビ新広島 TSS	広島ホームテレビ HOME		
山口	テレビ山口 TYS	山口放送 KRY		山口朝日放送 YAB		
福岡	RKB毎日放送 RKB	福岡放送 FBS	テレビ西日本 TNC	九州朝日放送 KBC	TVQ九州放送 TVQ	
佐賀			サガテレビ STS			
長崎	長崎放送 NBC	長崎国際テレビ NIB	テレビ長崎 KTN	長崎文化放送 NCC		
熊本	熊本放送 RKK	熊本県民テレビ KKT	テレビ熊本 TKU	熊本朝日放送 KAB		
大分	大分放送 OBS	テレビ大分 TOS		大分朝日放送 OAB		
宮崎	宮崎放送 MRT	テレビ宮崎 UMK				
鹿児島	南日本放送 MBC	鹿児島讀賣テレビ KYT	鹿児島テレビ放送 KTS	鹿児島放送 KKB		
沖縄	琉球放送 RBC		沖縄テレビ放送 OTV	琉球朝日放送 QAB		

クロスネット局 □

クロスネット局
複数のネットワークから番組の供給を受けている放送局のこと。

● JAITS（全国独立放送協議会）
Japanese Association of Independent Television Stations

出所：日本民間放送連盟「ホームページ」を参考

ラジオネットワーク （2023年7月1日現在）

	JRN（34局）	NRN（40局）	JFN（38局）	JFL（5局）	MEGA-NET（2局）	その他
北海道	北海道放送	北海道放送/STVラジオ	エフエム北海道	エフエム・ノースウエーブ		
青森	青森放送	青森放送	エフエム青森			
岩手	IBC岩手放送	IBC岩手放送	エフエム岩手			
宮城	東北放送	東北放送	エフエム仙台			
秋田	秋田放送	秋田放送	エフエム秋田			
山形	山形放送	山形放送	エフエム山形			
福島	ラジオ福島	ラジオ福島	エフエム福島			
東京	TBSラジオ	文化放送／ニッポン放送	エフエム東京	J-WAVE		InterFM897／日経ラジオ社
群馬			エフエム群馬			
栃木		栃木放送	エフエム栃木			
茨城		茨城放送				
埼玉						FM NACK 5
千葉						ベイエフエム
神奈川						RFラジオ日本／横浜エフエム放送
新潟	新潟放送	新潟放送	エフエムラジオ新潟			
長野	信越放送	信越放送	長野エフエム放送			
山梨	山梨放送	山梨放送				エフエム富士
静岡	静岡放送	静岡放送	静岡エフエム放送			
富山	北日本放送	北日本放送	富山エフエム放送			
石川	北陸放送	北陸放送	エフエム石川			
福井	福井放送	福井放送	福井エフエム放送			
愛知	CBCラジオ	東海ラジオ放送	エフエム愛知	ZIP-FM		
岐阜			エフエム岐阜			岐阜放送
三重			三重エフエム放送			

	JRN（34局）	NRN（40局）	JFN（38局）	JFL（5局）	MEGA-NET（2局）	その他
大 阪	毎日放送／朝日放送ラジオ	毎日放送／朝日放送ラジオ／大阪放送	エフエム大阪	FM802	FM COCOLO	
滋 賀			エフエム滋賀			
京 都		京都放送				エフエム京都
奈 良						
兵 庫			兵庫エフエム放送			ラジオ関西
和歌山	和歌山放送	和歌山放送				
鳥 取	山陰放送	山陰放送	エフエム山陰			
島 根						
岡 山	RSK山陽放送	RSK山陽放送	岡山エフエム放送			
香 川	西日本放送	西日本放送	エフエム香川			
徳 島	四国放送	四国放送	エフエム徳島			
愛 媛	南海放送	南海放送	エフエム愛媛			
高 知	高知放送	高知放送	エフエム高知			
広 島	中国放送	中国放送	広島エフエム放送			
山 口	山口放送	山口放送	エフエム山口			
福 岡	RKB毎日放送	九州朝日放送	エフエム福岡	CROSS FM	ラブエフエム国際放送	
佐 賀	長崎放送	長崎放送	エフエム佐賀			
長 崎			エフエム長崎			
熊 本	熊本放送	熊本放送	エフエム熊本			
大 分	大分放送	大分放送	エフエム大分			
宮 崎	宮崎放送	宮崎放送	エフエム宮崎			
鹿児島	南日本放送	南日本放送	エフエム鹿児島			
沖 縄	琉球放送	ラジオ沖縄	エフエム沖縄			

● J R N：Japan Radio Network　● NRN：National Radio Network
● J F N：Japan FM Network　● J F L：Japan FM League
● MEGA-NET：Megalopolis Radio Network

AM放送 □
短波放送 ┆
FM放送 □

出所：日本民間放送連盟「ホームページ」を参考

15

機材レンタル会社、撮影スタジオに勤めて番組づくりの裏方を担うのも大切な仕事である（ちなみに制作現場の技術面を担当する制作会社を「ポストプロダクション」と呼ぶ）。

ほかに CM を専門につくる映像制作会社や CG 制作のプロダクションもある。そこまでを含めてテレビ（ラジオ）番組に関わろうとするならば、現在の日本には、少なくとも 2500 以上の会社がある。これらの中の多くの会社が新卒を採用している。

毎年必ず、応募しきれないくらいの会社が求人をしているのが現状であることを覚えておいてほしい。

ここまで述べたのは、「一般的」なテレビ・ラジオ放送、すなわち民放や NHK に限っての話である。

ケーブルテレビ局やコミュニティFM 放送局などは数に入っていない。たとえば、ケーブルテレビ局でプロデューサーやディレクターをする道もある。それらの放送局や技術関連会社まで含めれば、いくらでも求人はある。自分がどんな番組に、どこの現場で、どんな形で携わって社会人生活をスタートさせたいのかは、ゆっくりと考えていこう。

2 放送局の仕事のいろいろ

続いて放送局の主な仕事である。

ここではテレビ局を例にあげる。わかりやすくするために、民放のテレビ番組づくりに即して大まかに説明していこう。

番組をつくるにはまず企画が必要だ。それは番組の総監督である**プロデューサー**が担当する。番組制作が始まれば**ディレクター**の登場だ。ディレクターは現場の責任者、番組を実際につくっていく。番組ができれば放映である。番組をどの放送枠で送り出すかは**編成**が担当する（実際には、ディレクターや編成、営業、さらにスポンサーが企画に関わることも少なくない）。

また、雑誌、新聞メディアに新番組を知らせる必要もある。それは、**番組宣伝（番宣）**の仕事だ。そもそも、民放は企業からの広告

費で運営されている。放送枠を売るのは**営業**の仕事である。ほか
に、テレビ局の最前線の仕事としては、**カメラマン**を含む技術職、
アナウンサー、**報道記者**、各種の催事を担当する**イベントプロ
デューサー**などがある。

3 フリーランスの仕事も重要だ！

　テレビ局の局員としてではなく番組制作に関わる仕事としては、
フリーの立場では**脚本家**や**放送作家**、**リサーチャー**（クイズ番組の問
題を考えたり、情報番組のネタ探しなどをする）がある。

　局内でする仕事でも、ほかの会社に委託している仕事として、主
に、**大道具**、**小道具**、**衣裳**、**ヘアメイク**などがある。さらに、
VTR 編集（撮った映像をつなぐ）、**音響効果**（効果音などを入れる）、**ＭＡ**
（マルチ・オーディオ＝音響処理：ナレーションなどを入れて仕上げる）の仕事な
ども含まれる。

＊

　最後に、放送業界の「2022 年の業界地図」も示しておこう（視聴
率順）。

1 位、日本テレビホールディングス　売上高 4063 億円
2 位、テレビ朝日ホールディングス　売上高 2982 億円
3 位、TBS ホールディングス　売上高 3582 億円
4 位、フジ・メディア・ホールディングス　売上高 5250 億円
5 位、テレビ東京ホールディングス　売上高 1480 億円
　なお、日本放送協会（NHK）の経常事業収入（売上高）は 7508 億
円である。

（『会社四季報　業界地図　2023 年版』東洋経済新報社　2022 年刊より）

2 放送局の就職戦線はどうなっているのか

　新卒者に対しては、かつては大きな流れとして関東圏のキー局、関西圏の準キー局、続いてローカル局、そして、番組制作会社という順に求人が行われてきた。たとえば、大学3年次の1月頃からキー局、準キー局が動き始め、3月にはNHKが始まり、ローカル局、番組制作会社へと続いていくといった具合にだ。ちなみに**「キー局」**とは、**東京**の**日本テレビ**、**TBSテレビ**、**フジテレビ**、**テレビ朝日**、**テレビ東京**の**5局**を指し、**「準キー局」**とは一般的に**大阪**の**讀賣テレビ**、**毎日放送**、**関西テレビ**、**朝日放送**の**4局**を指す。

　下記の表に掲げた、**2024年度**の主な放送局の**「制作職」**（注）の**採用スケジュール表**を見てほしい（2023年3月1日現在）。

　（注）プロデューサー、ディレクターなどは、募集要項では「総合職」「一般職」「制作職」などと呼ばれ、各社で呼び方が異なる。各社の募集要項をよく読んで間違えないようにしてほしい。本書ではわかりやすいように**「制作職」**に統一している。

主な放送局のエントリー締め切り日（2023年3月1日現在）

NHK	2023年4月7日〆切	フジテレビ	2023年1月9日〆切
テレビ朝日	2022年10月24日〆切	関西テレビ	2023年1月10日〆切
TBS	2022年10月26日〆切	WOWWOW	2023年1月10日〆切
日本テレビ	2022年11月16日〆切	中京テレビ	2023年1月16日〆切
朝日放送テレビ	2022年11月30日〆切	テレビ東京	2023年1月23日〆切
CBCテレビ	2022年12月7日〆切	テレビ大阪	2023年1月31日〆切
東海テレビ	2023年1月4日〆切	テレビマンユニオン	2023年1月31日〆切
毎日放送	2023年1月5日〆切	ニッポン放送	2023年2月8日〆切
名古屋テレビ	2023年1月8日〆切	文化放送	2023年2月10日〆切

テレビ愛知	2023年2月15日〆切	九州朝日放送	2023年3月3日〆切
福岡放送	2023年2月17日〆切	瀬戸内海放送	2023年3月7日〆切
テレビ西日本	2023年2月19日〆切	中国放送	2023年3月9日〆切
札幌テレビ放送	2023年2月20日〆切	仙台放送	2023年3月10日〆切
北海道テレビ	2023年2月28日〆切	東北放送	2023年3月13日〆切
テレビ静岡	2023年3月3日〆切	北海道放送	2023年3月14日〆切
静岡第一テレビ	2023年3月3日〆切	テレビ信州	2023年3月17日〆切
(参考)			
朝日新聞社	2023年1月13日	読売新聞社	2023年2月1日
毎日新聞社	2023年1月18日	日本経済新聞社	2023年3月13日

　Web上でのエントリー締め切り日、もしくは**郵送でのエントリーシート提出の締め切り日**を示した。参考にあげた大手新聞社に比べると放送業界の採用活動の早いことがわかるだろう。また、近年は必ずしもローカル局が、キー局、準キー局より遅い時期に採用活動をするとは限らない。かなり早くから採用活動を始める局もある。「今はキー局の採用中だから、自分の志望する地元の民放はまだまだだろう」などとのんきに構えていると、すでにエントリーは締め切られていたということも十分ありうるのである。

　ここで押さえておきたいのは、放送業界の求人は現在、大学生に対するすべての就職戦線の中でもっとも早い傾向にあるということだ。

　2024年度の場合、新卒の制作職募集でもっとも早かったのはテレビ朝日だった。大学3年次（2022年）の10月24日にエントリーを締め切っている（ただし、大学4年生もエントリー可能）。

　他方で、2022年10月に新潟総合テレビ（新潟県）、11月に長崎放送（長崎県）が2023年度の採用の締め切り日を設定するなど、秋以降の採用も少なくない。また2023年1月にエフエム愛媛（愛媛県）、群馬テレビ（群馬県）、さらには、2023年3月にラジオ福島が2023年4月1日入社の大学4年生に対して求人活動をしていた。

　この現状をあわせみると、現在放送局の求人活動は一年中行われていると考えてよい。いつでも放送局への入局のためのエントリー

は可能なのだ。

　また近年では、NHK をはじめ東京のキー局、大阪の準キー局など、春のみならず夏・秋採用を行う局があらわれた（テレビ朝日、日本テレビ、TBS、毎日放送、讀賣テレビ、関西テレビなど）。

　したがって、大学 3 年次末〜4 年次初めに内定をもらえなかったとしても、大学 4 年次の秋に再チャレンジすることができる。すなわち、在学中に二度受けることができる。

　なお、**放送局の求人は、アナウンサー職のほうが制作職より早く**、2024 年度ではフジテレビが 3 年次（2022 年）の 9 月 27 日にエントリーを締め切っている。また、**報道、営業、技術職などについては、制作職とおよそ同時期に採用活動が行われている**が、各社まちまちであり、発表される求人情報をその都度注意して確かめることが重要である。

　では、続いて代表的な放送局の近年の採用スケジュールを見てみよう。例年、とりわけコロナ禍以降は、各社とも採用活動の日程に大きな変更があるので注意が必要だ。ただ、選考のプロセスは各社それぞれ毎年似ているので、参考にしてほしい。

主な放送局の制作職の近年の採用スケジュール

●NHK		●日本テレビ	
エントリーシート〆切	4 月中旬	エントリー〆切	12 月上旬
筆記試験	5 月下旬	一次面接	12 月上旬
一次面接	6 月上旬	ワークショップ	12 月下旬
二次面接	6 月上旬	二次面接	12 月下旬
二次筆記試験	6 月上旬	ワークショップ	1 月上旬
三次面接	6 月中旬	三次面接	1 月中旬
最終面接	6 月中旬	最終面接	1 月下旬
内定通知	6 月中	内定通知	1 月中

●朝日放送テレビ

エントリー〆切	12月中旬
一次面接	1月下旬
筆記試験	2月上旬
二次面接	2月上旬
最終面接	2月中旬
内定通知	2月中

●TBSテレビ

エントリー〆切	12月上旬
一次面接	12月中旬
二次面接	12月下旬
筆記試験	12月下旬
ワークショップ＋二次筆記試験	1月中旬
三次面接	1月中旬
最終面接	1月下旬
内定通知	1月中

●テレビ東京

エントリー〆切	4月上旬
一次面接	5月中旬
筆記試験	5月中旬
集団討論	6月上旬
二次面接	6月中旬
最終面接	6月中旬
内定通知	6月中

●フジテレビ

エントリー〆切	1月上旬
一次面接	1月下旬
二次面接	2月上旬
三次面接＋筆記試験	2月上旬
最終面接	2月中旬
内定通知	2月中

　放送業界の場合も他の業界と同じく、書類選考→筆記試験→面接というパターンがほとんどである。

　最終的に、学生側と会社側が、お互いに一緒に働くことができるかどうかの相性をはかるのは面接だ。したがって採用に関しては、面接がもっとも重要なのは当然のことである。

　面接以外では、NHKやローカル局は作文が、キー局・準キー局などではクリエイティブ試験が重視される。

　さらに、キー局を中心とする民放で特徴的なのは、面接の回数が多いことと、グループディスカッション、企画のプレゼンテーションなど「集団の中の個人」を見る試験があることだ。日本テレビや番組制作会社のテレビマンユニオンでは、最終面接の前に合宿試験が行われることもある。なお、合宿試験では個人での映像制作実習やグループでの映像制作実習などが課されたことがあった。

3 OB訪問、業界研究、会社研究は一切不要!?

　就職活動をしていると「業界研究」「会社研究」などの言葉をよく耳にすると思う。

　放送業界を志望するにあたっては、特別に業界研究、会社研究をする必要はない。放送業界は、番組を制作し放映することが仕事の中心である。自分が実際に番組を見て、聴いて、こんな番組をつくりたいと思ったら、その会社を受ければよいだけだ。

　もし、放送業界の現状が知りたければ、毎年業界について書かれた書籍が数多く刊行されているから、それを読んでほしい。どれでもよい。書店の就職本コーナーか、社会学・マスメディアの書棚で、面白そうだと思う本を購入して読んでみよう。

　おすすめしたいのは次の3冊。

　『**図解入門業界研究 最新放送業界の動向とカラクリがよくわかる本**（第5版）』（中野明著／秀和システム刊）

　『**図解放送業界ハンドブック**（新版）』（西正著／東洋経済新報社刊）

　『**テレビの教科書―ビジネス構造から制作現場まで**』（碇井広義著／PHP新書刊）

　これらは、放送業界の現在と過去を押さえるのに役に立つ。

　これで業界研究はおしまいだ。

　もっと詳しく知りたければ、月刊誌「創（つくる）」（創出版）や隔月刊誌「放送レポート」（大月書店）、月刊誌「GALAC（ぎゃらく）」（KADOKAWA）などが、時々の話題をホットに伝えてくれて参考になる。また、しばしば各雑誌が放送業界に関する特集を組むので、それらに目を通すのもよい。

　放送業界のデータについては、毎年、以下に掲げる3種類の便利

PART 1

テレビ・ラジオ局に入るには

な年鑑が刊行されている。興味があれば、ひもといてみてほしい。

『**日本民間放送年鑑**』（社団法人日本民間放送連盟編集／コーケン出版刊）

『**NHK 年鑑**』（NHK 放送文化研究所編／日本放送出版協会刊）

『**情報メディア白書**』（電通メディアイノベーションラボ編／ダイヤモンド社刊）

　次に会社研究である。「会社研究＝社風を調べる」という学生が多い。OB 訪問をしながらいろいろな放送局の局員に「御社の社風はどんなですか」と訊ねているらしい。はっきりいえばまず、**放送局局員への OB 訪問は必要がない**。自分の入りたい放送局の局員に会ったり会社を訪ねたりしても、採用とは無関係である。自分がテレビ番組制作に携わりたくて、現役のテレビマンから話を聞いて自身のやる気を固めたいという意味での OB 訪問なら役に立つ。

　社風については、各放送局の複数の局員に質問すればわかるが、同じ答えが、後から返ってくることはありえない。社員にとって自分が所属する会社の見方はそれぞれだからだ。たとえある放送局の局員にその会社の雰囲気を教えてもらったとして、それが、自分の就職活動にどう役立てられるというのか。あまり役に立たないと思う。もちろん、「自分なりにその放送局の内実を知りたいから、社風を聞き回っている」というのなら、その好奇心旺盛さは評価したい。しかし、ひとりの社員の意見を鵜呑みにして「なるほどそういう会社なんだ」と納得して、その放送局のイメージを固めてしまうのは、はっきりいって逆効果である。放送局などのマスコミ各社は、転がり続ける石のように日々変わり続けているのが現実だ。そうでなければ、〝現在と併走する〟ことはできない。

　繰り返すが、放送局に対しての OB 訪問は無理にすることもない。他人が OB 訪問をしているからといって自分もしなくてはならないのかと不安になる学生は多い。が、ちょっと待った！　他人は他人、私は私。自信を持って就職活動を始めよう。わが道を行く、すなわち孤独を耐える。これが、誰にも真似することのできないオリジナルな番組をつくることのできるテレビマンになるための、最初の重要な心構えだ。

4 番組制作会社（番組制作プロダクション）も魅力的だ

　ここでは、テレビ番組制作会社（番組制作プロダクション）についての説明と、入社の仕方を述べたい。

1 テレビ番組制作会社とは何か

　テレビ番組制作会社とは何か、二つの側面から紹介したい。

❶テレビ番組制作会社とは、そもそもは独立した制作者集団である。

　一般的に放送局では、個人の意向にかかわらず違う部署に異動させられることが大変多い。若いときから自分の好きな部署に行けることはむしろまれである。それを嫌って、1970年、「番組制作の仕事を一生の仕事にしたい」というメンバーがTBSを飛び出して設立した会社が、日本最初のテレビ番組制作会社「テレビマンユニオン」である。

　「大きな会社に所属していては、制作者として自立できない。そう考えて制作者は、大きな組織を離れ、自立しました。自らが〈制作者〉という職業を選びとったのです。／テレビマンユニオンは、メンバーシップという制作者のための独自の組織論をつくりました。制作者が自ら出資し、経営に責任を持ち、つねに組織のあり方を考える。議決の権利は1人1票。同等の権利をもって、組織の現在を考え、未来を選びとっていく。制作者が自立するという前提で始まったこのメンバー制度は、今も続いています」（テレビマンユニオンの「理念」より）。

　堅く高い志と、それを持続させるために一人ひとりが自立し、組織の運営者としての自覚を持って番組をつくり続けることが、これまで50年余続けてきた番組制作会社のさらなる歴史を刻んでいくのだと思う。

　番組制作会社は、何百人もの従業員を抱える大きな会社から、数人の会社までさまざまである。しかし、制作会社に勤める少なくないプロデューサーやディレクターが、先の日本初の番組制作会社が掲げたような高い志を持って番組をつくり続けている。

　番組制作会社とは、そもそも放送局の下請けではない。あくまでも基本は、**自主独立した人たちによる制作者集団**なのである。

　ちなみに、映画監督の是枝裕和氏は1987年から2014年までテレビマンユニオンのメンバーだった。

❷テレビ番組制作会社は、企画力のみで勝負できる。

　テレビ番組制作会社は、つくる番組が自由である。自分で番組企画を立てて、放送局に売り込む。それがテレビ番組制作会社の基本姿勢だ。放送局の番組担当プロデューサーに企画の話を持ちかけるのである。ある局に持ち込んで断られたら、よりふさわしい放送局と放映枠を探せばよい。企画さえ放送局の求めるものであれば、いくらでもつくり続けることができる。

　しかし、もしも自分がどうしてもつくりたいという企画が放送局で放映できないとなればどうするか。何がなんでも作品に仕上げたければ、自主上映をすればいいだけだ。森達也監督のオウム真理教を描いた鮮烈なドキュメンタリー映画『A』（1998年）は、そもそもテレビ番組として企画されていたものである。

2 テレビ番組制作会社への入社の仕方

　次に、テレビ番組制作会社にどう入るかである。

　先にも述べたように番組制作会社は、何百人もの社員を抱える会社から数名の会社まで規模はいろいろだ。現在日本には、1000社

以上の番組制作会社がある。それらを手っ取り早く知るには、自分の好きなテレビ番組の終わりの画面を注視することだ。放送局の名前とともに、「制作協力」「協力」などとして会社の名前が併記されていることがあるだろう。これが、その番組を直接つくったか、何らかの形でその番組づくりに携わっていた制作会社の名前なのである。

また、番組の終わりに制作に関わった人たちの名前が流れる映像（エンドロール）があるだろう。人名に会社名が添えられていれば、それは番組制作会社のメンバーであるということだ。たとえば、「ディレクター：増田浩（テムジン）」とあれば、テムジンという番組制作会社の増田浩さんがその番組のディレクターを務めたということである。

好きな番組を見て、それをつくった制作会社を知り、その会社に入りたくなったら、ホームページを見てみよう。求人を含めた情報を得られるはずだ。定期採用ではなく、随時募集している会社がいくつもあることがわかって驚くことになるだろう。

一般的には、小さい規模の番組制作会社では、新卒の定期採用はせず、欠員が出るたびに募集をかけることが多い。いずれにせよ一年中どこかの会社が求人活動を行っている。

求人を知って連絡をとり、履歴書を持っていったら面接があって即採用という話は少なくない。OB訪問をしたら、気に入られて社長に紹介され、結果として入社できたという話もある。先に述べた放送局へのOB訪問とは違い、小さい規模の番組制作会社へのOB訪問は役に立つ場合がある。

逆に大きな番組制作会社では、放送局と同じ採用方法だと考えたい。クリエイティブ試験、作文試験はもちろん、プレゼンテーションやディスカッション、幾度にもわたる面接もある。先に紹介したテレビマンユニオンでは、街頭取材試験とそれに基づいた企画書の執筆、さらにその企画書を使っての模擬企画会議試験、ほかに合宿試験なども行われている。民放・NHKよりも採用試験の内容ははるかにハードだ。

　番組制作会社は仕事がきついとよく聞くが、もちろん会社によっても、その会社でそのときに動いている仕事の内容によってもさまざまだ。忙しいときもあれば、ヒマなときもある。当たり前のことである。たとえどれだけ仕事が厳しくても、好きな番組づくりに携われて、しかもお金がもらえる。その上、忙しければそれだけ仕事を早く覚えられるのだ。企画のための街頭インタビューであれ、図書館での資料集めであれ、ロケ先のリサーチであれ、撮影現場での弁当の手配であれ、仕事の内容はいずれディレクターそしてプロデューサーになるために知っておいて損なことは一つもない。いいこと尽くめだと考えたい。

　はっきりいえば、放送局にくらべて仕事が大変だというのは間違いだ。放送局の仕事でも、きつい仕事はいくらでもある。

＊

　なお毎年、テレビ番組制作会社の団体である（社）全日本テレビ番組製作社連盟（ATP）が、テレビ番組制作会社就職志望者のための講座「TV エグザム」を東京と大阪で開催している。

　各社がつくっている番組などの現場の仕事内容が聞けるとともに、個別面談もできる。募集要項も配布されるので、番組制作会社まで射程に入れて放送業界への就職をめざすのなら、ぜひ参加してみたい。正確な日程、場所などは、ATP のホームページでチェックしよう（http://www.atp.or.jp）。

　ちなみに、ATP は、よい番組をつくり続けるために、放送局との制作契約条件の改善をめざして集まったテレビ番組制作会社の団体である。2023 年 6 月現在、125 社が参加している。巻末のリストをご覧いただきたい。

内定獲得！　とっておき五つのこぼれ話

①「資格」なんていらない！

　マスコミ就職を志望する大学生からの最も多い質問が「何かの資格を取っておいたほうが就職に有利でしょうか」である。ズバリ、資格は必要ない。マスコミ各社は、学生諸君が学生時代に何をしたかにはあまり興味がない。**「会社に入って何をしてくれるか」**に大いに興味があるのだ。

　マスコミセミナーの冨板ゼミで学生のエントリーシートを拝見して、あまりに資格取得数が多いので、「減らしたら」と助言したことがある。学業と資格取得だけに大学生活を費やし、社会と接することが嫌いなように思われかねない、と思ったからだ。

②就職活動に使う時間の半分を、「企画」に注ごう！

　大学生が就職活動に本気で向き合うことになるのは、例年、各社がエントリーシートを配布する時期からだ。ある会社がエントリーシートを配布するや、同業他社も、遅れまじとばかりにエントリーシートを配布する。学生の立場からは、エントリーシートが通らなければ筆記試験も受けられないし、面接もおぼつかない。いきおい、エントリーシートの記入に時間をかけることになる。その気持ちはよくわかる。

　しかし、ちょっと待って！　就職活動の目的は、その会社の内定を獲得すること。エントリーから内定獲得までの道のりは、だいたい次のようになる。

　エントリーシート記入（1回）→作文試験（1回）・時事雑学試験（1回）・漢字言葉の試験（1回）・SPI試験（1回）、クリエイティブ試験（1回）→面接（4〜6回）→内定。

　放送局の面接は、少ないところで4回、キー局では、プレゼンテーションや合宿を含めて6回行われたこともある。全体の半分が面接なのである。就職活動に使う時間の半分を、面接対策に使いたい。**面接対策とは、会社に入ってやりたいこと（＝企画）、それを**

コトバ化できること。

　エントリーシートの重要項目は、PART 2 に記したとおり、使い回しができる。まず一つの会社にエントリーし、そのエントリーシートが通れば、それは合格エントリーシート。自信を持って、他の会社でも使い回せばいい。エントリーシートに時間を使いすぎないこと。逆にいえば、とにかく、企画を考えることが大切なのだ。

③一番好きな会社の内定獲得は、一番難しい！

　「あなたが一番好きで、どうしても入りたい放送局がある。それはいいことだけれど、その内定を獲得するのは、実は最も難しい」と大学生に話すと、驚かれる。しかし、それは本当のこと。

　かりにあなたがドキュメンタリー番組「ザ・ノンフィクション（フジテレビ系）」が好きで、フジテレビへの就職を志望しているとしよう。そして、エントリーシート、筆記試験も通り、面接に進めた。面接担当者は、「ザ・ノンフィクション」のプロデューサー、ディレクターの可能性がある。「先週の『ザ・ノンフィクション』見てくれましたか？　どうでしたか」と聞かれて、「すばらしかったです。感動しました。昔から『ザ・ノンフィクション』が大好きなんです。すべてが最高で、先週の番組もいうことはありません！ 私も御社に入れていただけたら、全力で頑張ります」などと答えたくなるかもしれない。しかし、そう答えたら、即アウト！　その面接は落ちる。

　会社の側は、無条件にほめてくれる人を求めているのではない。まったく逆。**よりよい番組を具体的に企画として提案してくれる人**を求めている。その会社にはない新しい風を吹き込んでくれる、革命的で具体的な企画を提案してくれる学生でなければ、採用できないということ。

　面接をしたプロデューサーが、「この学生が半年前に入っていてくれれば、先週の番組はもっとよくなったのになあ」と思わせて初めて、内定に近づけることになる。

　話を戻せば、自分がその会社が好きなことは当然で、好きな番組

名を挙げて志望動機にすればよい。しかし、その放送局に入ってやりたいこと（＝企画）は、それまでその会社にないものを提案しなくてはならないのだ。

④エントリーシートは、落とされたときこそ、助言を受けよう！

いざ、就職活動が始まった。エントリーシートを提出した。残念ながら落とされてしまった。「ふざけんな！　誠実に自分を書いたのに、理解できないのは、その会社が悪い」と怒っていい。

しかし、ちょっと冷静になって。気を取り直して、次に、違う会社にエントリーシートを書いて提出しても、そのエントリーシートが通らない可能性は正直、大きいと思う。

落とされたエントリーシートは、**「普通」** か、**「重大な欠陥」** があるかどちらかだといえる。したがって、その延長上で、その後100社エントリーしても、ほぼ通らない可能性がある。

エントリーシートは、「普通」ではダメ。「魅力があるから、この学生に筆記試験を受けてもらおう、面接に呼ぼう」と会社側は考える。また、本書（49ページ）に記したとおりの、一所懸命であるがゆえに自身の〝逆PR〟になっているエントリーシートを平然と提出していたということもありえる。

結論をいえば、ある会社のエントリーシートが通らなかったら、社会人に読んでもらい、助言を受けるようにしよう。そのエントリーシートは、魅力がないか、重大な欠陥があるか、どちらかだ。恥ずかしがっている場合ではない。

⑤マスコミ人になるための必勝法：「会社説明会」を利用せよ！

「マスコミの内定を獲得するのは大変、勉強に時間がかかるから、一般企業は受けない。会社説明会にも行かない」という学生は少なくない。しかし、それは損をしている。最後にマスコミ志望の学生にとっておきの話をしたい。

マスコミに入りたいなら、「会社説明会」を利用せよ！

君が、いずれは、国際貢献に関わる報道記者になりたいとしよう。

PART

1

テレビ・ラジオ局に入るには

　ならば、いわゆる国際貢献・協力に関わる企業、団体の会社説明会にできるかぎり参加しよう。そして、自分の疑問をどんどんぶつけてほしい。すなわち取材をしてきてほしいのだ。

　就活生には、特権がある。会社・団体は、将来を担ってもらいたいフレッシュな学生の君たちには、どんな質問にも答えてくれるだろう。そして内情も裏まで教えてくれることもある。必要さえあれば、普段は立ち入り禁止の場所まで見せてくれるはずだ。報道・新聞記者には教えないことを、だ。

　ある学生は、社会福祉の報道記者をめざしていた。それで、会社説明会が解禁されるや、時間の許す限り、社会福祉関係の企業・団体の説明会に参加した。そこで、今、社会福祉「業界」では何が問題で、何が課題で、個別の会社・団体では何が問題なのか、つぶさに聞いた。今後の展望についても、それぞれの会社・団体の見解をとことん聞いた。

　彼女は、エントリーシートに、社会福祉について会社に入ってからやりたいニュース番組企画、ドキュメンタリー番組企画を、その取材をもとにしていくつも書いた。当然、そのエントリーシートは通った。面接に呼ばれる。いきなり、社会福祉に詳しい報道記者が面接担当者だった。社会福祉の問題・展望を聞かれて、会社・団体説明会で取材した内容を話すと「君は学生なのに、どうしてそんなに詳しいんだい？」といわれた。ここで「会社説明会で聞きました」とは当然いわない。「書籍・新聞・ネットだけでなく、疑問に思ったことはその会社・団体を訪ねて、自分なりに調べてきました」といった。その内容は、報道記者ではすんなりとは聞けない、今現在の社会福祉の具体的な問題・未来の課題である。彼女は「報道記者に向いている学生」として内定を獲得した。

　繰り返しになるが、**就活生には、何でも聞ける、見せてもらえる、教えてもらえるという特権がある**。それは、プロの報道・新聞記者では「聞くことも、見ることも」できないことであったりする。それを利用しない手はない。

放送業界をめざすあなたへ。お勧め番組・書籍！

★日々のニュースは、これらの番組で網羅しよう！

● 国際報道（NHK 総合、火～土曜日深夜）

● BBC ワールドニュース（テレビ神奈川他、月～金曜日朝）

● クローズアップ現代（NHK 総合、月～水曜日夜）

★1週間のまとめは、これらでばっちり！

● 報道特集（TBS 系、土曜日夜）

● サンデーモーニング（TBS 系、日曜日朝）

★目下の問題の全体像を以下の番組で把握したい。

● NHK スペシャル（NHK 総合）

● ETV 特集（NHK E テレ）

★放送業界志望者必見の番組！

● バリバラ、ハートネット TV（いずれも NHK E テレ）

★テレビ・ドキュメンタリストの骨頂を見よ！

● ザ・ノンフィクション（フジテレビ系、日曜日昼）

● NNN ドキュメント（日本テレビ系、日曜日深夜）

● テレメンタリー（テレビ朝日系、土曜日早朝）

● ドキュメンタリー「解放区」（TBS 系、日曜日深夜）

● 日本のチカラ（テレビ朝日系、土曜日早朝）

★独自の生き方と社会の今を見事に映像化し続けている番組！

● こころの時代・宗教・人生（NHK E テレ、日曜日早朝）

■テレビ業界を描いた話題のフィクション（小説）として、
『泥の中を泳げ―テレビマン佐藤玄一郎』吉川圭三著　駒草出版
『ガラスの巨塔』今井彰著　幻冬舎文庫
『第四権力―巨大メディアの罪』高杉良著　講談社文庫
ノンフィクションに、
『山本美香という生き方』山本美香著・日本テレビ編　新潮文庫
『前へ、前へ―あるテレビジャーナリスト 32 歳の死』一志治夫
著　幻冬舎文庫
ほかがある。ひもといてほしい。

PART

2

さあ、さっそく
エントリーを始めよう

1 「放送局ならではのエントリーシート」とは

放送業界各社へのエントリーを始めよう。**エントリーの仕方**にはいくつかの種類がある。

- ●Web エントリー
- ●エントリーシート提出（郵送）
- ●市販の履歴書提出（郵送）

放送業界各社のエントリーの仕方はおよそこの3種類である。一つずつ説明していく。

1 Webエントリー

「Web エントリー」には、**大きく分けて二つある。**一つは、**各社のWeb上で自分の個人情報を入力すると、のちほど応募書類が郵送されてくる場合。**もう一つは、**Web上で応募まででき、いきなり選考が始まる場合**である。

関東圏のキー局を中心として、Web上で応募までする形式が一般的になってきている。さらに動画（30秒程度）の提出も求められるようになってきた（動画のつくり方のヒントは、41〜42ページのC社のESを参照）。

近年のエントリー方法は、ホームページの画面上で、氏名、生年月日、現住所、電話番号などの個人情報を打ち込む他に、発想力を問う設問項目を入力させる放送局もある。

たとえば、近年では「あなたは『徹子の部屋』にゲスト出演して

います。司会の黒柳徹子さんから『なにか面白い話をして』と言われました。あなたの『腹を抱えて笑える面白い話』を教えてください」というのがあった。また、「『マツコ＆有吉かりそめ天国』で2人に聞いて欲しいあなたの『お悩み』を教えてください」や、「『○○だが役に立つ』の○○に入る言葉を自分なりに考えて新しい『名言』をつくり、その意味を教えてください」などの設問である。

発想力があるかどうかを問うこれらの設問をクリエイティブ試験というが、その対策は PART 3〜5 でじっくり学んでいこう。

Web 上のエントリーで気をつけたいのは、会社によっては時間制限があることだ。たとえばあるキー局の場合は、「打ち込み」の制限時間は 60 分である。問題が出されているからといって、いきなり書き込み始めるとタイムアウトで失格になりかねないから注意しよう。打ち込みを始める前に設問をぜんぶ読み、ゆっくりと時間をかけて回答を考え、別に文章を作成してコピー＆ペーストすれば時間がなくなる心配はまったくない。

なお、この Web エントリーによる書類選考を突破すると、次は筆記試験か一次面接となる。

2 エントリーシート提出

次に**「エントリーシート提出」**である。エントリーシートは**各社から郵送されてくる場合**（A）と、**ホームページにアクセスしてそこからプリントアウトする場合**（B）の二つがある。詳しく述べれば、（A）（B）それぞれについてさらに二つのパターンがある。

Web 上で住所氏名などを入力すると郵送される場合（A1）と、メール、手紙、電話などで資料請求すると郵送されてくる場合（A2）。

Web 上で住所氏名などを入力すると、ID 番号がもらえて、エントリーシートがプリントアウトできるようになる場合（B1）と、Web 上で誰でもエントリーシートをプリントアウトできる場合（B2）。

およそ以上の四つのパターンだ。

39〜47 ページに、放送局が配布したエントリーシートの例と書き方のポイントを記した（10 社分）。放送局のエントリーシートにはどんな項目があるか、自分ならどんなことを書くかを想像しながら読んでほしい。

3 市販の履歴書提出

最後に**「市販の履歴書提出」**についてである。

放送局は、自社で製作したエントリーシートを配布することが多い。それに対して、番組制作会社では、独自のエントリーシートをつくらず、市販の履歴書を提出させる場合も少なくない。

市販の履歴書で気をつけたいことは、二つある。

> (a)　大学が作成している履歴書を使用する場合には、「志望動機」欄があることを確かめてから使う。
> (b)　できるだけ書くスペースの多い履歴書を使う。

大学が独自に作成している履歴書を使う学生は多い。メーカーがつくるものにくらべて安く、大学が勧めているから安心だという理由からである。大学製の履歴書はもちろん使っていい。しかし、もし君が大学の履歴書を使うならば、その**履歴書に「志望動機」の欄があるかどうかを確かめてから使ってほしい**。志望動機欄がない履歴書だと、会社側は「なぜウチの会社に入りたいのかわからない」ということになる。逆にいえば、ほとんどの人が「御社の番組が好きだから御社で自分も番組をつくりたい」と具体的な番組名を挙げつつその会社への入社志望の情熱を語るのに、君だけが語らなければ、当然自分の強い PR にはならない。気をつけよう。

また、できるだけ書くスペースの多い履歴書を使いたい。アルバイトの際に提出する履歴書なら、書く欄が少なくてもかまわない。が、一生を左右しかねない就職試験だ。自分のことをいろいろな方

向から知ってもらうためにも、履歴書選びから慎重に行いたい。現在市販されているものでは、38 ページにあるように、コクヨの「シン―1N」（ほかに同社の「シン―2N」か「シン―3」）を勧めたい。

　次に履歴書の書き方のポイントを示した。一通り目を通してほしい。

POINT

履歴書の書き方のポイント

❶日付は提出日を書く。

❷「ふりがな」とあれば、ひらがなで、「フリガナ」とあればカタカナで書く。

❸名字と名前の間は少しあける。どこまでが名字か、はっきりわかるようにする。

❹印は、初めに押しておく（書き終わってから押して、失敗したら、全部もう一度書き直さなくてはならない）。かすれないように、まっすぐに押す。

❺提出日の満年齢を書く。

❻写真は、できれば写真館で撮ろう（スピード写真は避けたい）。正面を向き、胸から上を写した写真を、まっすぐに、しっかりとのりづけすること。

❼1 行目に「学歴」と書く。中学校卒業以降について書く。学校名は、「高校」「短大」などと省略せず、「高等学校」「短期大学」として、正式名称を書くこと。学部・学科名も正式名称を書く。学歴の次に、1 行あけて「職歴」と書く。アルバイトは職歴には入らない。正式に働いたことのない人は「（職歴）なし」とする。最後には「以上」と記す。

❽「資格」は、今後の仕事に役立てられると思うものを書くこと。「英検 3 級、4 級」くらいの資格なら、書かないほうがよい。

❾学問上で得意分野がない場合、学問以外の「科目」や「分野」をつくってよい。「古典芸能」「料理」など、なんでもよい。ユニークなものを考えよう。とにかく、「なし」と書く

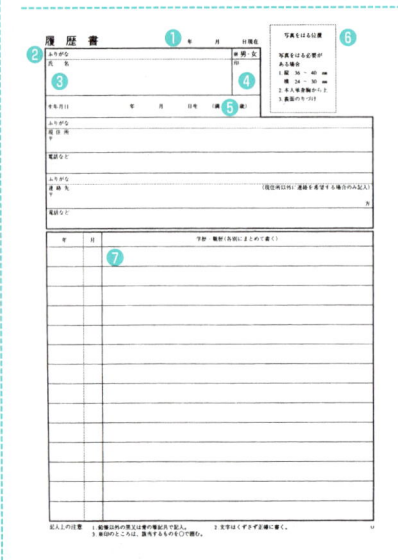
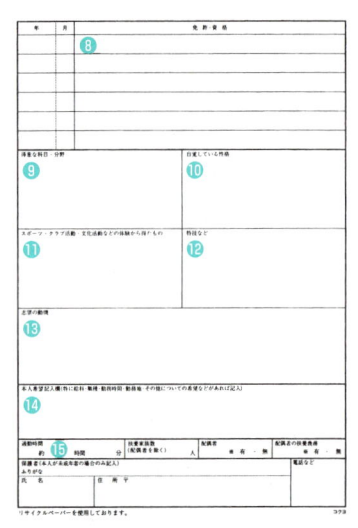

のは避ける。

⑩「自覚している性格」とあれば、長所のみ記せばよい。あえて短所は書かなくてよい。

⑪なければ「ボランティア」「アルバイト」について書いてもよい。自分の PR になっていれば、項目タイトルから少しくらいずれていてもかまわない。

⑫箇条書きで多くの特技を挙げるよりは、一つ二つのことを実例を挙げて書いたほうがよい。

⑬その企業だけにしか通用しない志望動機を書いてほしい。履歴書は、この項目以外は、他社志望の履歴書でも使い回せる。

⑭何を書いてもよい。「入社後やってみたい仕事」「学生時代に力を注いだこと」「自己 PR」などを書いてもよいが、できれば、会社に入ってからつくりたい番組企画を具体的に書くことをお勧めする。とにかく、何を書いているのかがひと目でわかるように、冒頭にはタイトルをつけること。

⑮入社後に引っ越す予定があっても、提出日の現住所からの通勤時間を書くこと。

エントリーシートの実例と書き方のポイント

　ここでは、放送局で実際に配布された 10 局分のエントリーシートを紹介し、主な項目の書き方のポイントをコメントする。

A 社〈キー局〉の Web エントリーシート

■どのジャンルの仕事に興味がありますか。（第 3 希望まで）
■あなたが A 社で実現したいことを具体的に書いてください。（200 字以内）

ポイント A 社の Web エントリーシートでは、最も重要な項目である。自分のつくりたい番組企画をズバリ複数書いてほしい。できれば、複数のジャンルにまたがると自身の幅の広さも示せる。

■人生の中で「スゴイ」と思ったテレビ番組とその理由を教えてください。
（1）当社の番組名（20 字以内）、理由（50 字以内）
（2）他局の番組名（20 字以内）、理由（50 字以内）

ポイント テレビ番組制作に必要な、"批評力""分析力"が問われている。「好きなタレントが出ているから」「感動して涙が出たから」「素晴らしすぎるから」「面白すぎるから」などと書いていては合格はおぼつかないことを理解してほしい。"自分にとってスゴイ"のは当然のことだから、それよりも、「社会的に意義がある」「今の時代に正面から向き合っている」「人間の根っこをとらえている」など、一歩引いた視点、すなわち評論する立場から理由を書こう。

■「この人たちと一括りにしないで！」と最も強く思ったことは何ですか？

ポイント 書き方によっては、採用担当者に「そんなに小さなことにこだわる浅い人間なのか」と思われる可能性がある。この欄は、社会人の先輩に見てもらい、自分の PR になっているか確認しよう。

■友達はまだ知らない、あなたがナイショにしていることを、こっそり教えてください。（100 字以内）

ポイント この項目も、結果として、自分の度量の狭さを示す内容になっていないか注意してほしい。"大人らしさ"も演出したいから、子どもっぽいエピソードはやめよう。

■テレビ放送以外で興味を持っている業界・職種と、理由を教えてください。

(1) 業界・職種・会社名など（複数回答可）（30字以内）

(2) 理由（30字以内）

「なし」は避けたい。「なし」と書けば、テレビ局への熱意をより伝えられると思っている学生は少なくないが、それは間違い。テレビ業界しか向くことができない幅の狭い自分を逆宣伝してしまっている。どういう他業界、他職種を記せば、テレビ業界への就職だけにとらわれない、でっかい自分を示せるのか、考えてみよう。

B 社〈キー局〉の Web エントリーシート

■特技・趣味・資格（語学以外）等（80字以内）

「趣味」の欄に、「人間観察」「散歩」「カフェめぐり」と書く学生がとても多い。逆に、「足つぼマッサージ」や「縁台づくり」と書いて強い自分の PR にした学生もいる。これから新しい趣味を見つけるのもお勧めだ。

■得意な外国語とそのレベル（80字以内）

■ゼミ・サークル等（80字以内）

この欄に「なし」と書くのは避けたい。仮に、サークルに入っていないとしたら、これから仲間とつくってしまおう。たとえば、君がラーメン好きで詳しいのなら、友達と「〇〇大学ラーメン研究会」をつくればいいのだ。ウソは書いてはいけない。しかし、たった今つくったサークルは書くしかない。

■B 社を志望する理由と、取り組みたい仕事を教えてください（具体的に）（250字～350字）

A 社の Web エントリーシートと同様、B 社でも、ここが最も重要な項目である。

まず、B 社の実際に放送されている番組を取り上げて、具体的にほめることで、志望動機としたい。次に、自分のつくりたい番組企画をズバリ複数書いてほしい。できれば、複数のジャンルにまたがると自身の幅の広さも示せる。会社に入ってやりたいこと（＝企画）を書かせる項目がエントリーシートの最初のほうに置かれていることは、会社側にとって企画が最も大切であることを表明して

いる。とにもかくにも、力を入れて執筆しよう。自分を強く PR するコツは、志望動機をできるだけ短くして、企画を数多く書くことにつきる。

■あなたが学生時代に直面した「最大のピンチ」とそれに「どう立ち向かったか」を教えてください。（特にその中で実際にとった行動やエピソードなどを交えて具体的に）。（300 字〜400 字）

ポイント PART 6（148〜188 ページ）の作文の書き方を参考にして、最も強く自分を PR できる体験を探し出そう。

■「最大のピンチ」を一言で。

ポイント キャッチコピーをつくるセンスが問われている。

■あなたのこれまでの人生で、テレビはどんな存在でテレビからどんな影響を受けましたか。具体的な例を挙げて教えて下さい。（250 字〜350字）

ポイント テレビは自分をどう変えたのか。自身の行動も含めて記すと「具体的」な例になる。具体的な例は、一つだけでなく、複数でもかまわない。

■学生時代、あなたが最も「発想が素晴らしい」と感じたコンテンツは何ですか？（ジャンルは問いません）（250 字〜350 字）

C 社〈キー局〉の Web エントリーシート

■顔写真を 1 枚アップロードしてください。（ファイルサイズ上限：2MB）
■下記について教えてください。（20 字以内）
 1．ゼミ・研究内容／2．部活動・サークル／3．アルバイト／
 4．学外活動（インターン含む）／5．資格・免許／6．特技・趣味
■C 社に入社して実現したいことを具体的に書いて下さい。（300 字以内）

ポイント A 社、B 社同様、この「企画」の項目が最重要。まずは、どんなテレビ番組がつくりたいのか、自分のテーマを書こう（例：「夜 19 時に 3 世代揃って夕食をとりながら楽しめる番組をつくりたい」）。その上で具体的な企画を記したい。企画とは、①「タイトル」（ジャンル）、②「狙い」（何時に誰に見てもらう、どんな番組なのかを一言で表現する）、③「内容」（キャスト、番組要素など）が 1 セットとなって構成される。この企画

を二つ以上書こう。一つの企画を記すだけでは、「これしかないの？」と思わせかねないからだ。さらに、この項目の最後には、一言でいいから「他に、××のジャンルにも興味がある」と、企画を記さなかったジャンルにも興味があることを書き添えておきたい。できるだけ幅の広い自分を PR したいからだ。

■「2025 年 4 月までにテレビ番組で必ずブレイクする」と思っている人物・グループとその理由を教えてください。
　1．人物・グループ（各 20 字以内）、2．理由（それぞれ各 50 字以内）
■あなたの「相棒」を教えてください。一緒に映った写真とその理由を記入してください。（ファイルサイズ上限：2MB、理由：200 字以内）
■「マツコ＆有吉かりそめ天国」で 2 人に聞いて欲しいあなたの「お悩み」を教えてください。（200 字以内）

> **ポイント** 2 つの方法がある。(1)「こういう悩みが番組に出たらウケそうだ」と思わせるような、アイディアをガンガン書き、番組制作者としてふさわしい自分を PR する。(2)正直に記すのだが、「この学生面白そう、面接に呼んで会ってみたい」と思わせる、角度のある質問を書きたいところ。

■テレビ放送以外で興味を持っている業界・職種と、その理由を教えてください。　1．業界・職種・会社名など、2．理由（各 30 字以内）

> **ポイント** A 社の Web エントリーシートと同様、「なし」は避けたい。

■動画：テーマ「面接官に話すことをイメージして学生時代に最も情熱を注いで取り組んだこととその経験から学んだことを説明してください」動画再生時間：30 秒以内（厳守）

> **ポイント** 「この動画をつくった、この人に会ってみたい！」と思わせなくてはならない。まずは、明るく元気に話せば、会ってみたくなる可能性大。したがって、話し方はその方向で。とにもかくにも、内容が大事。作製した動画は、必ず社会人に見てもらおう。自分としては学生時代にもっとも時間をつかい、情熱を傾けた重要な出来事を、一所懸命話していたとしても、「そこまでその内容、すごい話？」と社会人に思わせてしまっては、つくった意味がない。空回りにならないよう、社会人にインパクトをもって伝えられる内容にする必要がある。ネタとしては、たとえば、"大学のサークル内での大学生同士だけの狭い話"ではなく、"社会の中の私"がストレートに伝わるエピソードを探したい。

D社〈公共放送〉のエントリーシート

■**特に力を入れて学んだ科目・得意分野などを入力してください。**（2行）

> **ポイント** どんなに難解なことを学んでいるとしても、または得意であるとしても、誰にでもわかるように（具体的には小学校6年生にもわかるように）書いてほしい。この項目をわかりにくく書くと、独りよがりな、サービス精神の足りない人と思われてしまい逆宣伝になりかねない。難しいことは、できるだけ「たとえ」を使って説明するといい。

■**得意な外国語1**（言語・レベル）、**得意な外国語2**（言語・レベル）
■**外国語資格・検定等**（名称、取得年月）
■**外国語以外の資格・免許・検定**（名称、取得年月日）、**表彰、所属学会等**
■**クラブ活動やボランティア活動について**（活動時期・役名）

> **ポイント** クラブ活動やサークル活動等について、まったく「なし」では、「社会との接点を持ちたがらない人」という印象を与えかねない。B社のところにも記したが、今からでも、できるかぎりさまざまなことにチャレンジして、"活動的な私"を表明してほしい。

■**特技・趣味**（例：好きな番組・本・映画など）

> **ポイント** 「特技・趣味」は、もちろん素直に書いていい。しかし、先輩や友達と一緒にやっている趣味などを書くと、それだけで社会性のあることをストレートに表明できる。B社の「趣味」の欄の〈ポイント〉（40ページ）を参考にしてほしい。／「好きな番組・本・映画など」。ここは、自分のPRになるように書くことが大切だ。すなわち、「好きな番組」ならば、自分がやりたいジャンルの番組を書く。面接でつっこまれたら、このジャンルが好きだといって、次につくりたい企画を述べるといい。「本」についても、自分が番組制作者となってのち、一緒に仕事をしていきたいと考えている人物（タレント、スポーツ選手、政治家、作家など誰でもよい）の本を取り上げるとよい。映画についても同じで、いずれにせよ、自分がこれからやっていきたい仕事と結びつけることをお勧めする。有名な番組・本・映画などよりも、マイナーなものを取り上げたほうが、オリジナリティーは出しやすい。

■**あなたが働く場として当放送局を志望した理由と、当放送局の第1志望業務でやってみたい仕事を具体的に述べてください。**（400字以内）

> **ポイント** D社のエントリーシートでは、最も重要な項目である。ズバリD社でしか放

送できない（と思った）番組を、具体的にほめて志望動機としたい。中盤以降は、具体的な企画を2つ以上書きたい。できれば複数のジャンルの企画を書いて自身の幅の広さを伝えたいところだ。

■第2・3希望の業務を選んだ理由とやってみたい仕事を具体的に述べてください。（200字以内）

■「当放送局のニュースあるいは番組」について考えていることを具体的に述べてください。（番組の感想・批評などでも結構です）（300字以内）

ポイント この項目では、会社の現状と姿勢・未来への志向についての具体的な意見を書くもよし、番組批評を書くもよしだ。後者を選んだ場合には、テレビ番組のプロデューサーまたはディレクターとしてふさわしい批評力のある学生かどうかが問われていると考えたい。直前の志望理由の項目で、志望動機としてD社の番組をほめた場合には、この項目では必ずしも番組をほめなくてもかまわない。しかし、批判をするのなら、現役の社会人であるプロデューサーやディレクターをうならせられるように具体的に書く必要がある。「面白くなかった」「わかりにくかった」レベルの中途半端な批判（意見）では相手にされないだけでなく、この項目だけでエントリーシートが通らなくなる可能性が高いので注意したい。

■学生時代に取り組んだことについて述べてください。（400字以内）

ポイント 50〜54ページを参照のこと。この場合は必ずしも短所を書く必要はない。たとえば、「サークルの幹事として後輩の不仲を仲裁した」「サークルの部員が少なくて困っていたが、今年の新入生歓迎活動でがんばって部員を増やした」レベルの話題を書いていては、自己PRの内容としては不十分だ。これらは、最も多くの人が書くエピソードであることを知っておいてほしい。

■最近関心を持った社会的な出来事や疑問に思うことをあげて、あなたの考えを述べてください。（500字以内）

ポイント ジャーナリスト・マスコミ人にふさわしい自分を示そう。単に新聞の一面に載るような事件や、テレビのニュース番組のトップにくるような話題を書いても、自分を強くPRすることは難しいと思う。自分の得意な、または興味があって、これから携わっていきたいジャンルの出来事を取り上げたい。さらに、自分ならこの出来事や疑問をこう報道、または番組化したいというアイディアまで示すことができれば、よりベターだ。

■「私はこうして〝壁〟を乗り越えた」をテーマに、あなたの体験に即して述べてください。（500字以内）

> **ポイント** ここは、「恥さらし作文（158〜163 ページ参照）」の予定稿を圧縮することでクリアできる。とびきりのエピソードで自己 PR しよう。

■自由記述欄（350 字以内）

> **ポイント** ここは、「当放送局でやってみたい仕事を、具体的に述べてください」で書き切れなかった企画を書くことを勧めたい。先の項目で書かなかったジャンルの企画を示すことが得策だ。〝多方面に興味のある私〟を示すことができる。

■当放送局以外にも就職を考えている会社名（試験日・内定状況等）

> **ポイント** この欄ももちろん正直に書いてよい。ただし、全部を正直に書く必要はないだろう。たとえば、有名企業ばかり書くと、ミーハーな人間と思われて心証はよくない。もちろんウソを書くことはできないが、自分がどんな方向で生きていきたいのかを会社名を並べることで表現してほしい。放送局だけを何社か書けばいいということではない。放送局しかあげないと、興味関心が狭い人と思われる可能性もなくはない。

【まとめ】公共放送のエントリーシート突破法！
(1) 「志望理由」は、公共放送の具体的な番組を取り上げて、その番組の社会的意義を述べること。何年何月何日のどのチャンネルのどの番組かをはっきり記すこと。
(2) 「番組批評」も、一般的な感想ではなく、具体的な番組を取り上げて、その意義を述べること。
(3) 「関心を持った出来事・疑問」については、解決の糸口を見いだせる問題を取り上げて記そう。面接で聞かれた際に、自分の企画（番組づくり）に結び付けたい。「一般的正義」を、他人事として語るだけでは、番組制作者にふさわしい自分を示しにくい。
(4) ES で最も重要な項目は、「やってみたい仕事（＝企画）」だ。「やってみたい仕事」欄だけでなく、「自由記述欄」も使って記したい。具体的な書き方については、PART 8（228〜244 ページ参照のこと）。

E 社〈キー局〉の Web エントリーシート

■当放送局で希望するジャンルは何ですか？
■当放送局で実現したいことを具体的にお書きください。

- ■あなたが大学生活で夢中になったことは？　そこで得た「財産」とは？
- ■自分が人と違うと思うところはどんなところですか？
- ■その理由は何ですか？
- ■あなたの当放送局人生の代表作となる作品（番組、映画、イベントなんでもかまいません）の企画を考えて下さい。

F社〈静岡県〉のエントリーシート

- ■全国に数多くあるテレビ局の中で、ローカル局である当社を志望する理由をお書きください。
- ■あなたはどんな「人」ですか？　エピソードを交えてお書きください。
- ■当放送局でやってみたい仕事（職種を具体的に）、その仕事で実現したいあなたの「NEXT VISION」は何ですか？
- ■あなたがテレビ局を志すきっかけになった出来事を教えてください。

> **ポイント** 地方局の場合は、なぜその地方の放送局でなければならないのかを問う設問が多い。また、地方局の役割・可能性・未来についてもしばしば問われる。しっかりとオリジナルな答えを準備しよう。

G社〈宮城県〉のエントリーシート

- ■10年後のあなたの目標と、そこに向かうまでのビジョンを書いてください。
- ■当社を志望する理由
- ■自己PR
- ■企画書（課題）：あなたは水曜日午後7時〜8時の枠で放送される新しいテレビ番組の担当者です。有名なタレントを起用できない、という制約がある中でのあなたなりの番組企画書を、このA4用紙1枚にまとめてください。様式は自由ですが、「番組がどんな人をターゲットとしているか」ということと「番組タイトル」は必ず書くようにしてください。番組タイトル（1行）、ターゲット（1行）

H社〈愛媛県〉のエントリーシート

■学生時代、得意あるいは努力した科目または研究課題
■志望動機、当社に入社してやってみたい・実現させたいことは何ですか?
■あなた自身のテレビに対するイメージと、今後のテレビに期待することは何ですか?
■愛媛に何か「ゆかり」がありますか?
■あなたが人生の中で一番力を注いだコトは何ですか?(A4・1枚)

I社〈ラジオ局(東京)〉のエントリーシート

■学業／ゼミ・研究室の専攻テーマと取り組んだ内容
■アルバイト歴とそこでのあなたの役割
■あなたが学生(高校・大学)時代に最も打ち込んだことは何ですか?
■資格、特技・趣味
■最近見た映画・演劇・イベント・スポーツ等の、ベスト3は何ですか?
■気になる・きいたことのあるラジオ番組の、ベスト3は何ですか?
■自分にとっての重大ニュース(2022年度)の、ベスト3は何ですか?
■今年はこれが流行る!の、ベスト3は何ですか?
■とにかく気になる人(好き／嫌い問わず)の、ベスト3は何ですか?
■当放送局以外で入社したい会社と、その理由を教えて下さい
■あなたが「充実しているな」と感じる瞬間を、自由に表現してください。

J社〈ラジオ局(愛知県)〉のエントリーシート

■当ラジオ局でやってみたい仕事
■なぜ、愛知県のラジオ局を志望するのですか。
■「ラジオとわたし」を題に自由に書いてください。(400字)
■あなたという人間の魅力がわかるように「自分史年表」をつくってください。表現方法は自由です。(A4用紙半分)
■当社以外の受験予定、あるいは内定社、職業のある方はその社名をお書きください。

2 エントリーシートは一項目でも面白ければ合格できる!?

次に、エントリーシート（Web エントリーでの記入を含む）や履歴書を書く際の心構えを述べてみたい。以下、本書では、エントリーシートと履歴書をまとめて「エントリーシート」と呼ぶことにする。

エントリーシートは、PART 6 で学ぶ作文と同じ自己 PR の文書である。ただし、作文とは「合否」の判断のされ方が少し違う。

一つのまとまった文章である作文の場合はトータルで「合否」を判断する。それに対しエントリーシートには、経歴や資格、性格など自分のさまざまな属性が書かれている。したがって、**エントリーシートに書かれた項目の一つだけでもとびきりよければ、書類選考は突破できる。他の部分が面白くなくても、一カ所光る記述があれば、採点担当者は「これを書いた君に会ってみたい。面接に呼んでみよう」**と思うものなのだ。だから、エントリーシートの場合は、全体をきっちり書き込むに越したことはないが、必ずしもすべての項目で自分を強くアピールできていなくてもよい。

かつてこんなことがあった。

大学でのマスコミ就職講義を終えて小生が帰ろうとしたときだ。ある一人の学生が「エントリーシート」を見てもらいたいという。それは書類審査を通過した東京にあるラジオ局のエントリーシートだった。「書類審査を突破したなら小生が拝見する必要もない。そこに書いたことは、他の会社でも使い回せる」というと、「自信がないから、とにかく読んでほしい」とのこと。

読んでみて、驚いた。「テニスをがんばった。まじめな性格……」と、大変に幼稚でつまらないのだ。ところが、「最近笑ったことを三つ書いてください」という欄がある。

読んでみると、「うちのハムスターがカゴから逃げ出したので、泣きそうになって探していたら、テレビの下に置いてあったゴキブリホイホイに捕まっていて、私の顔を見て目が合ったらピーピー鳴いた」と書いてある。その書き方が面白かった。また、ほかの二つの笑ったことも愉快だった。このエントリーシートは、間違いなくこの項目だけで通ったのである。「会ってみたい」と思わせられれば、それでよいという実例だ。

「ひとりよがり」を自分で気づくのは困難！

ただし逆に、**たった一つの項目で悪印象を与えて「不合格」になることもあるので注意**したい。

あるとき、「ぜんぜんエントリーシートが通らないので困っている。見てほしい」との依頼があった。先の件とは違って、大変詳しく書き込んであり、読ませるのだ。

ところが、趣味の欄に「尾行：休みの日には渋谷のハチ公前でたたずむ。気に入ったカップルをみつけると尾行する。最近、たいていは私の思ったとおりの行動になり、人間観察力に磨きがかかってきた」とある。自分の長所には「私は速読ができ、ものすごくたくさんの本を読んできた。いまや電車の中で隣の人が読んでいる文庫本をのぞき込んで、おおよそその書名を当てることができる」とあった。

一所懸命に自分を PR しようとしていることはわからないでもない。しかし、自分を PR できるエピソードかどうかが判断できないようでは困る。自分ひとりでエントリーシートを書き続けているとこうなるという悪い例だ。自分が空回りしているかいないかは、自身ではわかりにくい。書いたエントリーシートは、恥ずかしがらずに信頼できる人に必ず読んでもらってほしい。

3 自己PR・学生時代・志望動機

　では、エントリーシートを書いていこう。

　放送業界各社のエントリーシートの構成は、①自己PR、学生時代に力を入れたこと、志望動機、②クリエイティブ試験、③企画（会社に入ってやりたいこと）、の三つに大別できる。②のクリエイティブ試験は先に述べたようにPART 3〜5で学ぶ。また③の企画もPART 8で学ぶこととしよう。

　このPARTでは、①を攻略する。**エントリーシートに書く重要な項目**といえば、**「自己PR、もしくは自分の性格（長所、短所）」「学生時代に力を入れたこと」「志望動機」**の三つだ。

　ところで、「自己PR」と「学生時代に力を入れたこと」については、実はPART 6の「自分の人生を描いた作文」と連動させるのが早道である。

　エントリーシートを書く練習をしたあとに作文に挑戦するのではなく、先に作文を練習するほうがよいのである。ズバリ、自分の経験を記した作文をいくつも練習で書き、それをエントリーシート用に短縮するという方法だ。

　いきなり、エントリーシートの項目を埋めていって、あとから作文の練習としてそれを引き伸ばして作文化するよりも、800字くらいのまとまった文章（作文）を短くするほうが効率がよい。エントリーシートでは、書くスペースは各社まちまちだから、ひな型としての作文を、その都度文字数に合わせて削ればいいのである。

　詳しく説明しよう。ある会社のエントリーシートの項目にあらかじめ書いた短い自己PR文を、もう少しスペースのある他社の自己PR文用に引き伸ばそうとすると、水増しした文章ができあがりや

すい。分量を増やしたときに、より自分を PR できるキリリと締まった文に仕上げるためには、当然だが、新たなエピソードを入れなくてはならない。ところが、自分を PR する新たなネタを文脈に沿って改めて探してその都度書き込むのは大変だ。先に、800 字くらいで自分の人生を書いた作文をいくつか用意しておくことを勧めたい。

> **読者諸君！** ここで、(できれば) PART 6 「『恥さらし』作文術で、作文試験は楽勝突破！」(148～188 ページ) にジャンプ！ 先に、作文の書き方を読んでから再びここに戻ると、大変に理解が早まります。エントリーシートと作文は、密接にリンクしているのです。もちろん、このまま読み進んでもかまいません。

　ともあれ、「自己 PR」「学生時代に力を入れたこと」を具体的に書いていこう。
　エントリーシートを書く際の重要ポイントは、なんといっても自分の経験を織り込むことだ。自分の経験を書かないと、オリジナリティーと説得力が出てこない。

自己PR

　まず、「自己 PR」の項の合格例文を示す (PART 6 の作文をどう加工してあるのかを、じっくり研究してほしい)。

　ファストフード店でアルバイトをして 3 年目、マネージャーとして店全体を監督する立場になった。注文された商品よりも早く提供できる、本部が売り上げを伸ばせというお勧めの商品を紹介したら「こっちが食べたいの」と子連れの女性に言われた。客よりも会

社のほうを向いている自分に気づく。常連にアンケートをとったら、勧められると断りにくいことを知った。また、客として店で食べ、テーブルのガタつきや空調の不具合がわかった。この出来事は慢心しそうになる自分をしばしば戒める。「反省を力にしていく」性格。

 ※ 作文3 （154ページ）を加工

　臨機応変に行動できる性格である。ホテルのベルガールのアルバイトをしてきた。ある日、館内説明をしながら年配の女性を部屋まで案内した。最後に質問はないかと尋ねると、既に説明したことを尋ねられた。私の歩調に合わせるのに精一杯だったことに気づき、深く反省。それからは、子連れの家族には館内の案内よりも外のレジャー施設の案内を、カバンが大きい人や地方なまりがある人には、観光マップを用意する。年配者には歩き方も話し方もゆっくり、すみずみまで説明する。もう相手のサインは見逃さない。

　自己 PR 文の構成法としては、
　　①具体的な出来事を書いて、自分の性格はこうであると結論で
　　　述べる。
　　②こういう性格であると先に結論を述べて、その理由を具体的
　　　に記す。
　以上のどちらかがお勧めだ。
　どちらかといえば、②を勧めたい。

学生時代に力を入れたこと

続いて、「学生時代に力を入れたこと」の例を示そう。

 （158ページ）を加工

　大学のバレーボール部でマネージャーをしてきた。高校時代にバレーを始めたが、ケガをしてマネージャーに転じた。相手の気持ちを考えて行動することを心がけてきた。たとえば、バレーではつき指や捻挫が多い。かつて通った整骨院で正しいテーピングの仕方を教えてもらっていた。誰かがケガをした時、自分があたふたしているようでは、選手が不安になると思い、家で何度も練習したことが役立っている。何があっても頼れるマネージャーをめざした。私のチームは、今年東日本大会でベスト8になった。

 （164ページ）を加工

　ボランティア。○○○○在宅高齢者通所サービスセンターでボランティアをした。印象に残っている出来事がある。2022年8月15日、江口ハ重子さん（99歳）が語ってくれた。77年前の今日、陣痛が始まってリヤカーで病院を回ってもらったが、医師も看護婦も終戦当日のため逃げていて不在、リヤカーの上で娘を出産したこと。その娘が今日77歳の誕生日を迎えられるのも平和のおかげだということ。このボランティアは、テレビ番組制作者として諸国の戦争体験を聞いていきたいと考えるようになった契機をくれた。

　「自己PR」で使ったネタを「学生時代に力を入れたこと」にも使い回せることを示すために、次の例をあげる。

  を加工

　ファストフード店でのアルバイトに力をいれた。3年目にマネージャーとして店全体を監督する立場になった。注文された商品よりも早く提供できる、本部が売り上げを伸ばせというお勧めの商品を紹介したら「こっちが食べたいの」と子連れの女性に言われた。客よりも会社のほうを向いている自分に気づく。常連にアンケートをとったら、勧められると断りにくいことを知った。また、客として店で食べ、テーブルのガタつきや空調の不具合がわかった。慢心しそうになる自分を戒めるこの出来事を忘れないようにしたい。

　応募する際に、エントリーシートと作文を同時に提出しなくてはならない場合には注意が必要。作文に使ったネタを、エントリーシートの「自己PR」「学生時代に力を入れたこと」に使い回すことはできれば避けたいのだ。エントリーシートの各項目は、提出作文とは違ったネタで埋めよう。

 志望動機

　最後に、志望動機だ。
　テレビ（ラジオ）局、番組制作会社を志望する学生のほとんどが、「志望動機」欄では「御社の放送する（つくった）番組が好きだから志望する」と書く。自分ならではの志望動機をどうつくるかが問題である。
　そのコツは次のとおりだ。

❶テレビ（ラジオ）番組が好きで、なおかつその放送局（番組制作会社）でなくてはならない理由を書く。
❷その放送局（番組制作会社）でやりたい仕事を書く。
　❶だけではなく、❶の最後に❷を加えるのがミソだ。

まず❶。その放送局（番組制作会社）が第一志望であることを伝えなければ、最終的には入社できない。志望の理由は、番組名をあげて具体的によい点を示すのがいい。「よい番組が多く、社会に貢献している」「幅広い番組をつくっている」など、あいまいにイメージのよさをもち上げても説得力はない。

　❷「志望動機」欄では、ほとんどの志望者が番組や局（会社）自体の姿勢をほめる。「志望動機」の項目はホメ言葉のオンパレードだ。ここでオリジナリティーを出すためには、自分が会社に入ってからつくりたい番組の企画を付け加えて書くことだ。スペースには限りがあるかもしれないが、できるだけ書いておこう。

　NHK に向けて、いくつかの方向から書いた志望動機の例文を読んでほしい。他局・他社の志望動機を書く際にも参考にしたい。

例文 6

　中学生の頃に見た NHK スペシャル「ジェノサイドを止めるのは誰か──スーダン・ダルフール紛争」が、ドキュメンタリー番組に興味を持つきっかけとなった。三つ巴の内戦と殺戮が続いていた危険な地に乗り込み、当事者達に単独インタビューする日本人ディレクターがいることに驚いた。魂を揺さぶるドキュメンタリーを送り出している NHK を志望する。印象に残る番組は、ETV 特集「武器ではなく、命の水を～医師中村哲とアフガニスタン」、NHK スペシャル「最後のイゾラド森の果て未知の人々」、こころの時代「砂浜に咲く薔薇（ばら）のように──女優サヘル・ローズ」等。世界には、個人の想像を超える生き方や考え方があることを伝えるドキュメンタリー番組をつくっていきたい。

コメント 自分が好きな番組を並べることによって、自分がやりたい方

向を示すパターン。「社会派の私」を PR できた。面接対策に、具体的な企画を考えておく必要がある。

例文
7

「おかあさんといっしょ」をはじめとする幼児・児童番組の制作を希望し、NHK を志望する。高校生の時にふと目にした「おかあさんといっしょ」内のミニアニメ「やんちゃるモンちゃ」に目を奪われた。いたずら、いじわるのオンパレード。こんなことを子供に教えていいのかと思ったが、のちに間違いと気づいた。人の持つ好奇心と欲望の果てしなさを、型にはまった「道徳」というフィルターを通さずに一旦ぶっちゃけて表現することの重要性をこのアニメから学んだ。教育観が一変させられ、幼児教育を学ぶきっかけになった番組である。ほかに着ぐるみ劇の「ぐ〜チョコランタン」は大人も感化される番組だったと思う。私は、たとえばスズキコージ、内田麟太郎らのナンセンスをとりいれた幼児・児童番組をつくりたい。

コメント 自分の学んでいることと重ね合わせた志望動機のパターン。一緒に仕事をしたい人名があり、おおよそやりたいことのイメージは表現できた。

例文
8

毎週日曜日のんびりと過ごす家族にとって「のど自慢」はやすらぎの番組だ。年齢、性別、歌のジャンル、パフォーマンスの有無に

歌の上手下手、「入院しているおばあちゃんを励ましたい」など出場者の動機や背景……バランスが絶妙で、毎回家族内に涙と笑いが起こる。それ以上に面白いのが、ゲストのリアクションだ。生放送でしかも素人とのとっさの対話だからこそ、タレントの〝地〟がでる。天童よしみ、美川憲一、小林幸子の人としての優しさと温かさに学ぶところが多い。「のど自慢」にも興味があるが、「小さな旅」や、「ふるさと一番！」の延長線上にある、心が安らぎ、この日本という土地に生きていてよかったと思える番組をつくりたいと思いNHKを志望する。

コメント 自分の信条と重ね合わせた志望動機のパターン。「のど自慢」からタレントの性格を読むとは面白い。独自の番組の見方を示したことで、シャープさを打ち出せた。この場合には、面接対策として具体的な企画を考えておかなくてはならない。

例文 9

　子どもから老人まで家族が一緒になって安心して楽しめるドラマつくりをめざし、NHKを志望する。朝の連続テレビ小説は、今の日本の家族を象徴していると思う。なかでもシングルマザーを主人公に据えた「私の青空」が好きだった。菅井きんと八名信夫の恋、大仁田厚・中条きよし兄弟の謎など、毎日三つほどの物語が同時進行で動き、1日見忘れると話がわからなくなる内舘牧子の脚本には圧倒された。15分番組にもかかわらず1時間ドラマを見ているほどの濃密な番組は、これまでにはあまりないと思う。大河ドラマにも興味があり、たとえば大逆事件と知識人、草創期の水平運動（部落解放運動）、新井奥邃の生き方を正面からとらえたドラマなどを、それぞれ大石静、井上由美子、山田太一脚本でつくりたい。

番組をズバリ分析することで、やる気と熱意と意欲と作り手として向いている（はずの）自分を表現して、志望動機とするパターン。面接対策として、なぜ今「大逆事件と知識人のドラマ」なのか、〝知識人〟として具体的に誰をドラマの中心に据えるのか、なぜ大石静の脚本でなくてはならないのかを考えておく必要がある。「草創期の水平運動のドラマ」についても、なぜ今水平運動なのか、誰を主人公とするのか、なぜ、井上由美子脚本でなくてはならないか、井上脚本の良さについても答えられるようにしておこう。さらに、なぜ今、忘れられた思想家といわれる新井奥邃をドラマ化したいのか、そしてどうして山田脚本なのかについての理由も必要になる。企画を書けば（話せば）、必ず「どうして」「なぜ」と尋ねられる。

最後に、エントリーシートには**「他社の受験先と現在の状況」**という項目がしばしばあらわれる。これをどう書くかについてコメントしておきたい。自分が受けたいと思って各局、そしてさまざまな番組制作会社にエントリーしているのだから、この欄はもちろん正直に書いてよい。ただし、全部を書く必要はないと思う。落とされた放送局名を書いて「どうして、あの放送局で落とされたと思うの」と面接で聞かれて不愉快な思いをした学生が多いからだ。また「キー局・準キー局ばかり狙ってるんだ」と、皮肉ともとれるようなことをいわれた学生もいる。

したがってこの項目は、自分の書きたい会社だけを書けばよい。聞かれたからといって、**自分が受けている会社のすべてを答える必要は一切ない**。正直に話して得することは、はっきりいって少ない。キー局・準キー局に出すエントリーシートの場合には、その局よりも規模の小さい局か番組制作会社にエントリーしていることだけを書く。**番組制作会社の場合には、自分が惚れた番組をつくっている会社だけを記すという方法**もある。

3

これがテレビ・ラジオ局の
クリエイティブ試験だ！

1 クリエイティブ試験とは何か

PART 3 から PART 5 までは、テレビ・ラジオ局に入るためにはどうしても必要な、クリエイティブ試験の対策について述べる。

クリエイティブ試験は、

> ①発想力テスト（＝クリエイティブ短文試験）
> ②構成力テスト（＝クリエイティブ長文試験）

の二つに分類できる。

①の発想力テストは、たとえば**「トイレットペーパーを使ってできることを五つだけ書いてください」**や、**「オリジナルの四字熟語をつくってください。また、その意味も書いてください」**など、瞬発的な発想力や頓智力を問う試験である。

②の構成力テストは、**「三題噺」「ショートストーリー」「キセル文」**など、うねりのある物語をつくる力を問う試験である。

クリエイティブ試験を突破できるようになるコツは、過去問題と合格文例をまずしっかりと知ることだ。じっくり取り組んでいこう。

 ## クリエイティブ試験に挑戦しよう！

では、もっともオーソドックスな部類に入るクリエイティブ試験に挑戦してもらおう（62〜63 ページ）。

64 ページ以降の合格文例を見る前に、45 分かけてやってみてほしい。

【問題1】オリジナルの四字熟語を五つ作ってください。また、その意味も書いてください。

【問題2】あなたが有名になるとしたらどのように有名になりますか。その方法を書いてください（1日目、2日目、3日目）。

【問題3】これらの図形から発想することを各10個書いてください。

これは実際にテレビ局で出されたクリエイティブ試験だが、できただろうか。

クリエイティブ試験を解こうとすると、はじめのうちは、問題をどう解釈したらいいかわからない、どう答えたらいいかわからない、回答がさっぱり思いつかないということがあるだろう。しかし、**とにかくいったんは問題を自分の力で解いてみる、その努力をしてみることが力をつけることにつながる**。すぐに合格文例を見ないようにしてほしい。あせりは禁物だ。

それでは、問題の解説と解き方のポイントの一例を説明する。

たとえば【問題3】のポイントは、他の人とどれだけ違う発想ができるかである。解き方としては、時間のある限り、図形を見て思いつくことを余白にできるだけたくさん書いていく。時間がなくなってきたら、面白いと思う順に、しかも他の人が書かないと思う順に並べていくのである。もちろん、余白に書いたメモはしっかり消しゴムで消しておきたい。

また、本番では「10個書いてください」とあれば、必ず10個書こう。自分でつまらないネタだと思っても、指定の数だけは埋めるように。本番では埋め尽くす人は少なくないから、答案を整理する人事の人は「全部書いた人から選べばよい」と考えて、不足のある答案を失格とする可能性がある。

64ページからは【問題1】【問題2】【問題3】の合格文例と、【問題3】については多数の人が書いた「普通の例」を示す。自分の解いた回答と比べてほしい。

クリエイティブ過去問題に挑戦！

問題 1

オリジナルの四字熟語を五つ作ってください。また、その意味も書いてください。

① ☐☐☐☐ _____

② ☐☐☐☐ _____

③ ☐☐☐☐ _____

④ ☐☐☐☐ _____

⑤ ☐☐☐☐ _____

問題 2

あなたが有名になるとしたらどのように有名になりますか。その方法を書いてください。

1 日目 _____

2 日目 _____

3 日目 _____

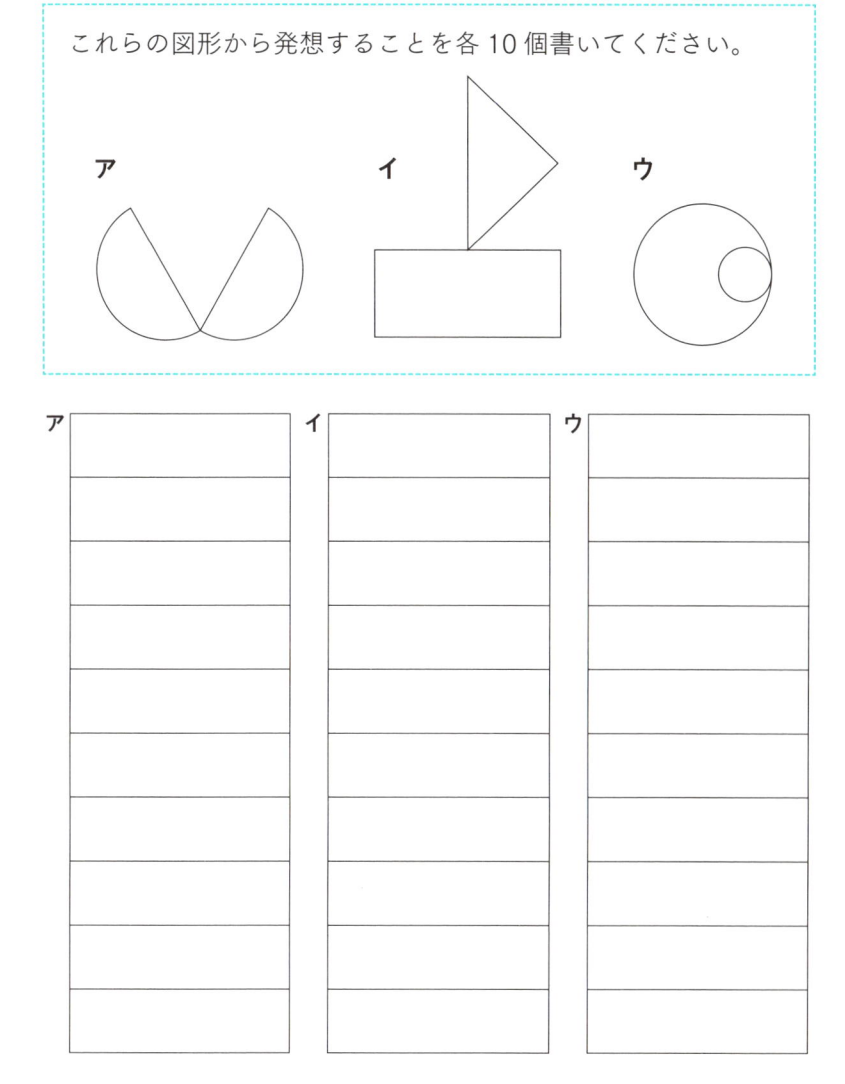

これらの図形から発想することを各10個書いてください。

オリジナルの四字熟語を五つ作ってください。また、その意味も書いてください。

【問題 1】のオリジナルの四字熟語をつくれ、というクリエイティブ試験は昔からマスコミ各社で出題されてきている。いわば定番の問題である。

ポイントとしては、まったく新しい四字熟語と意味をつくるのもよいが、既存の四字熟語に変化を加えるほうが、読み手に理解されやすいということである。また、今の世の中を風刺した熟語をつくると評価されやすいという傾向があるといえる。

これも、本番ならば、つまらないものでもやむを得ないので、必ず五つ考えて埋め尽くしたい。合格文例を読もう。

合格文例 **a**

①藤井聡太：若くして活躍する人のこと。他に「白山乃愛」など。
②遠郷大学：「とうきょうだいがく」と読む。大学に進学し、故郷を離れること。対義語は、郷土大学（きょうとだいがく）。
③菓子常帯：お菓子をいつも持っていること。巷の女子高生とおばちゃんのほとんどを表す言葉。
④短気集中：すぐに怒るが、集中的に怒るとすぐ冷めるように、感情の起伏の激しいこと。
⑤政府防壁：「せいふがーど」と読む。危険なものを自国に入れないようにすること。
（例：日本の原発からの放射性物質）

オリジナリティーあり。人物名を四字熟語にしてしまう発想は一つのパターンとして使える。

合格文例 **b**

① Ａ娘変化：AKB48 は、卒業、新メンバー入りなど変化が激しく、転じて、周囲がついていけない様のこと。
② 騒母無子：特撮のヒーローショーで、わが子を無視してキャーと騒いでしまう母親。転じて、自己中心的な人のこと。
③ 母一子一：母一人、子一人。母も子も苦労して頑張って生きている。転じて、苦労して何ごとも頑張ること。
④ 不購試食：デパ地下やスーパーで試食だけして買わない人。転じて、ケチ。
⑤ 日寝月補：日中についうっかり寝てしまって、夜にその遅れを補うこと。

コメント 読み方も含めてとっつきはよくないが、熱意を持って書いたことがわかる好例。「転じて……」という使い方はマスターしたい。アルファベットの使用はルール違反だが、面白ければ許される。

合格文例 **c**

① 一旦御免：自分が正しいと思っていても一度は謝罪して相手を受け入れる姿勢。また、その人。
② 再三再試：就職活動で面接まで進めず、その前段階の筆記で落

③国止無走：景気対策がパッとせず、世界経済から取り残されている状態。

④五臓六苦：満身創痍なさま。

⑤一答両断：会話で空気の読めない発言をしてしまった。相手も言った本人もいたたまれない気持ちになること。

コメント わかりやすい書きっぷりで好ましい。この回答レベルなら合否線上にある。

問題 2

あなたが有名になるとしたらどのように有名になりますか。その方法を書いてください（1日目、2日目、3日目）。

問題2は、はっきりいって難問。3日で有名になんかなれるわけがない、と誰もが思うだろう。しかし、こう書いたらどうだろうか。

合格文例 a

1日目：シリアに入国する。

2日目：反米武装組織にあえてつかまり、人質となってビデオ映像をとられる。

3日目：ビデオ映像をカタールの衛星テレビ・アルジャジーラに送り、全世界に放映してもらう。

そう、これが合格回答の一例である。あくまでもこれは就職用の

クリエイティブ試験の回答だ。まったくの空想では面白さが出てこないが、厳密な意味で現実的でなくてもかまわない。

　他に次のように書くのもよいだろう。

PART **3**

これがテレビ・ラジオ局のクリエイティブ試験だ！

合格文例 b

1日目：「旧中山道」を「いちにちなかやまみち」と読む。
2日目：「すべからく」を誤用する。「あからさま」を「あらさかま」と言う。
3日目：日本語の使えない女子アナとなる（みんなそうか）。

合格文例 c

1日目：寿司屋で一日修業する。
2日目：アフリカの森奥深くへと旅立つ。
3日目：ジャングルで発見した村で寿司を握り、〈寿司の伝承者〉として村中の有名人になる。

合格文例 d

1日目：将来有望な無名アーティストと契約する。
2日目：大学祭に呼んでコンサートを行う。
3日目：名前を「冨板敦（＝自分の名前）」で売り出したため、「昨日のアーティスト、歌うまかったよね」とたちまち学内中の有名人になる。

これらの図形から発想することを各10個書いてください。

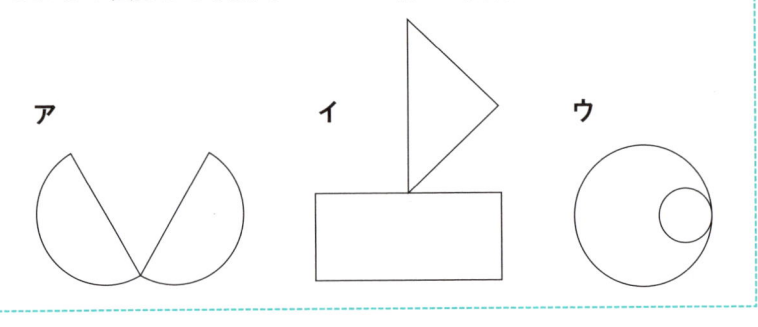

①ハズレ！　②はみ出てる！　③遊園地のバイキング（船がゆれる）　④世界は開かれているんです　⑤薪割り　⑥鍋の上でずれた焼き餃子　⑦UFOキャッチャー　⑧聖火リレーのトーチ　⑨ビッグバン！　⑩桃太郎が帰る場所

コメント
躍動感のある回答で好ましい。

①誕生　②ワンピースの襟元　③パックマン　④開いたガチャポン　⑤モビルスーツの目　⑥パチンコ　⑦おしり　⑧こぶとり爺さん　⑨ああ、ジャネット・ジャクソンが……　⑩整形

コメント 独自の見方をしていることがわかる。

①桃太郎が生まれた後の桃　②卵　③まゆげ　④ビーチの妖精　⑤割れた皿　⑥チューリップ　⑦アニメキャラ悪役の目　⑧切った大根　⑨はさみ　⑩カスタネット

コメント わかりやすいが、このレベルではやや苦しい。

ア
合格文例 a

①屋根が飛ばされる〜!!　②超特大Lサイズのビキニを横から見た図　③隕石が落下中のサッカー場　④串を刺す前のおでん　⑤芸術的な子どものお片づけ（キープ！）　⑥地面に刺さったブーメラン　⑦ポールを昇る燃焼系のCM　⑧踊り子　⑨折り紙の帆掛け舟　⑩死んだ透明人間と枕

コメント 独自のものの見方を示せている。

①丹下健三の新作ホテル　②安藤忠雄の新作教会　③新興宗教の建物　④地方の新興美術館（豪華）　⑤福岡ドームがこういう風に開いたらかっこいい　⑥椅子をテコに逆立ち　⑦尖った性格　⑧再生、でもちょっと停止したい微妙なニュアンス　⑨芸術的なトイレ（バブリー）　⑩小沢一郎

コメント　ややひとりよがりだが、自己PRをしようとしている姿勢がみえる。

イ
普通の例 c

①ヨット　②定規　③つみき　④三角と四角　⑤海　⑥破片　⑦いかだ　⑧タイル　⑨船　⑩まな板と包丁

コメント　これではありきたりだ。

ウ
合格文例 a

①フラフープ　②依存　③乳輪陥没　④侵入　⑤失敗した目玉焼き　⑥どうどうめぐり　⑦月　⑧閉鎖的　⑨野村萬斎　⑩彼女と別れて僕の心に……

コメント モノにとらわれないオリジナルな発想があってよい。

合格文例 **b**

①カンディンスキーが描いたドラえもん　②親指と人差し指で丸をつくった　③気球を下から見た　④上から見たキングスライム　⑤かじったリンゴ（デンターCM）　⑥ケン玉の玉　⑦ビーズ　⑧うちわ　⑨鬼太郎のオヤジ　⑩現代日本（心にぽっかり穴が）

コメント 導入で目立たせて、結末で余韻を残す構成が好ましい。

普通の例 **c**

①ボクシンググローブ　②たんこぶ　③池に浮かぶ葉　④カメラ付携帯電話のレンズ　⑤卵の内部　⑥白鵬関を真上から見た図　⑦メガホンを上から見た図　⑧ストローのささったジュースを上から見た図　⑨でめきん　⑩作家として生き残る芥川賞受賞作家の割合

コメント 形としてとらえるだけでは、オリジナリティーに乏しく、やや苦しい。この①〜⑩の回答は、多くの人が書いていた。

2 民放各社のクリエイティブ試験問題一覧

　実際に自分で解き、その上で合格例文を読んでみて、少しは解き方のコツがわかってきたと思う。

　次の PART からはクリエイティブ試験の練習を本格的に始めるが、これまで複数のテレビ・ラジオ局で出されてきたクリエイティブ試験の過去問題の一覧を掲げておく。どんな問題が出されてきたのかを、ざっと知っておいてほしい。また、クリエイティブ試験対策の練習に使ってほしい。

クリエイティブ試験過去問題一覧表

【愉快なアイディア創出問題】

「『にわとり・鏡・砂時計』が答えになる、なぞなぞを作ってください」
「桃太郎の悪い点を3つ挙げてください」
「新しいスポーツを5つ考えてください」
「タイムマシンで50年前の世界に行きました。当時の人に今の『スマートフォン』を説明してください」
「ある村では、老人の間でスケートボードがはやっています。なぜでしょうか。その理由を3つ挙げてください」
「あなたは放送局の人事担当者です。これまでにない採用試験と、思わず採用したくなるような模範解答を書いてください」
「不老不死の薬、記憶力の薬、透視できる薬の中から一つを選び、それを使って何をするか10個考えてください」
「日本一安い店と世界一安い店の間に自分の店を出すことになりました。そこに掲げる看板を書いてください」

「あなたならではのダイエット法を考えてください」
「愉快な〝渋滞〞解決法を考えてください」
「2 + 2 =□、□に入る言葉を考えてください」

【用途創出問題】
「ペットボトルのユニークな使い道を 20 通り考えてください」
「2000 万円を 5 日で使い切る方法を考えてください」

【創作物語】
「鼻の短い象、袋のないカンガルー、首の短いキリンの鼎談を作ってください」
「+、−、×、÷を適当に並べ、その前後、また間に言葉（文）を入れて文章をつくってください」
「『もし〇〇だったら』の〇〇に言葉をいれて、この物語の粗筋を書いてください」
「〇、△、×を並べ替え、それぞれの記号から思い浮かぶ短文をつくり、一つの短い物語をつくってください」
「昔話『桃太郎』のその後の話をつくってください」
「あなたが『ちびまる子ちゃん』に出演します。あなたはどんな役で登場しますか」
「『空が曇ってきた→〇→〇→〇→世界平和が訪れた』を、『風が吹けば桶屋がもうかる』のように、〇→〇→〇にそれぞれ短文を入れて、物語をつくってください」

【イベント・流行創出問題】
「2022 年、2021 年、2020 年の世界 MVP を決めて、それぞれ 150 字以内で表彰状を書いてください」
「エベレストに遊技場をつくるとしたらどんな施設をつくりますか」
「地球儀を流行させる方法を考えてください」
「今年流行させたいものを考え、流行させる方法をひねりだしてください」
「あなたなら、パリ五輪の開会式をどう演出しますか？」
「エイプリルフールに日本人があっと驚くウソを 5 つ考えてください」

【視聴率を上げる問題】
「株式市況番組を視聴率80％にする方法を考えてください」
【番組制作・放送局に関わる問題】
「アイドルを3人挙げて、各人についてヒットさせる戦略を記してください」
「『デスノート』は呪いのノートでしたが、世界中のすべての人が幸せになる番組を考えてください」
「深夜番組の関連商品を考案してください」
【不可能を可能にする問題】
「世界中のすべての人を笑わせる方法を考えてください」
「世界中のすべての人を怒らせる方法を考えてください」
【川柳・短歌創作問題】
「現在を川柳（五・七・五）で表現してください」
「今の世の中を短歌（五・七・五・七・七）で詠んでください」
【創作四字熟語】
「現代社会を、新しい四字熟語で表現してください」
【自分をユニークに表現する問題】
「あなたが事故にあう以外で、新聞の一面を飾るアイデアを書いてください」
「セコイと思うことを20個書いてください」
「あなたの選挙ポスターを描いてください」
「あなたは商品です。自分の『取扱説明書』を書いてください」
「昼寝をしていると私はオオカミになっていた。その続きの文章を考えてください」
「奈良の大仏があなたに話しかけました。なんと言いましたか」
「歴史上の人物に生まれ変われるとしたら誰になりたいですか。そして新たに何をしたいですか」
「自分を『飲み物』もしくは『建築物』にたとえて、自己PRしてください」
「あなたは透明人間です。何をしますか」
「自分の『自分史』の最後の1ページを書いてください」

「短文」を書かせる 「クリエイティブ試験」は こう突破する

1 なぜクリエイティブ試験が最重要とされるのか

　PART 3 では、実際にテレビ局で行われたクリエイティブ試験を解剖することで、クリエイティブ試験のイメージをつかんでもらった。

　この章では、短い文章を書かせるクリエイティブ試験の対策について述べる。

1 クリエイティブ試験が課される理由！

　さて、その前に、PART 3 にあるようなクリエイティブ試験は、なぜキー局を中心としたテレビ局で課されるのかを考えてみたい。**「図形から発想することを各 10 個書いてください」「オリジナルの四字熟語を五つ作ってください」**という問題に対する合格例文を読んで、君は何を感じただろうか。

　たしかに本番でいきなりそのような問題が出されたら、合格例文のような答えを書くことはたやすくない。そう、PART 3 に示したような回答が書ける人は、発想力があって機転がきく人なのだ。テレビ・ラジオ局はクリエイティブ試験を課して、志望者に「発想力があるか」と「機転のきく人かどうか」を見ていると考えてほしい。

2 番組づくりに必要な資質！

　では、番組づくりになぜ「発想力」や「機転」が大切なのか。

　たとえば、テレビ局のプロデューサーとしていくつかの番組を担

当していれば、午前は撮影の立ち合いをして、午後は、午前とは違う番組の企画会議、夜は次に立ち上げる番組企画のための打ち合わせなど、一日のうちでまったく違う事案をいくつも並行して行うことはごく当たり前のことだ。

ディレクターならば、午前中に放送作家と打ち合わせ、午後に2カ所で取材、夜は編集作業などというのはざらだ。

極端なことをいえば、分刻み、秒刻みで動く、これがテレビ・ラジオの世界だ。刻々と過ぎゆく時間に寄り添い、視聴者が納得する番組をつくり続けなくてはならない。

番組づくりは人間がすることだ、トラブルはしばしば発生する。そんな時、パニックになって動けないではすまされない。撮影の現場であれ編集作業中であれとっさの判断ができ、**前に進める力がなくてはテレビ番組もラジオ番組もつくることはできない**のだ。

新しいことを次から次へと考え出す「発想力がある」こと、何が起きてもそれに対応できる「機転がきく」ことが大切であるのはわかってもらえると思う。

2 発想力を鍛える

いよいよ問題を解いていこう。

発想力テスト〔1〕 「これなーんだ?」

　クリエイティブ試験で頻出されているのが、PART 3 でも述べた、「一つのものを見て他の人が想像できないものを考え出す」という問題である。さっそくやっていこう。問題を読んだら、ぜひ、自分なりに答えを考えて実際にノートに書いていこう。その上で合格文例を読むことを勧めたい。

問 題
1

⚫ は何に見えますか。五つだけ書いてください。

回 答
a

---

①100 メートル先から火の輪をくぐろうと助走しはじめたライオン

②白身ばかりの食べごたえのない目玉焼き

③パンデミック下、IOC バッハ会長が「五輪のために誰もが犠牲

を払わねば」と言った時、私の目はこうなった
④戦闘機にロックオンされた！
⑤心に潜む一点の出来心

「目」または「びっくりした時の目」と発想する人はものすごく多いが、IOC のバッハ会長の言葉をもってくるアイディアには脱帽だ。「びっくりした時の目」をもうひとひねりしたところが素晴らしい。「もうひとひねりする」ことをいつも頭の隅に置いておこう。

回答 b

①塔の中の密室殺人
②社交ダンスでターンをする二人
③紅白で熱唱する和田アキ子の口の中
④海上保安庁の平和なある日の何も映らないレーダー
⑤まもなく、トラのバターができあがる

読み手が想像しやすく、しかも独自の角度で書けている。

回答 c

①高速回転している扇風機（羽根が見えない）
②風船に穴があいた瞬間
③米軍のレーダーに映った反米テロリスト

④中学 2 年生の数学の先生の採点。力づよい丸の中には必ず点が…

⑤〇〇社〈実社名をいれる〉に対する私の気持ち（ど真ん中）

 オチをつけるパターンも学びたい。

小学生の悩み相談の時間です。

①僕って、たらこ唇だから皆から「オバQ」とか「キン肉マン」って言われるんだよ。いやだな〜。（小 2 男子）

②おれさあ、コンパス使って円を書くときいつも力をいれすぎちゃって真ん中に穴があいちゃうんだよねえ……。（小 3 男子）

③私ってどうしてこんなに瞳がちっっちゃいんだろう。浜崎あゆみみたいな大きな瞳が欲しいなあ。（小 4 女子）

④バレンタインデーに、〇〇くんのためにドーナツつくったんだけど、膨らみすぎて穴がなくなっちゃった。お母さ〜ん、どうしよう。（小 5 女子）

⑤やべえ、算数のテストで、小数点をつけるかどうか迷って、点をつけたかつけないかわからないぐらいの大きさで点を書いたけど、ばっちし指摘されちゃった。（小 6 男子）

独自のテーマを創出し、その枠の中で物語をつくる手法も一つのパターンとして覚えておこう。

発想力テスト〔2〕 定番!「使い道を考える」

あるものの使い道を考える問題はいわば定番のクリエイティブ試験である。

問題2

指輪の指にはめる以外の役割を 20 個書いてください。

回答 a

①指輪を落として話のきっかけをつくる。②妻子持ちの男性のポケットに残し、修羅場を演出する。③透明な指輪を目の中にいれて、パッチリお目めにする。④怖い兄ちゃんに絡まれたときに、高そうな指輪を投げつけて、それに気をとられているうちに逃げる。⑤嫌いな人の傍に置いて、カラスに襲わせる。⑥靴底に埋め込んで足裏マッサージ。⑦鉄分が足りないときの補助食にする。⑧握って指の筋トレ。⑨机の上にうまく立てて、集中力を養う。⑩スカーフをとめる。⑪ありあまる指輪を温めて袋にいれる。高級ホッカイロのできあがり。⑫熱くしてお灸の代用。⑬たまには鼻の穴にむりやりつめて一発芸！⑭指で指輪を肌に押し付けて、肌にたまった汚れをおしだす。⑮ひもに通して、催眠術をかける道具にする。ダイヤが大きいほど威力がある？⑯目が飛び出るくらい高いものを買い、ストレスを発散する。⑰恋人にあげて愛を主張する。⑱質屋に入れて現金収入にする。⑲思い出にする。⑳失恋の相手を忘れるために川に捨てる。

コメント 全体の流れをおおよそつくり、しかもこのくらいオリジナリティーが出せれば合格できる。

①忍者が使う〝まきびし〟かと見せかけて逃げるための気休め。②のどが渇いたとき、しゃぶって唾液をだす。③指輪揚げ、日本一豪華な揚げ物。④「リング」劇場版の来客に配る。⑤エスパー伊東のネタの小道具（指輪をかみくだくなど）。⑥内側にパスタを入れて、つけ合わせ用パスタのひとり分を測る。⑦たくさん積み上げてだるま落とし。⑧外国人をだまして高額で売る。⑨ゴルフボールを置く台。⑩お菓子のポテコにまぜてみんなを驚かす。⑪家の床に置いて、傾いていないかを調べる。⑫ひもをつけて散歩させる。⑬くすんだシルバーの指輪を、ジョイを溶かした水にいれて、洗浄力をみる。⑭外国人にだまされて高額で買わされる。⑮枕の中身にする。ごつごつして気持ちいい。⑯板に接着剤で貼り付けてツボ押しグッズをつくる。⑰缶にいれて楽器として、気分転換をする。⑱かかとに置いてひそかに身長をのばす。⑲赤いウインナーに指輪をはめて、お弁当にいれて、超豪華弁当をつくる。⑳婚約指輪を部屋にかざり、「あなたの安月給じゃあ、もうこういうのは買えないわよね」と言い、夫にプレッシャーをかける。

コメント よくひねりだしている。発想力を鍛える参考としたい。

問題
3

トイレットペーパーを使ってできることを五つだけ書いてください。

回答 a

①なんちゃってジュディ・オング。あの「魅せられて」の衣裳を
トイレットペーパーを使って再現しようではないか！

②切れ端の方を三角形に折り曲げ、彼氏に女らしさをアピール！
男子が、彼女に自分の細やかさをアピールできるかどうかは、
やってみなけりゃわからない!?

③電車で座って眠っていると、首がガクンとなって頭を何回もぶ
つけちゃう人って案外多いでしょ？　だからトイレットペー
パーを最初から窓にテープで貼り付けておけばクッションに
なって大丈夫。

④しつこい男って世の中にたくさんいますよね。そんな時、トイ
レットペーパーの芯をつなげて下着の下にしのばせ、「私って
四段腹なの」といえば即効。

⑤白人男性と付き合いたい方に必須のアイテム。「あなたと背が
釣りあう女になりたいの」といって、立てたトイレットペー
パーの上に靴をはりつける。格好わるいしうまく歩けないじゃ
ないかって文句を言う人は甘い！　そこですかさず甘えて抱っ
こしてもらえば、彼らもイチコロってわけです。甘えられると
男は弱い、その弱点を利用した使用法です。

コメント　サービス精神旺盛であることが伝わってくる。

回答 b

①１日を水に流せる日記帳

②ひたすら引っ張り続けて、ストレス解消！

③芯で万華鏡製作

④お尻にまいて、用を済ませた時にも使える一石二鳥パンツ

⑤春に便利。肌寒いときは首にまいてマフラー。花粉が出てきた
　らハナ紙

コメント さらりと書いてはあるが、比較的よく考えてある。

回答
C

あるチリ紙交換員のトイレットペーパーな1日

①朝：尻を拭く時に

②昼：古新聞と交換するために

③夕：ラーメンの切れ端が鼻の奥に引っかかった時に

④夜：再び尻を拭く時に

⑤深夜：ひとりエッチの処理に、使う

コメント 物語をつくれば、なんということもない回答（この例なら「尻
を拭く」）もすんなりはまるという例。

　「ミイラごっこ」「波止場での別れのテープ」「芯の部分にペンを
入れて鉛筆立て」「秘密文書（スパイ用＝水に入れれば証拠隠滅）」「写経」
「糸より」「丸ごと組み合わせて椅子にする」などは多くの人が書い
ている。それらを書かないことが重要だ。採用担当者である読み手
は、それらを見ると「またミイラごっこか、他の人と同じ発想しか
できないのだな」とうんざりするものなのだ。

発想力テスト〔3〕　さまざまな角度からながめてみる

箱の使いみちを五つ書いてください。

①「触るなキケン！　開けたら死ぬで」と外側に大きく書いて表参道に置いておく（ただし、もちろん中身は空。箱の中に小さく「うそ。ごめんね」と書いた紙を入れておくのを忘れずに）。

②箱の角でツボを押すという新商売を始める。痛くていつもより効いている気がするハズ。名前は「ツボックス」。

③片思いの彼女を連れてきて、箱を開けて言う。「ごらん。僕の心の中は、この箱のように空っぽなんだ。ここに君の愛を詰めてほしい」。

④援助交際をして補導されながら、まだ「金がほしい」と言う女子高生の前で使う。箱に火をつけ、こう言う。「形あるものはいつか壊れるんだ。金よりも私を愛しなさい」。この手で若い女の子をゲットする。

⑤自分の連絡先を書いて川に流す。新しい恋が始まるかも？

コメント
本番の試験では、ブラックなネタは書いてもいい。ただし、時に真面目な採用担当者にあたるとアウトとなる可能性はある。

　この箱は私の家で飼っているペットです。「太郎！」。ほら、足と手を出したでしょう。恥ずかしがり屋でいつも亀みたいに縮こまっているのです。機械じかけなのですがね。使いみちはあえて言うなら五つあります。一つ目は子どものいない私の息子がわりになっているということ。二つ目は、イスになるということ。ほら、座り心地がいいでしょう。たまに拒否されますがね。座ることを拒否するイスってやつです。三つ目は、パソコン端末になるということ。ここにディスプレイが隠れています。四つ目はステレオになるということ。まあ、家電にもなるんですよね。これは、芸術家・岡本太郎の遺作でしてね。目利きの方が言うには、1億円相当のプレミアムがつくそうです。太郎さんが生前、私にくれたものなんです。だから、五つ目の使いみちは、これを売り払うということですね。家計を助けてくれますね。

 コメント 物語をつくる場合には、オチをつけたい。

①その箱が木でできていたなら、逆さまにして机にしましょう。昔の貧乏学生の気分が味わえます。

②その箱がドラえもんの四次元ポケットのように何でも入る箱だったら、ゴミ箱にしましょう。嫌な思い出も、気持ち悪いオヤジも簡単に捨てられます。

③その箱がもし（球のように）丸かったら、中に材料を入れてサッカーでもしましょう。ミキサー顔負けのミックスジュースがで

きあがります。

④その箱がものすごく小さかったら、中に一つ埃を入れましょう。ダニを飼育できます。

⑤その箱が立方体だったら、六面に聞きたいことをそれぞれ書きましょう。サイコロトークで六つも話を聞き出せます。

 いろんな箱を想像させる構成がよい。いろいろな角度からものを見られる人であることを意識的にアピールできている。

 問 題 5

○○の再利用法を五つ書いてください（○○は自分で考えること）。

回 答

(a)　アル中オヤジの再利用法

①TV ドラマ「嫌になっちゃう」に大抜擢！　いつも飲んで叫んでいてもらいましょう。

②家に来たうるさいセールスマンに対応してもらう。二度と来ないでしょう。

③桜の花見に連れて行く。周りの人が引いていき、ゆったり席がとれそう。自分たちも落ち着けないのが難点。

④禁酒会に出演させ、働かせる（＝出演料を稼がせる）。

⑤多額の生命保険をかけて、ますます飲ます。いずれ保険金ががっぽり入って家人孝行となる。

(b)　ポケットのないドラえもんの再利用法

①リストラの通告係になってもらう。「しょうがないなあ」と言いながら何も出してくれないドラえもんに肩をたたかれ、現実を知る。

②アニメ「ドラえもん」の声優にする。

③解体して未来の技術を知る。

④人質にしてドラミちゃんをゆする。

⑤やっぱり粗大ゴミに出す。

(c)　つまらないシャレの再利用法

①おじさんがいったらつまらないシャレでもキムタクがいえば即大ブーム。

②時代は繰り返す。きっと何十年後かには面白いと感じてもらえる日がくるはず。それを信じてひたすら寝かす。

③数打てばきっと当たる。一つや二つの失敗にめげず、つまらなくてもどんどんとばす。

④どうしてもそのシャレを使いたいので、会話の中にさりげなく混ぜてマインドコントロール。

⑤仕方ないから自分で言って自分で笑って自己満足。

コメント　〇〇に何を入れるかで勝負は半分決まったようなもの。読んでみたいと思わせるタイトルをつけることが、まずもっとも重要になる。

発想力テスト [1] ～ [3] に答える時の注意点は、繰り返すが、二つである。

(1)　見せる順番を工夫しよう。面白い順に並べたい。
(2)　他人の書きそうなネタでは書かない。

したがって、試験が始まったら、余白に思いつくものをできるだけたくさん書く。時間がなくなってきたら、指定された数だけ選び、いいと思う順に並べるようにしよう。

＊

　ここまで読んできて、どう思っただろうか。毎年各社の採用担当者は、以上のようにすぐれた回答を数々読んできている。たとえば「箱の使いみちを五つ書いてください」といわれて、①入れ物にする、②逆さまにして机にする、③植木鉢、④雪国でソリがわり、⑤壊してストレス解消、くらいでは合格はおぼつかないことはわかると思う。しっかり練習していこう。

 ## 発想力テスト〔4〕　たとえてみると……

　何かにたとえるという問題もクリエイティブ短文試験では定番の一つである。

問題 6

> 「恋愛」を何かにたとえてみてください。

回答 a

　恋愛はフグである。その魅力を知らなければ、特別ほしいとも思わないが、一度、その味を知ってしまうと、食べたくてたまらなくなる。特に、シーズンが到来すると恋しくなってしまう。また、いろいろな料理形態があり、それぞれ素晴らしい。しかし、そうそう楽しんでばかりじゃいられない。それなりに金がかかるのだ。また、自分勝手に手を出せば、毒にあたってひどい目にあう。誠実に向き合ってこそ、おいしい思いができるのだ。

恋愛＝フグ、なんとも都合よく似せている。お見事！　一つのものをさまざまな角度から見る、そのイメージと似ているものを探す。これが一つの解答法だ。

回　答
b

　革靴を磨く。鈍く光ったつやが心を和ませる。恋愛は革靴のようだ。初めはぎこちない足元が、次第に私の足の形になじむ。足の曲げ方でしわができ、かかとが磨り減る。誰にもない、私だけの形。まず落ち着いたと思う頃は1カ月目。まだ磨き方にも力が入る。ぴったり合う頃は3カ月目。少々疲れが味わいに変わる頃。履きつぶし方で人柄も出る。そして二つあって初めて歩くことができる。

しっとりとした自分独自の世界をつくりあげていてよい。

発想力テスト〔5〕　フキダシ（つぶやき編）

　一つの絵が示されて、「フキダシ」を考えるクリエイティブ短文試験もある。

 問題 7

> 次の絵の「フキダシ」に言葉を入れてください。

回答

(a)　なんでこんな間の抜けた顔の写真飾ってんだよお。思わず黄泉がえりしちゃったじゃないかぁ。

(b)　ただいまー。20年ぶりに帰ってきたらこんな豪邸になってるよ。親父が宝くじでも当てたのかなあ。それにしても、部屋がありすぎて私の部屋がどこかもわからないよ。「トイレ」「キッチン」「タケシの部屋」……「チカコの部屋」あったあった。ここだ。ガチャッ。何これ、私の遺影じゃない。私は死んでないよ、

PART
4

「短文」を書かせる「クリエイティブ試験」はこう突破する

91

ここにいるよ。さては、私の死亡保険金でこの豪邸建てたんじゃないの。

(c)　これって3年前の写真だよなあ。その頃は何の心配もなかったよなあ。あの時、あの時だよ。結婚式当日に明子さんが来なかったんだよ。オレ、ショックでさあ。暴飲暴食で太っちゃったよ。それほど悲しかったんだよ。なのに……。う、う…、昨日、明子さんが来たんだよ。驚いたよ。ずっと後悔していたって。なあ、明子さん、兄貴の手掛かりがないのって来たんだよ。なあ、どこにいるんだよ、兄貴！　明子さんみたいな姉さん、欲しいんだよ。

(d)　ああ、何てこと。私のお姉ちゃんがまさか拉致されてしまうなんて。しかも国家ぐるみの犯行よ。政府が主導的に拉致を行うなんて。まるで信じられない。確かに最初はこの国に好きで来たんじゃなかったけど、それでも私たち姉妹にはこの国で使命があったのよ。そう教えられたのよ。それを一時帰国だとかいって騙して！　でもきっと将軍様がまた連れて帰ってくれるハズよ！だって一度は私たちをあんなにうまく連れ去ったのだから。

(e)　ああ、月日がたつのも早いものね。気づけば私もこんなに老けてしまって……。両親は亡くなり、夫は外に女をつくって逃げてしまったわ。残った肉親といえば、一人息子と、弟と妹だけ。でも、今はみんなバラバラ。昔はあんなに仲良く暮らしていたのに。みんなどうしているかしら。心配だわ……。でも、その中でも、一番心配なのは妹。水商売で働いているらしいの。あの子昔からパンツ見せてたから……。大丈夫かしら、ワカメ……。

コメント　この問題では、多くの人が、涙が映らない鏡の不思議さを書く。その方向で書くのなら、とびきり愉快な「涙が鏡に映らない理屈（＝屁理屈）」をひねりださないと目立てない。ナンセンス（a）、ブラックユーモア（b）、すれ違い（c）、社会風刺（d）など、回答例を自分なりに分類しておくとよい。自分の得意なジャンルを確立しておきたいものだ。

天気予報番組を視聴率80％にするには？

　「天気予報番組を視聴率80％にするにはどうしたらよいか」「世界中の人を同時に感動させる方法を書いてください」「世界中の人を同時に笑わせる方法を書いてください」など、一読、不可能と思われる出題がしばしば課されることはある。いわゆる頓智問題として解くことが必要になる。

　これらの問題が解けるようになるためには、過去問題と合格文例を知ることにつきる。自分たちでも問題をつくり仲間と解いていこう。

> 天気予報番組を視聴率80％にするにはどうしたらよいか。

(a)　天気予報の時間になったらチャンネルが勝手にそこに固定されるTVを開発する。

(b)　降水確率を当てた視聴者に1億円プレゼントキャンペーンをする。

(c)　やらせでテロを起こす。天気予報キャスターを人質にしてそれを放映。

(d)　とにかく視聴率がとれるタレントなどを出しまくる。出川哲朗→綾瀬はるか→サンドウィッチマン→新垣結衣→博多華丸・大吉→有村架純→マツコ・デラックスらが30秒ずつ分担して天気予報を読む。そういう番組をつくり、事前宣伝をする。

(e)　視聴率が80％を超えたら日本国民全員に1万円与えると宣伝する。

問題 9

世界中の人を同時に感動させる方法を書いてください。

回答

(a) サルに手話を覚えさせる。人間とのコミュニケーションをとれるようにする。そしてサルが死ぬ間際、最後の言葉を手話で人間に伝えようとする場面。たぶん泣く、感動する。

(b) 「戦争報道特番」と称して世界中の人々の目をひきつけ、カウントダウンのあとから次々と動物の生まれるシーンや動物の赤ちゃんがミルクを飲むシーンを放映する。最後に「戦争反対」の文字とともに人の誕生シーンを流す。

(c) 戦争をやめさせる。しかも少年が。戦争で両親をなくした少年が「もう戦争はうんざりだ」と思い、その主張を訴えるために、はるかかなたの大陸（日本のテレビ局）を目指す。そしてその姿を実況中継する。途中で爆弾が落ちてきたり、食べ物がなくなって困難な目にあったりするところを中継する。そして見事にたどり着いた瞬間、世界は感動の渦になるだろう。

(d) 世界中の空から花をばらまく。

(e) ジョン・レノンの「イマジン」を各国語に訳し、世界中に発信。年1回世界祝日「平和の日」を設けてみんなで同時に歌う。

(f) まず、平井堅のクローンを現存する国の数だけ量産する。そして、量産した平井堅を各国に送る。次に、世界の国々の放送局を同時に電波ジャックする。そして、すべての平井堅に同時に「大きなのっぽの古時計」を歌わせる。音楽は国境を越えて人の心を打つだろう。これぞまさに世界同時多発ソロである。

世界中の人を同時に笑わせる方法を書いてください。

回答

(a) 金正恩が「世界中の人々が笑えば、核は捨てる」と宣言し、「笑わないなら、核ボタンを押しちゃうぞ♡」とウィンクまじりにいったら、笑うしかない。

(b) 世界中の人、全員が徹夜をすればよい。

(c) 世界同時に記念写真を撮る。

(d) ワライダケの成分を抽出し空からばら撒く。都市部には多めと、人口の分布も考えて。

(e) 「○月○日○○時に笑わないと死刑」という法律を全世界で制定する。そしてその日を世界同日同時刻にする。そして同時に施行する。

(f) 金正恩とタレント・スギちゃんをすりかえておく。

コメント

いずれも大変な難問である。この手の問題は、本番では問題が提示された瞬間に、「こんなの無理だ。できない問題を出している。ふざけていると思って会場内を見回すと、鉛筆を動かしている人が結構いて、頭が真っ白になった」という人が多数である。しかし本番では、上記のように見事な「屁理屈」を回答としてひねりだす人がいる。とにもかくにも、非現実的であっても「理屈上、問題に答えた」回答をつくる必要があるのだ。

発想力テスト〔7〕　1週間で達人になるには？

これまでは、瞬発的な発想する力をためす問題を解いてきた。ここからは、単なる発想だけではなく、流れをつくる問題にも挑戦していこう。

問題 11

> 次の（　）の中に、自由に文章や言葉を書いてください。月曜日から土曜日まで、何かをして、日曜日に何らかの達人になるという問題です。
>
> 月曜日：（　　　　　　　　　　　　　　　　）。
> 火曜日：（　　　　　　　　　　　　　　　　）。
> 水曜日：（　　　　　　　　　　　　　　　　）。
> 木曜日：（　　　　　　　　　　　　　　　　）。
> 金曜日：（　　　　　　　　　　　　　　　　）。
> 土曜日：（　　　　　　　　　　　　　　　　）。
> 日曜日：私は（　　　　）の達人になった。

 回答 a

月曜日：（「とりあえずビール」を 100 回連呼する　　　）。
火曜日：（「ワシも昔は悪だった」を口癖にする　　　）。
水曜日：（ナイロンの靴下をはく　　　）。
木曜日：（吉岡里帆と本田翼の区別がつかなくなる　　　）。
金曜日：（黒木華と武井咲の読み方がわからない　　　）。
土曜日：（ワイシャツはブリーフの中　　　）。
日曜日：私は（若いのにオヤジっぽい）の達人になった。

1週間で何かになろうとするのではなく、既成のものを分析する方向で答えた秀作。既成のものを分析する手法は学びたい。

回答 b

月曜日：（短距離走の練習をする　　　　　　　　　　）。
火曜日：（垂直飛びの練習をする　　　　　　　　　　）。
水曜日：（平泳ぎの練習をする　　　　　　　　　　　）。
木曜日：（綱引きの練習をする　　　　　　　　　　　）。
金曜日：（握力を鍛える　　　　　　　　　　　　　　）。
土曜日：（満員電車に終日乗る　　　　　　　　　　　）。
日曜日：私は（バーゲンセール）の達人になった。

コメント ごく当たり前の行動を並べただけだからこそ、オチ（＝意外な結末）がきいている。

回答 c

月曜日：（アルバイト情報誌をもらってくる　　　　　）。
火曜日：（アルバイトを始めた　　　　　　　　　　　）。
水曜日：（素敵な先輩に恋をした　　　　　　　　　　）。
木曜日：（携帯電話の番号を交換した　　　　　　　　）。
金曜日：（ドライブに連れて行ってもらった　　　　　）。
土曜日：（まだ、アルバイト情報誌を見ていることに気づいた）。
日曜日：私は（妄想）の達人になった。

PART 4 「短文」を書かせる「クリエイティブ試験」はこう突破する

コメント とぼけたオチをつけるのも一つの方法だ。この技も学びたい。

　この「1週間で達人になる」ような、流れをつくる問題を解けるようにするためには次の問題を解くと練習になる。

　やってみよう。

問題 12

　〇、✕、△を1回ずつ使って、好きなように並べます（例：✕→△→〇）。
　それぞれのマークの後ろに文をつくり、一つの流れのある文章を作成してください。

回答

(a)　✕花粉症でくしゃみ、鼻水がとまらない！→△商店街のイベントでくじ引きをやっている。さっき八百屋でもらった抽選券があるから、はずれのポケットティッシュ狙いでやってみよう。（ガラガラ）黒出ろ！　黒出ろ！（赤が出た）「ちっ、しくじった！」→〇（カラン、カラン）「おめでとうございます！　3等、『のどあめ、マスク、ティッシュ1年分の花粉症対策セット』の当たりー！」

(b)　〇俺はいい人って言葉がぴったり。頼まれたことは断れない。→△でも、もういい人を演じるのは疲れちゃった。なんか悪いことしたい気分。ひったくりでもしよう。ちょうど、むこうからカバンを持って走ってくる奴がいる。よーし、そのカバンをとってやろう。「ボコッ」「うっ」よし、成功した。→✕「あんたすごいよ、ありがとう」「へっ？」「この人あたしのカバンとって、逃げてたの。捕まえてくれてありがとう」

(c) ✕花粉症になって、鼻水じゅるじゅる涙でぐちょぐちょだ。 ➡ △感動的な映画を見て、男泣きしそう……。恥ずかしい……。 ➡ ○おっと、オレって花粉症！　じゅるじゅるぐちょぐちょになってもバレないぜっ！

(d) ✕雨が降ってるよー。今日は動物園に遠足だったのに。➡△でも楽しみは来週にとっておこう。➡○今日じゃなくてよかった。そこの動物園でライオンが檻から逃げたとさ。

(e) ✕スーツがよごれた！　うえーん。➡△クリーニングへ GO！➡○超かっこいい店員。いつの間にか恋仲に。

(f) △何社も落ちた！　➡○内定とった！　➡✕留年した。

(g) 【テスト】○今日のテストはなかなか書けたぞ！　➡△ん？そういや名前書いたっけ？　➡✕名無しで０点！　ショーック。

(h) 【ゆでぐあい〈パスタ〉】△うーん、まだちょっとカタいかな……。➡○なかなかいい感じ。あっ電話が！　➡✕長電話してたらパスタのびのびー。

(i) ○今日は待ちに待った初デート。天気も良好で、神様も私達を祝福してくれているみたい➡△が、なぜかお腹のあたりがゴロゴロピーッ。➡✕今朝食べた半熟トロトロ親子丼があたったみたい。デートは中止。トホホ。

コメント　これはいわば〝物語づくり〟の練習問題である。オチ（＝意外な結末）がないと強く印象づけにくいことをここでは知るだけでよい。次の「フキダシ（対話編）」、さらには PART 5 の「三題噺」「ショートストーリー」「キセル文」が書けるようになるための基礎となる問題である。じっくり取り組んでほしい問題だ。

「フキダシ」の問題には、対話形式の出題もある。二つの問題と合格文例を読んでほしい。

問題
13

次の絵の「フキダシ」に言葉を入れてください。

回答

(a)　A：「今からシリアへ行くんです」B：「そうか、ではこれをかけてあげよう。透明になる薬だ」A：「えっ、それはいい！　これで攻撃されなくてすみます。さぁ、かけてください」B：「よし、ほらこれで見えなくなった。しかしこの薬はちと高いのじゃ。1回100万円じゃ……っておいっ。こらっ。返事をせいっ。しまった、透明になんかするんじゃなかった。トホホ」

(b)　B：「ふくらみつつある国民の不満をおさえるためには、どう

したらよいかのう？」Ａ：「私腹でふくらんだ将軍のハラを打ち破ればよいかと思います」

(c) Ｂ：「いいか、いまどき普通は流行らない。個性が重要だ。そんなそぶりを見せずにいきなり！　ってのがサプライズがあっていいんだ。お前の一生がかかっているんだ。打ち合わせの通りにするんだ。相手の前でさっと身をかがめて……」Ａ：「銃を突き出すんですね。そうしたらこの銃口から指輪が出てくる。すばらしいプロポーズの仕方です！　それでは行って参ります」

(d) Ａ：「戦争なのに敵兵のあなたは何をしているのだ。攻撃せずに水なんかかけて」Ｂ：「戦争はいけないのです。私たちは戦争で血を流すことを好みません。だから地面に植わっている花の種に水をやっているのです。あなた方にもかかってしまって申し訳ないが、銃も捨ててしまいませんか」Ａ：「武器を求めずに平和を求める者を、一方的に殺すわけにはいかないな」Ｂ：「（本当は人体に有害な液なんですがね）」

(e) Ｂ：「何だね君、そのヒゲは。みっともない、ちゃんと剃りたまえ」Ａ：「あなたもね」

(f) Ｂ：「今日も水をやらなくてはな。その帽子の中の種は非常に貴重で美しい花なのだ。誰にも触れさせてはならぬ。しっかり守っておくれよ。そのための装備なのだ。また毎日水も忘れないように」Ａ：「かしこまりました。しかし閣下、私はシベリア出兵の身。種は守りますが、冷凍保存です」

(g) Ｂ：「おっと、動かないで。君からクサい臭いをこの携帯掃除機で吸ってるんだから。ところで私の悩みを聞いてくれ。最近太っちゃってさ。見てくれ、この腹を。まるでビア樽だろ？　見たところ、君痩せているけれど、ダイエットの秘訣とか教えてよ」Ａ：「閣下！　最前線の兵士になることをおすすめします」

次の絵の「フキダシ」に言葉を入れてください。

回答

(a) A:「お前あんまり力いれるなよ。ちょっとでも均衡がズレる とこの扉開いちゃうんだから！ 中は女子更衣室。今開いたら俺 ら犯罪者だよ」B:「バッカじゃねーの。女子ったってこの中に いるのは幼稚園児なんだよ。だから開いたって平気なの。ん？ でも待てよ。ロリコンってことでやっぱり変態扱いじゃん！」

(b) A:「電車の吊り革も小さくなったもんですなあ。わしら若い 頃は5本指が入ったのに…」B:「まったくですよ。いくら経費 節減といったって、輪ゴムで代替とは、ひどいご時世です」

(c) A:「バカ、そのヒモを引くんじゃねえ」B:「なぜそんなこと を言うのか。このヒモを引けばシャッターが上がって、マジック

ミラー越しに女子風呂がのぞけるぞ」A：「この時間は婆さんばかりじゃ。のぞいても目の保養にもならんぞ」B：「見なくていいのか。わしはさっき、わしらの中学時代のアイドル・ヨネさんが入るのを見かけたぞ」A：「なんじゃと、すぐヒモを引け」

(d)　A：「やっぱりこの新しいタイプの吊り革は小さすぎたかな？　指1本しか入らないし、なんてったって一車両に一つとは少なすぎる」B：「いやいやそんなことはない。車内のあらゆる人がこれにつかまった時のことを考えてみろ。指と指が触れた瞬間なんてドキドキもんだぜ。指が触れたことで言葉を交わし、仲よくなり、結婚して子どもを産む人が増えれば、出生率も上がるんだぜ。これは一つの少子化対策だ。俺らの老後の面倒をみてくれる人だって増えるんだぜ」

(e)　A：「なあ兄貴、まだか？」B：「もうすぐのハズなんだがなあ」A：「コレ本物なのか？　大体どういう原理なんだよ。『ふたりの指をひっかけるだけで心と身体がいれかわります』って、どう考えても無理だろう」B：「えーっ。でもオレ実際にやってるところ見たんだよ」A：「どこで？」B：「プリンセス・テンコーのショー」

(f)　A：「いいね、このシャッターを開けたら、今日からは君が上司で僕が部下だ。一度、このよれよれの制服を着て街を巡回してみたかったんだ。いばり散らすのもそろそろ飽きてきた。君もなかなかヒゲが似合ってるよ」B：「そ、そうでしょうか？　姿勢はこう、ふんぞり返るくらいでいいんですね。はあ、緊張するなあ……。あ、そうそう、奥さんの方も既に交換済です。ウチのふとっちょをどうぞよろしくお願いします」

(g)　A：「ここのシャッターの中には核兵器や生物・細菌兵器がたくさん入っているんじゃないですか？　ちょっと開けて調べさせてもらいますよ。妨害をしないで素直に見せてくださいね」B：「いやいや、核兵器や生物・細菌兵器なんてひとつも入っていませんよ。入っているのは食事がとれず飢えて死にそうな子供たちですよ。だから、あなたたち国連の査察団には関係ないので、開けないでください」

(h) A：「いやー、どうもー。今日もご一緒させてもらっちゃって。不況なんて私ら鉄道員には関係ない話だと思ってたんですがね。まあ、リストラはされちゃいましたが、働けるだけ幸せですね。こうやってリングを、私が引き下げ、あなたが押し上げる。ところでこの仕事って何かの役に立ってるんですかね？」B：「政府は治安が悪化するより、意味のない運動でもさせて、小遣い程度払うほうがいいんだと。治安維持ってカネがかかるからねえ」

コメント 先に紹介した「フキダシ」のつぶやき編では、瞬間的な〝思いつき〟を書くだけで読み手をうならせることも可能だった。対して、対話編では、舞台設定にオリジナリティーが求められるだけでなく、オチのついた物語が必要となる。

発想力テスト［9］ サザエさんに特別出演する!?

この PART の終わりに過去問題に挑戦してもらおう。

問題 15

あなたが『サザエさん』に特別出演します。どんな役柄で登場しますか？

先にポイントを述べておくと、①全体として面白ければ合格できる。②そのためには、できるだけオリジナリティーのある役柄をつくる。また、③オチをつける。オチがないと、インパクトある読後感を得にくい。一言でいえば、「オチ」がポイント。そこに注目して、まず問題を解いてから合格文例を読んでほしい。

サザエの元カレ。偶然出会った二人は喫茶店で積もる話。「こんなところマスオさんに見られたら悪いんじゃないかしら」とサザエ。帰宅したサザエはマスオに詰問される。「今日会ってた男は誰なんだい？」。ロごもるサザエ。元カレ、マスオ、サザエで話合いが持たれ、マスオの杞憂に終わったかにみえたが……。元カレはサザエにメルアドのメモを渡していた！　「来週の『サザエさん』は、『サザエ、女の決断』でお送りしま〜す」。

予告編をオチにもってきたところにオリジナリティーがある。

　私は陰陽師。最近人気がでて、外を歩いていると声を掛けられ気分がいい。悪霊払いに疲れた私は、近所の公園のベンチで昼寝をしていた。すると人の気配が。目を開けてみると、へんてこな髪型をした男の子が私を不思議そうに見ていた。私は「ハッ」と気がついた。日本一有名な家族イソノ家のタラちゃん！　タラちゃんは私に「あなた、なんでそんな格好してるの？」と聞いた。私は「おじちゃんは悪いモノを消す仕事をしているんだよ。これはそのユニフォーム！」そういうとタラちゃんはポツリと言った。
　「戦争を消しちゃってください」

現在と結びつけて、しみじみとさせるオチがいい。

網（アミ）さん役で出演。

戦前のフネの恋人。職業は漁師。荒れ狂う波にも負けず、サザエ、ワカメ、カツオ、タラ、イクラなどを次々とゲット。その腕前にフネもメロメロ。しかし戦争で命を落とす。その後フネは鳴かず飛ばずのサラリーマン波平と結婚した。もし網さんが命を落とさずに帰国したなら、それこそ今のイソノ家は一網打尽で存在せずに、ドラえもんの一人勝ちだったであろう。

 独自の物語を創作している。

もう一問、過去問題を解いてみよう。

日本昔話『鶴の恩返し』を、タイトル・登場人物を変えずに、オリジナルとは全く別の結末にするとしたら、あなたはどんな結末にしますか？

「老父と鶴娘は殺人死体遺棄容疑で逮捕された」

鶴娘を助けた日、鶴フェチロリコンだった老父は鶴娘に猛アタック。その日の晩、彼らは某ラブホテルで愛し合ったのだった。老父はバイアグラを片手に。そして老父と鶴娘による老婆保険金殺人計

画は始まったのだ。「覗かないで」と娘が言ったのは、鶴の姿のときに体内から出る「ツルリン」という脱毛効果もある猛毒を織物に注入していたからであった。老父は犯行に及ぶ。鶴娘が置いていった織物を老婆に着させ、そのまま寝かせたのだ。一晩中ツルリンを吸い込んだ老婆はご臨終。こうして彼らの殺人計画は終結したのだった。その後老父と鶴娘は、おりた保険金で幸せに暮らしましたとさ。とはいかず逮捕された。「遺体の体毛がツルツルだから犯人はツル娘さん夫婦しかいない」という安易な理由で。彼らを逮捕した警察官は、幼少期に老婆にとても世話になっていたという「鶴野」さんだったとか。まさに鶴野恩返し。

コメント　動きのある物語がつくられていてよい。オチもいい。

回答
b

　「お父さん。私は罠にかかっているところを助けられたツルです。姿を見られたからにはここにはいられません。ご恩は決して忘れません。お父さん、私がまた次にあらわれた日には、ミラクルですから。サプライズ！」と言い残して去ってしまいました。数週間後のこと、お父さんはいつも通り新聞を見て、はっと気づきました。そして、家にある財産をかき集め、新橋に向かいました。そして2日後……「先頭はヒシミラクル！　ヒシミラクル！　勝ったのはヒシミラクル〜」。これは宝塚記念（GⅠ）6月29日の出来事である。実はお父さんこそが日本を賑わした2億円おじさんなのだ。

　「私（ツルマルボーイ）がまた次にあらわれた（出走した）日は、ミラクル（ヒシミラクル）ですから」から考え出した答え。まさにサプライズな出来事だ。

工夫あり。競馬の第44回宝塚記念では1着ヒシミラクル、2着ツルマルボーイだった。ヒシミラクルの単勝馬券を1220万円購入して、約2億円を手にした人がいた。この作品はこの事実を下敷きにしてつくられている。ただし、競馬を知らない本番の採点担当者に当たった場合は理解されない可能性はある。

回答
C

バサバサバッサー。鶴がもがいているのを彦一は見つけました。一瞬、親切心で助けてあげようと思ったのですが、頭の中に悪がよぎったのです（まてよ。コイツを使って金儲けはできないかな?）。彦一は考えました（んっ!? この手があったか! むふふふ）。彦一はこの鶴を『幸福を呼ぶ鶴』といって、隣町の金持ちばあちゃんに高く売りつけようと考えたのです。彦一は、ハリウッドデビューを企んでいる無謀な三流俳優でして、ろくに働きもせず、日々の生活に困っていました。幸い、顔立ちは中の上ってところでして、ばあちゃんはまんまとだまされてしまいました。彦一にお金はガッポガッポ。鶴は、優しい彦一に助けられたと勘違い。しかし、自分を大切にしてくれるばあちゃんの下で、幸せに。ばあちゃんも鶴仙人ファンだったみたいで、鶴を見てると毎日うはうは。こうして鶴は、貧乏だった彦一をお金持ちにしてあげることができ、恩返しができたそうだとさ。

コメント
話はストレートだが、オリジナルで読み手をひきつける物語がつくられていてよい。

「長文」を書かせる
「クリエイティブ試験」対策は
これで完璧だ！

1 「三題噺(さんだいばなし)」こそ、クリエイティブ試験の王様

クリエイティブ試験対策も後半である。この PART ではうねりのある文章をつくるクリエイティブ長文試験に取り組んでいこう。クリエイティブ長文試験の種類には、三題噺(さんだいばなし)、ショートストーリー、キセル文などがある。PART 6 で学ぶ「作文」の次にマスコミ就職試験対策で時間がかかるのが、このクリエイティブ長文問題である。

なかでも「三題噺」は、30 年以上も前からテレビ局、ラジオ局、大手出版社などで出題されてきた、いわば「クリエイティブ試験の王様」だ。じっくり取り組んでいきたい。

「三題噺」とは、簡単にいえば「与えられた三つの言葉を使ってストーリーをつくり、最後にオチ(=意外な結末)をつける文」である。これを心に留めて、まずは次の二つの合格作文を読んでほしい。

三題噺 **1** 「プチ整形、有言実行、車内暴力」
（どんでん返し型のオチ）

「どうしたの？　そのアザ」

今日は久し振りの彼とのデートの日である。ところが待ち合わせに現われた彼の顔には、見るだけでこっちまで痛くなってくるような、紫色のアザがあった。

「それがさあ、聞いてくれよ」

彼はある鉄道会社で乗務員をしている。まだ若いということで、

よく夜勤をやらされているようだ。しかし夜間は当然酔っ払いが多く、危険が伴う。その日も、車内で騒いでいる乗客がいたため、注意しようか迷っていたら突然胸ぐらをつかまれ「何ガンつけてんだよ」と言われ、有無を言わさず殴られたらしい。

「でも俺、別ににらんでないのに」。彼いわく、元々目つきが悪いのでにらんでいるように見えたのかもしれないという。

「でさ、お前、整形ってどう思う？」

「はっ？ あんたが整形するの？」。どうやら彼は、友達に「優しい目つきにすればもうからまれないのではないか」とプチ整形をすすめられたらしい。確かに、幼い頃から目つきのせいで色々トラブルがあったらしいが、何もそこまでしなくてもと私は反対した。

「そうか、そうだよな」とその時彼は納得したようだった。しかし数日後、私は友達から思いがけない電話を受け取った。

「あんたの彼氏、整形したんだね。目つきがすごくよくなってて、全然怖くなかったよ」

そう、彼は整形を有言実行していたのである。驚いて私はすぐさま彼に電話をかけたが、彼は電話に出なかった。

またあとでかけ直すことにして、私はテレビをつけた。

「ニュースをお伝えします。先ほど、高田馬場駅付近の電車内にて車内暴力事件が発生しました。若者は乗務員に対し、こちらを見て笑っていると因縁をつけ、暴行に至りました。なお、この乗務員は先日も車内暴力を受けたばかりとのことです……」

コメント 三題（＝三つの言葉）を無理なく本文中に埋め込んで作成してある。また、オチもしっかり決められていて、模範的な三題噺に仕上がった。

「ゴール、一日千秋、優越感」
（タネ明かし型のオチ）

「ああ、来る、来るわ。私を追い求めて大勢の男たちが追いかけてくる」

この日を一日千秋の思いで待ち焦がれていた。

鍛え抜かれたたくましい男たちが、目を血走らせ、熱い汗を惜しみなくだらだらと流している。そして、この私を我が物にし、誰にも譲るまいとばかりに一心不乱に迫ってくる。並みの女では味わえない優越感だわ。私のような容姿でこれほどの待遇を得られるとは夢にも思わなかった。

背は低く、まるまるとしたこの身体では決して男の人の目を引くことはありえないと考えていた。今では好みの筋肉質な男性が私を競いあっているなんて。大地震でも起きなければいいけれど……。

でも彼らにはとても変わった趣味があるの。彼らは私を見ると暴力をふるう。いきなり後ろから蹴られたかと思ったら、待ちぶせされて殴られたこともあるわ。

「これが彼らの求めている愛なの？　いえ、もしかしたら私が……」。彼らの躍動する筋肉から発せられる暴力を受けるうちに、私の心の奥底に眠る熱い何かがうずいているのが感じられるようになった。

そして私の中の衝動が抑えられなくなってゆく。私自身、求めるものもエスカレートしていくのがわかる……。

「お願い、最後は縄で。縄で……」。

男の一人が渾身を込めて蹴飛ばす。前に網目の縄と、男が一人。この男が私を縛り上げるのかしら。私の体が引き寄せられる。縄が身にまとわりついてきた。そして肌にからみつく。最上の快楽を得られるわ……。ああ！

「ピッピー！」「ゴール！」「富士ゼロックス・スーパーカップ、フリーキックがゴールに突き刺さったー！　柏レイソル優勝です」

ゴールの中のボールが満足そうにころがる。

コメント何の話かと思いきやサッカーでしたというオチ。中盤でネタが透けて見えそうになってはいるものの、後半の物語の濃厚さにオチのことを忘れさせてよい。

さて、初めて三題噺を読んだ人は驚いたかもしれない。

三題噺は、いわゆる自分の人生を語る就職用「作文」とは別物だと考えてほしい。例文のような文章が本番で書ければ合格できる。このレベルの三題噺も練習すれば必ず書けるようになるから、ゆっくりと取り組んでほしい。

なお、この本では、書類審査を通過できる、または本番の試験を突破できるレベルの「作文（三題噺、ショートストーリー、キセル文などを含む）」を、「合格作文」と呼ぶことにする。

2 「三題噺」の 過去問題はこれだ！

　テレビ・ラジオ局では、これまで以下のような三題噺が出題されている。

- **「まんじゅう、牛丼、曙」**（500字、エントリーシート）
- **「インターネット、うどん、ワールドカップ」**（800〜1000字、エントリーシート）
- **「コンソーシアム、岡目八目、解凍」**（800字、60分）
- **「関係、チャンス、色」**（800字、60分）
- **「風、くじら、こんにゃく」**（1200字、90分）

　三題噺は、具体的には**「次の三つの言葉を使って500字以内の文章をつくりなさい。まんじゅう、牛丼、曙」**という形で出題される。

　「三題噺」を明確に定義すれば、「出題された三つの言葉を一度以上は使って、制限時間・制限字数以内で一つの物語をつくるもの」である。その際、「三つの言葉を必ず一度は使わなくてはならない」し、また「文章の最後に『オチ』（＝意外な結末）がなくてはならない」。したがって、三つの言葉を使ってオチさえつけた文章であれば、書き方は自由。手紙文、会話ばかりの文、独り言の文など、なんでもいい。

　内容については、「作文」と同じように実話や実体験でもよいが、**通常、三題噺ではフィクションを書く。**

　関連の薄い三つの言葉をつなげて、オチをつけるノンフィクションを書くのはかなり難しいと思う。

　さっそく書く練習を始めてほしい。問題の三つの言葉は自分で考

えるもよし、過去問題やこの本の合格作文の問題を使うもよしだ。

　まず、二つの言葉を貫く物語を考える。次にオチを決める。実際に書き始めて、途中で残りの一つの言葉をむりやり挿入し、書き終える。三つの言葉を貫く物語を考えるのは大変だから、二つの言葉を使って物語をつくろうというわけだ。もちろん、君が三つの言葉を見て面白い物語が思い浮かぶようであれば問題ない。

　初めのうちは、なかなかオリジナルな物語やよいオチのアイディアが思い浮かばないかもしれない。作文と同じように、まずは合格作文を読むといい。それでも難しければ、オチのある短編小説やSFショートショート、おとぎばなし、小咄、落語などを参考にしたい。机の前に座ってウンウン唸ってみても焦りはつのるばかり。いろんな三題噺を読んでいこう。

　実際の経験をヒントに三題噺を書くなら、自分や他人がとびきりドジをした話や恋愛の失敗談などは参考になるだろう。

　続けて合格作文を示す。

「スローフード、気宇壮大、アイコラ」
（タネ明かし型のオチ）

　「ガチャン」。朝、郵便受けの音が鳴った。

　「ふああ……、新聞が来たなぁ〜。どれどれ……」。と、起きたばかりで油断していた私に驚愕の事実が襲ってきた。それは「長澤まさみのアイコラ画像不法販売！」と書かれた一面。ではなく、中に書かれていた告知だった。

　この突然の告知に頭が真っ白になった。私はとにかく急いで支度し、真冬の寒空に飛び出した。朝食にどんなスローフードを食べるかを考えているどころではない。一刻も早く行かなくては。

　現場にはしめやかに数多くの黄色や白色などの花が飾られている。到着したときにはもはや他の参列者は来ていた。みな、一様に無表情、無言で参列している。「くそっ！　何故こんな事に！」。そ

の光景を見て、悔しさのあまり唇を噛み締めた。

「こちらへご記入ください」。「受付」と書かれた紙が張られた白いテントから神妙な面持ちをした女性が私に署名を促す。業務を黙々とこなし、顔は青ざめ、肩を震わせている。辛そうな彼女に同情しつつ、自分の名前を記入した。なんと、まだ10人目だった。心機一転。私は思わずほくそ笑んだ。

「キキ〜っ!!」。急なタクシーのブレーキの音で私は後ろを振り返った。見ると黒い服を慌てて着た格好の女性がタクシーから急いで降り立った。女性は参列者を見てしばし呆然としていた。が、次の瞬間、女性は両手で顔を覆い隠し泣き崩れた。「そんな……間に合わなかったなんて……」。彼女の気持ちは痛いほど分かるが、仕方ない。彼女は11人目。敗者なのだ。

「はーい！　それでは田中電気店、新春新装開店特別セールを行いマース！　先頭10名様にはなんと、パソコンが10円で買えちゃうよ！」開店時間になった瞬間、受付テントの下にいたバニースタイル受付嬢のマヌケな声が響いた。先ほど寒さで震えていた姿がウソのようだ。本番にきっちり仕事をこなすバニーのプロ根性には涙が出る思いだった。私はこの気宇壮大な企画に感謝し、10円でパソコンを買い、帰路に着いた。

コメント スピード感あふれる文章で読ませる。物語本文とオチとの落差のつけ方に工夫がある。

三題噺 4 「スローフード、気宇壮大、アイコラ」
（タネ明かし型のオチ）

飛行機は分厚い雲をくぐり抜けて降下し、空港に着陸しようとしているところだった。彼女の周りの人々は到着したことからくる安

堵感で顔がほころんでいた。

　しかし彼女だけは、「もう逃げられない。どこまで逃げてもいつかはあいつに捕まってしまう」と思い、もう世の中は終わりだというような顔をしていた。それでもなんとか冷静さを取り戻そうとして、昔のことを思い出していた。

　イタリアに行った時のこと。初めてスローフードについて知り、今までファストフードばかり食べていた私は深く反省したっけ。でもこんなことになるんだったら、もっとマックやケンタに行けばよかったなあ。あーあ、マックのベーコンレタスバーガーが懐かしいわ。そういえば会社に入ったばかりの時は、男の人たちが「友美ちゃんはやらなくていいよ。この仕事は僕がやっておくから」っていつもチヤホヤされてたのになあ。今じゃ若い女の子の尻ばかり追いかけてさ。誰も私のことなんか気にかけてくれない。なんで男ってああなんだろう。

　高校2年の冬だったっけ。学校に行ったら健太君が、「友美の写真使ってアイコラ作ったぜ」とか言ってクラスの男子みんなにそれを配っちゃってさ。もうあの時は、死ぬほど恥ずかしくてクラスにいたくなかったなあ。ほんとは健太君のことこっそり好きだったのに。

　でもそれもいい思い出。もう焦っても時間だけが過ぎていく。あいつに捕まったら、きっともう誰からも見向きもされなくなるんだわ。そんなのイヤ。でももうどうしようもない。

　「あーもうダメ……さようなら」

　彼女は日付変更線の近くの島で気宇壮大でいられた20代に別れを告げた。

コメント しんみりとさせるオチができた。

　なお、三題噺の採点法は、〇か×かだけ。オチが決まっていて面白ければ合格、全体として面白くなければ不合格である。

③ オチは誰でもつけられる

　三題噺で難しいのは、オチ（意外な結末）だ。

　三題噺とはそもそも落語に由来するもので、「客席から三つのお題を頂戴し、即興で噺をつくり、最後に三つの言葉のうちの一つを使ってオチをつける」ものだ。就職試験における三題噺では、三つの言葉のうちの一つを使ってオチをつける必要はない。とにかくオチがついていればよい。

　落語のオチには 10 以上の種類があるといわれているが、この本ではわかりやすいよう二つに絞る。就職用三題噺のオチ（＝驚きのエンディング）では、「タネ明かし」か「どんでん返し」のパターンを体得するとよい。

　「タネ明かし」とは、三題噺2 のように「読み手は、人間の女性の話かと思って読んできた。しかし最後のところでサッカーボールの話だった」という「タネ明かし」の構成。

　「どんでん返し」とは、三題噺1 のように「ストーリーで読み手をひっぱってくる。後半になって、結末をいろいろ予想させておいて、一気に予想を裏切る。ちゃぶ台をひっくり返したような結末をつける」という「どんでん返し」の構成。

　それぞれのオチのついた合格作文を示す。

　**「外務省・奇想天外・台風」**
　　　　　　　　（タネ明かし型のオチ）

　冬は嫌いだ。俺が好きなのは、もちろん夏。水着ギャルが大勢海

に押しかけるからな。浜辺でナンパ待ちをしたり、日焼けしたりそれもなかなか楽しそうだが、いい若者が、泳ぎもしないで何をしゃべりまくってるんだ。まあ、だいたい内容はわかっているんだけどな。どうせ、俺たちのことを、見た目がよくないとか、好きじゃないとか、勝手なことを言ってるんだろう。さらに勝手なことに、彼女たちは台風がきたらさっさと退散してしまう。俺はどんな季節でも波乗りを続けているってのに、なんてわがままな奴らなんだ。だが、俺だっていつも同じ海にいるわけじゃないぜ。彼女たちがいなくなった海は退屈で仕方ないから、たまには航海に出たくなるのさ。え？　船舶免許は持っているのかだって？　そんなつまらないことは気にするなよ。それに俺は、二級船舶の実習を受けていた奴のそばで、こっそり講習を盗み見てたからバッチリだぜ。それに、忘れちゃいけないのが、俺は海の男だということだ。海で溺れるなんて絶対にありえないし、船に乗らなくたって航海をする方法はいくらでもあるんだぜ。でも、これも一種の船旅なのかも。不法乗船だが。

　あれ？　いつの間にか俺の周りが網だらけになったぞ。そういえば、さっき漁船とすれ違ったな。おいおい、ちゃんと周りを確認してから網をおろしてくれよ。と、網を横目に航海を続けようとする俺を網が引きずる。

　なんだお前。まさに奇想天外だといった驚き方だな。体中の針をそんなに立てて。俺に近づかないでくれよ。俺の肌は透き通ったつるつるの玉子肌なんだから。

　そうこうしているうちに、もう何時間たっただろう。あそこに見えるのは朝鮮半島じゃないのか？　おおっと、もうすぐ国境だ。ちょっと待ってくれよ。海外の事件は外務省に報告しなきゃ。

　その時男が網に手を入れた。「イテッ」。俺はいつものクセで刺してしまった。

コメント

人間と思わせておいて、オチはクラゲ。これがタネ明かし型

のオチの典型である。

「タマちゃん、自縄自縛、貸しはがし」
（どんでん返し型のオチ）

「園長、また借金のとりたてが」

「何？　またか。どうにか帰ってもらえ。今返せる現金なんてあるわけがないだろう」

　私はワイワイ動物園の飼育係・タナカと申します。バブルの頃には、大盛況だった我が園も、最近の不況でモロに風当たりを受けています。銀行の貸しはがしに苦しめられながらも、どうしても資金のやりくりをしなければならず、園の目玉であったコアラやアフリカゾウは売りに出されてしまいました。サラ金の取り立ては日常茶飯事……辛い毎日です。

「タナカ君、動物園の人気回復のためにいいアイディアはないものかね」

　園長が頭をかかえて私に相談してきました。私は思い切って、前からあたためていたアイディアを話してみることにしました。

「園長、タマちゃんってご存知ですか？　突然川に現われて、一躍日本国民の人気者になったアゴヒゲアザラシ」

「ああもちろん知ってるよ。でもそれがどうかしたのかい？」

「うちの園の動物を、タマちゃんみたく有名にしてしまえばいいんですよ。テレビに映ったらこっちのものでしょ」

「しかしなあ。うちの園にテレビが来るとも思えんが」

　頭を抱える園長に、私は得意げに言いました。

「ゴマフアザラシのハナコを、タマちゃんのいる川に放す。ウチの園の名札をつけておけば、すべて完璧です」

　彼は私の案にひざを打って感心し、その日の夜中、私たちはトラックでハナコを川に連れて行きました。

——万事、うまくいくはずでした。ハナコとタマちゃんの仲睦まじい様子がテレビで流され、園内に客があふれ……。

「タナカ！　大変だ。ハナコがタマちゃんに噛みついた！　保護する会からすごい苦情が来てる」

翌朝、園長の怒鳴り声とデモ行進のシュプレヒコールで目が覚めました。テレビの画面には悪役にされたハナコと、血だらけのタマちゃん。自縄自縛とはまさにこのこと。損害賠償額はいったいいくらになるのでしょう。はあ。

オチはどうなるのかと読み進むにつれて期待が高まる物語で好ましい。意外なオチ。これがどんでん返し型のオチの一例である。

なお、この本の中で、タネ明かし型のオチは 三題噺 **2** 三題噺 **3** 三題噺 **4** 三題噺 **5** 三題噺 **7** 、どんでん返し型のオチは 三題噺 **1** 三題噺 **6** 三題噺 **8** である。

＊

ここで、「オチのある物語」の究極のつくり方をお知らせしたい。

それは、作家・星新一（ほし・しんいち、1926〜97）の小説を参考にすることだ。彼は、短くてオチある小説（SF ショートショート〈掌編小説〉）を多数書いた。『ボッコちゃん』（短編 50 編収録）、『ようこそ地球さん』（42 編）、『ボンボンと悪夢』（36 編）（いずれも新潮文庫）など手軽に入手できる文庫本をひもといてほしい。

オチのつけ方、物語の構成の仕方が、学べる（盗める）はずだ。

＊

はっきりいえば、三題噺は物語自体がとてつもなく面白ければ、オチ（＝意外な結末）をつけなくとも合格は可能だ。

4 「三題噺」は 予定稿で突破する

　ここでまた、同じタイトルで書いた二つの合格作文を示す。前者はタネ明かし型のオチ、後者はどんでん返し型のオチである。

 ## 「ビアサーバー、談論風発、癒し系」
（タネ明かし型のオチ）

　その女の体躯は発育しきっているとはいえたものではなかった。不充分な胸のふくらみ、あどけない顔つき……誰が彼女を欲望の対象としてみるのだろうか。同世代の男と比べ、若干少女らしい体つきだといえた。緊張か、それとも怯えて震える肩に手を寄せると、頭を低くする。黒い髪が手に絡む。——怯えではない——とわかった。互いに息を止め、肩、腰、尻へ手をまわす。

　……ビアサーバーには、コーラを入れても使えるんじゃないか……ふいにそんなことが思い浮かんだ。子供が大人になる時ってのは、みんなこんなことくらいしか考えていないのかもしれない。くだらぬ考えをしながら、くだらないことをする、それが男ならば。じゃあ女は?

　目の前の女ともあと幾十年も経ったら談論風発じっくり酒場で語り合ってみるか。濡れた指で女の方に手をやる。人間の体温は36度前後。それがこんなに温かいものなのか。さきには赤ん坊の頃に母親の肌にしか触れたことがない。これから後、俺は女の肌に触れられるのだろうか?　この病み付きの快感を。

　考えていると視線が交錯した。真剣な表情だった。テレビで見る

癒し系アイドルの媚態には程遠いものだ。

（今が、一線を越える瞬間だ）

　そう意識しないようにすればするほど、脳裡から離れない。ことが終わったら、女は余韻にひたるのだろうか。それとも涙に頬を濡らしているのか。女の腰に腕をまわし強く引いた。

　「うっちゃりです。見事な攻防で太郎君の勝ち。ちびっ子相撲トーナメント３歳児第１回戦はこれで終わりです。みなさん、よく頑張りました」。保母の声が響く中、俺は勝利の余韻に浸っていた。おむつにも似たまわしが心地よい。敗者は母親にあやされ、ぐずっている。俺は生まれたときからのことを覚えているが、こんなにいい日はない。

　「太郎君の２回戦の相手は優勝候補の地恵本満（ちえ・ほんまん）君です」

 オリジナリティーのある物語と独特な書きっぷりに感心する。子ども相撲だったとは。オチにあっけにとられる。これまた、タネ明かし型のオチの典型。

三題噺 8 「ビアサーバー、談論風発、癒し系」
（どんでん返し型のオチ）

　「課長、ひらめきました、新商品。アロマ付きビアサーバーです。このビアサーバーからビールを注ごうとレバーを引けば、アロマテラピーの香りが辺りに漂い、リラックスしながらビールを飲むことが出来ます。飲み屋を対象にして、これはもう絶対売れます！」

　「今はやりの『癒し系』というわけだね。でもまさかビールの中にアロマを入れるのかね」

　「ご心配なく。アロマとビールを分離しているので、ビールの風

味が損なわれることはありません。CMには癒し系の女王・井川遥で、『癒し』を全面的にアピールしましょう」

「それはすばらしい。しかし君、癒し系の女王といえば断然、優香だろう」

「いや、癒しといえば井川遥ですよ、あのまったり感がたまりません」

「何を優香（ゆうか）！　優香は我らオジサンにあんなにも元気を与えてくれるじゃないかっ！」

「いえ、癒し系といえば絶対、井川遥ですよ。他にはありえません」

「優香の癒しは狙ったものではなく、体中からあふれるオーラなんだよ。それが君にはわかっていない。ああ、優香に膝枕してもらって、駄々っ子みたいに顔を左右に振りながら『ヤダヤダ〜』ってしたいよおー」

「……」

「帰っちゃヤダ〜」

「誰も帰るなんていってないじゃないですか。優香でいいですよ。仕方ないなあ」

談論風発となった癒し系の女王の議論も優香でおさまり、アロマ付きビアサーバーはトントン拍子で商品化されることとなった。優香の「癒し」を全面に押し出したCMは好評で飲み屋を中心に爆発的な勢いで売れた。が、すぐに売り上げが止まり、返品と在庫の山。

「急に売れなくなっちゃいましたね、課長」

「返品の理由は『店内がまったりして仕事する気にならなくなっちゃうから』らしいぞ。決して優香のせいじゃないからねっ！」

コメント 物語自体が面白い。サービス精神旺盛であることがPRできている。

たとえば、本番で**「アロマ、駄々っ子、返品」**という三題噺のタイトルが示されたとしよう。または、**「オーラ、膝枕、CM」**とい

うタイトルでもよい。どちらのタイトルが出されても、三題噺8 をそのまま書いて合格できることはわかると思う。

　三題噺は、実は準備ができる。あらかじめいくつかの「オチをつけた愉快な物語」を用意しておく。そうすれば、本番であわてることはない。自分の、その「オチをつけた愉快な物語」（＝予定稿）をアレンジすればよいだけだ。すなわち、本番で出された三つの言葉を、予定稿にねじ込むということである。たしかに、示された三つの言葉は使ってあるし、オチもしっかりつけられているのだから、合格は間違いない。

　三題噺の合格作文を読むと、「これは天才が書いたもので、私にはできない」と落ち込む人が多いが、心配はいらない。何も用意をせずにその場でオチのある物語がつくれる人は、ほとんどいない。

　予定稿をつくる際には、あれこれ考え過ぎず自分の得意なパターンで書くことを勧めたい。たとえば会話体が好みならば、いつも三題噺6 三題噺8 のように書く。またタネ明かし型を狙うなら、三題噺2 三題噺3 三題噺4 三題噺5 三題噺7 を参考にして予定稿をつくるとよい。

＊

　なお、かつて**あるキー局のエントリーシート**にあった「**300字以内で『驚き』『悲しみ』『笑い』の三つの感情すべてを読者に抱かせる話を書いてください。作り話でも体験談でも構いません。（※「驚き」「悲しみ」「笑い」の言葉を使用するのではありません）**」という設問も、ここまで読んでくれた君なら、三題噺を練習すればそれほど難しくないことがわかるだろう。

　また、かつて**他のキー局のエントリーシート**にあった「**四つの写真を見てあなたの自由な発想で考え800字以内にまとめなさい。写真①黒木華、②国会議事堂、③59円分の硬貨、④ロサンゼルス・エンゼルスの背番号17番のユニフォーム**」という問題も、三題噺の応用問題、すなわち四つの写真を四つの言葉と解釈して〝四題噺〟として解けばいいだけだ。

5 「ショートストーリー」って何だ!?

　ちょいと不可思議な絵や写真を示してショートストーリーをつくらせる試験はしばしば出題されている。

　たとえば、**在京のテレビ局のクリエイティブ試験**では、**「幽霊や妖怪、石原慎太郎や動物が笑って並んでいる絵が示され、それについて文章をつくる」**問題が出されたことがある。

　さて、この手の問題はどう解くかを考えてみたい。

❶他の人が書きそうな物語をまず想像することが大切だ。本番で変わった絵や写真を示されると、早く書かなくてはならないという焦りから、すぐに思いついた物語で書く人が多い。とっさに思いつく話は、皆似たりよったり。同じような物語が大量生産される。

❷次に、他の人たちが書きそうもない視角からの物語とはどういうものがありうるかを考える。そして、書く。この場合もできればオチが必要だ。オチがないと読み手に強い印象を残しにくい。

　ただし、試験会場で❶→❷のようにスムーズに書ける人はあまりいないと思う。その場合にはやはり、これまで練習した三題噺や、次に学ぶキセル文などのオチのついている愉快な話を加工して使おう。この方法を使ってこの手の試験は突破できる。練習では、ちょっと変わった絵や写真を使って書くとよい。

　次ページの絵を見て、実際にショートストーリーを書いてみよう。

ショート
ストーリー　1

　ついに発見した。考古学者になって20年、私はやっとやりとげた。思えば、夢にとりつかれたのは3歳の時からだった。枕元で父が毎晩語ってくれたあの話。あれがすべての始まりだった。千一夜物語。私の生涯は、この物語とともにあった。

　中でも私のお気に入りは、魔法のランプの話だった。こすると出てくる大魔神。父はこの話をしながら、よく私に訊いてきたものだった。

　「お前だったら、願い事何にする」。私はその度に言ったものだった。

　「う〜ん、ありすぎてわかんない」「そうだろう。魔人は1回開けると、もう元に戻ってくれないから、ちゃんと頭の中で準備してから開けないとだめだぞ」

　あれから40年がたった。大学で考古学を教えるかたわら、私は中近東で魔法のランプを探し回った。同僚には笑われ続け、学生か

らは変人扱いされることもしばしばあった。しかし、私は探し続けた。そしてついに魔法のランプを発見したのだ。壺の形をしたランプだった。

　私はすぐにこすろうとした。だが、そのとき、私の頭に浮かんだのは両親のことだった。私をここまで育ててくれた両親。私に夢を与えてくれた両親。この壺は彼らに手渡すべきだ。そう思った私は、メッセージを添えて、この壺を両親に送った。

　「一度開けると戻りませんから、ちゃんと準備して開けてください」。ああ。なつかしい父のセリフ。なんのことかわからなくても、開けてびっくりするだろうな。

　「お父さん、一応煮てみましたけど、よかったんですかねえ」

　「ああ。1回開けちゃうとダメになるんだろうから、そのまま煮てくれということじゃろう。中近東の料理は変わっとるのう」

　「でもお父さん、なんか溢れてくる汁が汗臭いんですけど」

　「そういう肉なんじゃろ。さて、食べるか」

ショートストーリー 2

　大きな鍋がグイッと女に突き返される。「ダメだダメだ！　ちっともわかっとらん！」

　「そんなことおっしゃられてももうこれで5回目ですよ、つくり直すのは」

　「何回目であってもダメなものはダメなのだ！」

「これでも先ほど説明されたとおりのつくり方をしていますよ。最初にお肉、そして野菜ですよね」

「調味料の加減はどうなんだ？　少し塩辛い感じがするぞ！」

「おっしゃられたとおりの分量でございます。これ以上つくり直しさせられるなんてイジメです！」

「イジメ？　何を言うか！　私は古くは貴族につながる一族の出身だぞ。その私がイジメなどという下卑たマネをするものか！」

「そんな剣幕になられましても私は朝からずっと調理場でこの料理のために立ちっぱなしなのです」

「文句ばかり言いおって！　大体何もかも気に入らんのだ。まずはあの絵！　ワシはルノアールの絵を買ってこいといったのだぞ！」

女は壁の絵をみて「セザンヌとおっしゃったのでは？」

「ばかもの！　セザンヌ？　聞いた事もない。それはいったいどこの馬の骨だ？　そんな三文画家の絵をホイホイ買わされてきよって」

「あら？　近代西洋絵画の確立者をご存知ないのでいらっしゃいますか。それは困りました」

「な、なに？　そんなに有名な……まっまあそれは良いとしても、この食器！　なんだこの安っぽい皿は！」

「あら？　王室で愛用されているマイセンの食器をご存知ないのでいらっしゃいますか？」

「むう、王室!?　まさかそんなに……とっとりあえず、この料理はダメだ！　すぐに捨てて次を作れ！」

するとそれまで静かに騒動を見ていた男が眼鏡を上げながら女を呼び止めて、「それは私がいただこうかな。美味しそうだ」といって鍋を受け取った。そして食事をほおばりながら「ヤレヤレ、だから血統の良い犬なんて飼うんじゃなかったなあ……」と横目で不機嫌そうな犬をみて嘆息した。

コメント　男女の会話と思わせておいて、犬と女の会話だったとは。話自体はやや一本調子だが、「すれ違い」の面白さを狙った構成

は成功している。「すれ違い」の構成法は一つのパターンとして体得したい。

「さっさと下げてくれ。私はそんなモンは食わんからな！」

ここは、とある田舎町に住む夫婦の家。夕食の時間、いつもの喧嘩が始まった。夫婦の愛犬ゴロウはそっとため息をもらした。

「文句言わないでください。自分は手伝いもしないクセに！　私は薄味が好きなんですよ」

「稼いできてるのは誰だと思ってるんだ。主人である私の好みに合わせるのが当然だ！」

そして妻は調味料を持ってきて、夫が自分で自分の分だけ濃い味にする、というのがいつものパターン。

「まったく。何を考えとるのか」。夫はイライラして、ついつい酒量も増えがちだ。食事が終わると、片付けも手伝わずにそのままリビングで新聞を読み始める。妻はそんな夫を横目で見て「いいわね。上げ膳、据え膳で」とチクリと刺す。夫は無視だが、やはりムッとくるようで、あっという間に灰皿はいっぱいになっていく。そんな、どこにでもいそうな夫婦の、どこにでもありそうな日常。

でも最近愛犬のゴロウには気になることがある。妻が昼間に一人で熱心に読んでいる本のことだ。この本、夫が帰ってくる時間になると、ドレッサーの鍵のかかる引き出しにしまってしまうから、ゴロウにはどんな本かわからなかった。

この間、たまたま読んでいる途中に、妻がうとうとし始めた。ゴロウはそっと近づいて、前足でページをめくってみる。すると、「味の濃い料理を食べさせる」「アルコールを勧める」「タバコを増やす」「家にいても、何もさせない」……そんなことが大きな字で書いてあった。表紙にはきれいな字で『夫を早死にさせる 10 の約

束』と書いてあった。

　最近ゴロウは妻によくなつく。あの本を見て以来、そうしている。でも最近また気になることがある。絵の裏の妻のへそくり、最近すごく多い。それに、夫の顔色、悪いなあ。

コメント　絵からはなれずに独自の話を書いていて好ましい。最後の最後に壁の絵画をからめたところが、好印象を与える。

もう一つ問題を解いていこう。

ショートストーリー 4

　こんな生活を始めてもう1年になる。それでも初めはまだ楽しんでいたんだ。

俺にももともと家族がいた。美しい妻とかわいい息子と娘。普通のサラリーマンで別に金持ちだったわけでもなかったけど、それなりに幸せだった。

　しかし突然のリストラ。俺は失業した。それからすべてがおかしくなった。あんなに幸せだった家庭もめちゃくちゃになった。妻も浮気をし始めた。子供たちに俺は手をあげるようにもなっていた。俺は俺自身に耐えられなくなった。そしてついに家を出た。

　仕事のない俺はあてもなく歩き回った。何日も何日も歩いてボロボロになった俺。そんなとき公園でホームレスの藤沢さんに出会った。

　彼は本当に俺によくしてくれた。藤沢さんは昔は企業の社長だったらしい。しかし、会社は倒産、ホームレスになったという。彼は俺に同じものを感じたのか仲間を紹介してくれたり、食べ物をくれたり、そして住まいまで面倒をみてくれた。その住まいが地下道だった。

　公園のマンホールから入って、地下道に住み着く。これがなかなか快適だった。しかしだんだん俺は飽きてきてしまった。そして思いついてしまったのだ。地上を覗ける穴を開けようと。穴から地上を覗き見る生活は、面白かった。なにせ俺は下から覗いているので何でも見えるし、聞こえるのだ。

　さてさて今日はいったい何が見えるだろう。あっ、あれは私の息子と娘、そして妻ではないか。一緒にいる男は誰だ。これから食事に行くだと。ふざけるな、俺の家族だ。

　しかし、出て行って、今の俺のこんな姿をさらすわけにはいかない。この穴から覗いているしかないのか。やばい、娘がこの穴の存在に気づいた。こんな姿を見られるわけにはいかない……。覗きで警察にも捕まってしまう。うわー、くるなー。

　リズはとにかくお金がほしかった。彼女は貧しい家庭に生まれ、両親が貧困に苦しむのを見ていた。まだ何もわからなかった幼い日、「ああ、お金がほしいわね」と嘆く母に「お金って何？」と問うたことがある。母は、その時、家にあったありったけのお金を広げて見せた。リズにはその価値もわからなかったが。

　「これがお金よ。これがたくさんあれば、私たちもきっと幸せになれるのに……」

　たくさんとはどのくらいなのか、幸せとはどういうことなのか、そう聞いても母は黙って微笑み、遠い目をするだけなのだった。

　成長し、街へ出るようになったリズは、そこで初めて自分でお金を手に入れた。そのお金で、パンを買った。そのパンを母のもとへ持っていくと驚いた様子で「どうやって買ったのか」と問いただされた。リズは街であった事を正直に話した。母は一瞬怒ったような悲しいような表情を見せたが、すぐに言った。

　「そうだわ、私たちにはお金が必要なんだもの。いい子ねリズ。さあ、食べましょう」

　リズは母の言葉が嬉しかった。お金があれば両親も優しい。とにかくお金がほしかった。痛い目にあい、人を傷つけ、汚いこともした。それでもリズは幸せになろうと必死だった。

　リズはいつもどおり街を歩いていた。街には綺麗な服を着た金持ちがたくさんいる。彼らはリズの憧れだった。上品そうな親子をうらやましそうに見ているとその父親が、

　「お嬢さん……靴も履いていないなんて。かわいそうに、これを

あげよう」と札束を差し出してきた。リズはそれをチラッと見て、「いらない、そんな紙くず」と言うと、道端に見つけたコインに飛びついた。コインはリズの手の中に納まった。

　今日はついてる。争うほかの子供もいないし、ドブに落ちていたわけでもない。苦労しないでお金が手に入った。あの日、母が見せてくれたのと同じピカピカのコインを満足そうに抱え、リズは立ち上がった。

ショートストーリー 6

　「やった！　この男から逃げ出すことに成功したぞ！」

　俺の名は、ジョージ I 世、由緒正しい家系の出身だ。しかし、世の情勢は移ろいやすい。私もいつの間にか落ちぶれてしまった。

　そう、今まで私は私と同等の人たちと付き合ってきたのに、今ではこんな下等な人物に使われている次第だ。私も 3 年間は我慢をしてきた。何度も逃げ出したいと考えていたが、ここを逃げ出しても行くところがない現実に、我慢をせざるをえなかった。しかし、私もとうとう我慢の限界をこえてしまった。

　あれはつい昨日のことだった。私はあいつに路上にあった水たまりに顔面をつけさせられたのだ。あいつは故意ではないよと言わんばかりの微笑を浮かべていたが、私は逆にあの微笑が気にさわってしまう。あの笑いは私のことを下に見ている証拠だ。

　私は、この男から逃げ出すことを決心した。よく考えたら、高貴

な私が不況下だからといって、どうしてあんな下等な男に仕えなけ
ればならないのだ。私はチャンスをうかがうことにした。始終私の
側にいるこの男から逃げ出すのは困難を極める。しかし、神様は私
を見捨てはしなかった。チャンスが巡ってきたのだ。あの男が目を
離した隙に、風のごとく逃げ出した。しかし……。

「あのぉ、帽子を落としましたよ」

おばさんが私を拾い上げ、あの男のもとに私を連れもどした。

「すみません。これはありがとうございます」

神様、今度はあまり人がいないところで奇跡の風を吹いてくださ
いね。

コメント

「帽子のつぶやき」だったとは面白い。最後がぴったりと絵
と合致していてよい。導入から何の話だろうと思わせるが、中
盤はやや単調。たとえば、少年がつぶやいているように思わせ
るなどの工夫があるとよりよくなる。

6 仕上げに「キセル文」を攻略する

　さらに、クリエイティブ長文試験で有名なものには、**「キセル文」**がある。本番で出題されてもあわてないために、ぜひ知っておいてほしい。

　たとえば、**「『だめだめ、ボーナスまで待ちな』から始まり、『お父さん、犬買って』で終わる文章をつくってください〈800字60分〉」**という形で問題が示される。キセル文という言葉は「【煙管乗（きせるのり）】乗降車駅付近だけの乗車券を持って、乗車区間の途中をただにする不正行為」（『広辞苑』）に由来している。はじめと終わりの文章が示され、中間の文章を自由に作成するというものだ。

　同じ問題に答えた、四つの合格作文を読んでいこう。

だめだめ、ボーナスまで待ちな
——お父さん、犬買って

　「だめだめ、ボーナスまで待ちな……」

　俺はそこまで言いかけたが、そのあまりの可愛さに後が続かなかった。娘にせがまれてきたペットショップであったが、まさかこんなところで出会えるなんて。つぶらな瞳、細くて小さな体。それは俺が子ども時代に飼っていたペットに瓜二つだったのだ。

　「どうしたの？　お父さん」。娘の声がするが、俺はかまわず過去の想い出の中へ入っていった。

　初めて出会ったときは、まだこんなに小さかったっけ。両親には「こんなものどこで拾ってきたの。早く捨ててきなさい」なんて反

対されたけど、俺にはそんなことできなかった。それくらい可愛かったんだ。

　「ポチ」。俺はこいつの名前をそう決めた。「何でそんな名前なんだよ」。周りの者からはあまり評判はよくなかったが、俺は気に入っていた。ちょっとありきたりだけれど、愛嬌があっていいじゃないか。一緒に砂浜を走ったこともあったっけ。あまり足の速くないポチに俺は歩調をあわせ、二人で一緒に走った。笑いながら走って砂浜に倒れると、ポチは俺の身体にぐるぐると絡み付いてくる。楽しかった。でももう二度とは戻らないあの日。

　ある日、学校から帰った俺は、一目散にポチの小屋を目指した。そこにはぐったりとしたポチがいた。何度身体をなでてみても、身体を丸め、硬く冷たくなったポチは、二度と目を開けることはなかった……。

　「お父さん、どうしたの？　目なんか潤ませちゃって」。娘の声で現実に引き戻された。でも俺は決めた。買おう！　アコムでもアイフルでもいい。借金をしてでも買ってやる！

　「どうしたのよ？　うわー、それ蛇じゃないの。とぐろ巻いてるわ。ねえねえ、蛇なんかよりもさー、お父さん、犬買って」

 犬の話かと思わせておいて、実は蛇の話だった。キセル文も三題噺同様オチが大切だ。

キセル文 2 — だめだめ、ボーナスまで待ちな ——お父さん、犬買って

　「だめだめ、ボーナスまで待ちなさい。ボーナスがでたらチワワ買ってあげるから。100万もするのは無理だけどね」

　ペットショップの窓ガラスにへばりついている私をなだめる声。

「違うのお姉ちゃん。この子犬たち、お母さんとはぐれて可哀想だと思って」。姉は少し淋しげな顔で微笑む。「ユミは優しいね……」

嘘だった。姉の言うとおり、潤んだ大きい瞳でこちらを見るチワワがどうしてもほしかった。しかし、ユミが幼い頃に事故死した両親の代わりに、中卒で働き、ユミを育ててくれる姉にそんな贅沢は言えなかった。小学生のユミにも、そのくらいの分別はあった。

優しい姉のことだ。ユミがほしいと言ったものは必ず与えてくれる。誕生日には大きなテディベア。クリスマスはダメもとで香水をねだってみた。姉は「おませなんだから」と言いながらも、ピンクのボトルにハートのキャップがついた香水をくれた。姉とお揃いの香水にユミは狂喜乱舞し、クラスの女子にもたっぷりと自慢した。大好きな姉の香りに包まれ、ユミはいつでも幸せな気分でいられた。

しかし、チワワは高すぎる。こんなちっちゃな身体でウン十万。犬に給料3カ月分かあ。ユミは一人ため息をつく。

姉の帰宅時間は、毎晩街が寝静まった頃だ。ユミは一度深夜3時まで起きて待ってみたが、姉は帰って来なかった。これ以上、優しい姉を働きづめにさせたくない。姉に恋人がいないのも自分のせいだとユミは思っていた。

チワワは諦めよう。ユミはブランコを飛び降り、帰って「家なき子」のビデオを観ようと思った。自分より不幸な他人を見ると、自分が恵まれているように思える。卑しいことだと知りつつやめられなかった。

「ユミ！　ユミだな!!」。突然男性に肩を抱かれた。年は姉と同じくらいだろうか。見覚えはない。「俺はお前の父親なんだ。お前がデキた時、俺達はまだ中学生で……。今までほっといてごめん」

まさか姉＝母!?　ユミは信じられない気持ちで呟いた。

「お父さん、犬買って」

タネ明かし型の見事なオチがきまっている。

だめだめ、ボーナスまで待ちな
──お父さん、犬買って

「だめだめ、ボーナスまで待ちな」

まただ……。どうせ買う気もないのに適当な言い訳だよ。

でも、絶対諦め切れないっ！　一度ほしいと思うと、何が何でも手に入れないと気がすまないこのアタシ。思い返せば、幼稚園の頃はシルバニアファミリーの人形が全部ほしくていろんな友達の家に行く度にこっそり持って帰って集めたわ。中学校の時、クラスでたまごっちを自慢してた里子ちゃん。アタシ、まだ持ってなかったから悔しくて……。つい先生に告げ口したわ。里子ちゃん、没収されて可哀想だったけど、私はあとで職員室に忍び込んで里子ちゃんのたまごっちを我が物にしたわ。でも、1日で飽きたから先生の机に戻したけど。こないだは高校のクラスの子の彼氏を横取りしたっけ。

こんな性分だから、狙った獲物は必ずゲット！　でも昔みたいに人のモノを盗ったらドロボーになっちゃうし……。うちのお父さんはケチだし……。いつも無視してるアタシがお父さんに話しかけてあげれば、それだけで機嫌よくなって買ってくれると思ったのになぁ。バイトもこないだ年ごまかしてたのがバレてクビになっちゃったし。お金はこないだスマホ代で全部使っちゃったし。

そういえば、お父さんのスマホにさっきメール入ってたなぁ。ちょっと拝見。「昨日は来てくれてアリガト♡　エミ、週末、お休みとるからまた二人で旅行しようね♡」。あれ？　あれ？　お父さん週末は会社のゴルフだって言ってたような……。

これだ！　「お母さんに言っちゃおうかなあ」って言って買ってもらおうっと。「お父さぁ〜ん♡」。やっと買えたよ、お父さんもチョロイ。お母さんにバレたくない一心で買いに走ってくれたしね。これこれ、バウリンガル。朝テレビで見てから気になって気になって……。そういえば、ウチ犬飼ってないじゃん。「お父さん、犬買って」

だめだめ、ボーナスまで待ちな ——お父さん、犬買って

「だめだめ、ボーナスまで待ちな」

「どうして、お父さん。今世の中では犬を飼うのが大ブームなのよ、すぐほしいわ」

「ダメだ。今うちに余計な金がないことはお前もわかっているだろう。臨時支出があったばかりだからな。今日も朝昼夜とマクドナルドのバリューセットなんだぞ」

「先月ママが亡くなったから仕方ないわ」

「だがな、この惨めな食生活のせいでお父さんは1カ月で15キロも太ってしまったんだ」

「それは食べる量が半端じゃないからよ」

「ああ、ストレスで食欲が止まらないんだ。お父さんは会社でリストラの危機に瀕している。そんな時にママの葬式代で500万かかったから、今後の金策で頭が痛い」

「御香典が集まったじゃない？」

「それがな……。今朝金庫を開けたら空なんだ。どうやら昨晩空き巣に入られらしいな」

「まあ。本当に人間不信になる様なことばっかりね」

「全くだ。まさかあのママに隠し子がいたなんて夢にも思わなかったからな。葬式の時初めて知ったが、長年彼女がわしを裏切っていたと思うともはや誰も信じられんよ」

「大丈夫よ、パパ。私がついているわ」

「ありがとう娘よ。だがな、来年の春、お前は結婚してこの家を出て行く。わしは見てのとおり肥満体だ。コレステロール値も血圧

も高い。ある日突然家の中で孤独死しているかもな」

「縁起でもないこと言わないで。一体お父さんはどうすれば元気になれるの？」

「わしにつける薬なんてないさ。あまりに状況は八方ふさがりだ」

「そんなことないわ！　必ず解決法はあるはずよ」

「世の中そんなに甘くないぞ、娘。妻に先立たれ裏切られた人間不信のわしを癒し、肥満を解消して空き巣に入られないようにすることなんて神様でもなけりゃできん」

「……お父さん、犬買（飼）って」

コメント お父さんの苦悩のすべてを、最後の一文に流し込んで、見事なオチをつくりあげた。

およそ、**キセル文1** **キセル文2** がタネ明かし型のオチ、**キセル文3** **キセル文4** がどんでん返し型のオチになっているといえる。

この PART の最後に、もう一題、合格作文を読んでもらいたい。

問題は「『ニホンオオカミは生きていた』で始まり、『いらっしゃいませ』で終わる文章をつくりなさい」である。まずは、自分で文章をつくってみてほしい。

ニホンオオカミは生きていた ——いらっしゃいませ

ニホンオオカミは生きていた。僕がそのことを知ったのは、10歳の誕生日の夜だった。

僕は幼い頃から図鑑が大好きで中でも恐竜やマンモスのような今は絶滅したといわれるもののページを好んだ。それらのページは当然のように、写真ではなく骨の化石をもとにした絵が載っていた。写真は動きのあまりないものが多かったのに対し、絵は必ず他の動

物を襲っているものや険しい表情のもので迫力があった。そこがよかった。

だから母がニホンオオカミを連れて帰ってきたとき、その表情の柔らかさに信じられない思いがした。

「あなたのお父さんよ」

夢見るような瞳で母は言った。混乱している僕に母は続けた。小さい頃からこのオオカミと一緒に育って、お互い一緒にいたかったこと、しかしむりやり見合いをさせられたこと、耐えられずすぐに離婚をしたこと、そしてやはり離れられないこと。話は一時間にもわたり、僕は反対などできなかった。

オオカミ（父）との生活が始まった。父はさすが母と共に育ったというだけあって人間との生活に慣れていた。一緒に出かける時は人目があるので鎖でつないだが、僕たちにとってこれほど心強いボディーガードはいなかった。僕と母の二人の淋しい生活が見る見るうちに活気づいた。

父はよく狩りをしたがった。野生の血が騒いだのであろう。母は父の気持ちを察して、週末には野山に三人で出かけることにした。僕は家族の団欒が嬉しかった。父は狩りができることを喜んだ。母は父の獲物の毛皮を売って家計の足しにした。

ある日、母は言った。

「店を開きましょう」

父の獲った毛皮を扱う店だ。母と僕が店員で、と嬉しそうに母は言う。僕の高校卒業を待って開店ということになり、早いもので今日が開店日だ。「いらっしゃいませ」

キセル文
6

ニホンオオカミは生きていた
——いらっしゃいませ

　ニホンオオカミは生きていたかった。種族闘争が激しくなるにつれ、四方を海に囲まれたこの国で生きてきた彼らは、あっという間に、その数を減らしてしまった。

　「僕は、あんな西洋かぶれの奴らになんか、負けないよ。絶対かたきをとってやるからね」。先日の戦いで、自分を守って死んでいった両親の墓に手を合わせ、そう心に決めた。

　彼の名前は、銀という。母が、生まれたときのその美しい毛並みからつけたものだった。銀は、残りわずかとなった仲間を集めると作戦を立て始めた。

　「こんなに数が少ないんじゃ、真剣勝負ではまず勝てない。俺様にいい案がある。ちょっと耳貸せや」。うなずく一同。一瞬しんとした空気が流れる。

　「銀、話はわかったが、それが奴らを討つことと、どう関係があるんだい。おいらには、さっぱりわからねえ」。一匹が口をはさんだ。

　「あとでわかるさ。とりあえず、行くぜ。おめえら、用意はいいか」。満月の静かな夜に、ひときわ大きい遠吠えが響いた。

　それから彼らは、さまざまな土地を渡り歩いた。ある時は船で海を渡り、そしてまたある時は気の遠くなるほどの山を越えた。

　どれ程の歳月が流れただろう。銀の口から、日本へ帰るという言葉がやっとでた。

　「皆、今まで本当にごくろうさまだった。本当に大変だったな。しかし、俺たちが日本へ戻る頃には必ず良い結果が出ているはずだ。さあ、故郷に帰ろうじゃないか」

　銀たちは種族闘争に勝った。彼らの武勇伝は、今もなお、言い伝えとして世界中に知られている。「赤ずきん」「七匹の子やぎ」「三匹の子ぶた」……他にもたくさんの戦いをこなしてきたのだ。そのおかげでその地域のオオカミは絶滅し、悪さをしていない日本で

は、その珍しさも手伝って、大変なもてなしを受けることができた。今日もまた、彼らを一目見ようと大勢のお客が動物園を訪れる。銀は笑いながら言う。

「いらっしゃいませ」

キセル文 7

ニホンオオカミは生きていた
——いらっしゃいませ

「ニホンオオカミは生きていた」

その記事が出たのはほんの3カ月前だった。当時その記事自体信じられず、ある島へ国から調査チームが送られることになった。しかし、1カ月たてどもチームは戻らず、島にいる村民数百人からも一斉に連絡が途絶えた。

そして今から2週間前、一人の調査員がひどい怪我を負って島から帰ってきた。その男の話によると、見つかったニホンオオカミは新種のウィルスに感染しており、それに噛まれた犬は狂暴になり人を襲うそうだ。事件を重く見た政府は、特殊軍事部隊「バスターズ」を結成。軍のエリート30名を島に送り込んだ。俺もその中に選ばれた一人だった。

パン、パン。乾いた銃声が辺りに響いた。目の前で二匹の犬がバタバタと倒れる。犬だからといって油断はできない。もはやウィルスのせいで、奴らはクマより狂暴だ。昨日までに仲間も大勢殺されている。けれど度重なる戦闘の末、ついに住処を見つけることがで

きた。この中には数十匹の犬とニホンオオカミがいる。俺は残り少ない仲間たちとともに覚悟を決めて中に入った。

激しい銃撃音が始まった。残った犬たちはしぶとく、仲間が一人また一人と減っていく。

俺は必死に引き金をひく。「ギャン!!」偶然一発の銃弾がニホンオオカミの眉間を撃ち抜いた。「やった！」。喜びも束の間、俺は一匹の犬に喉を噛み付かれていた。血が滝のように流れ、しだいに意識が遠のく……。

「どうだったかい？」

目の前に一人の男が立っていた。ああ、そうだ！　今日は新作ゲーム「バスターズ」の発売日だ。朝から無理を言って遊ばせてもらっていたんだっけ。私は曖昧な笑顔をつくると「最近のゲームはリアルですねえ……」。

ゲーム機であるヘルメットを脱ぎながら、複雑な心境でそう答えた。店の制服に着替え、シャッターを上げると大勢の客が並んでいた。「……いらっしゃいませ」

コメント　「SF」話を書いて、最後にゲームの中の世界でした、というオチは一つのパターンとして使える。

キセル文 8　ニホンオオカミは生きていた ——いらっしゃいませ

ニホンオオカミは生きていた。そのテロップがテレビに流れたのは、１年前だった。

次の日からテレビや新聞はオオカミの話題で持ちきりだった。オオカミの発見された東京の高尾山は、新たな観光名所となり世界でも注目される場所となった。経済効果ももたらし、ニホンオオカミ

の頭文字を取って「NO効果」と呼ばれた。

発見当初、ニホンオオカミの密猟や不法輸出が学者たちの間で心配されていたが、その心配は無用に終わった。

埼玉県の森林公園で大棲息しているニホンオオカミが発見されたのだ。その多さに動物学者たちは狩猟や輸出をしても絶滅しない数だと判断した。

そして、ニホンオオカミの毛皮や遺伝子操作をしてつくられた「プチ・ニホンオオカミ（プチカミ）」は、爆発的人気を生み、「第二次NO効果」と呼ばれたのは記憶に新しい。

ニホンオオカミの減る気配は、一向に見られなかった。ニホンオオカミの生命力は強い上に繁殖力が非常に高く、生き残るために肉食から雑食になっていたのだ。増え続けるニホンオオカミに学者たちは頭を抱え始めた。

そんな時、有名なテレビ料理番組で、ニホンオオカミが食材として取り上げられた。ゲストの有名アイドルの「オオカミ肉っておいしい」というリアクションに世間は動いた。

ニホンオオカミは、牛・豚・鶏に並ぶ食材になった。安さとあっさりした味は、主婦層に大ウケした。

大手スーパーは、ニホンオオカミを使ったハンバーガーチェーン店づくりに乗り出した。

私？　私は現在、そのハンバーガー屋で、時給800円でアルバイトしている。今日もたくさんの客を相手にスマイルは無料サービスする。「いらっしゃいませ」

コメント サービス精神旺盛な人であることを印象づけられていてよい。最初から最後までよく煮詰めて物語を構成している。

キセル文は、三題噺の予定稿をいくつかつくっておけば、本番で突然出題されても応用できるはずだ。クリエイティブ長文問題対策は、三題噺の予定稿作成を中心に据えることにつきる。

PART

6

「恥さらし」作文術で、作文試験は楽勝突破！

1 真っ先にとりかかりたい 作文対策

　NHK、テレビ東京をはじめとして、テレビ・ラジオ局で作文を課す会社はたいへんに多い。特に地方放送局で課される文章問題は、クリエイティブ試験ではなく、作文のほうが圧倒的に多い。どのようなタイトルの作文問題が出されてきたのか、PART 6 の最後にある「放送局作文試験タイトル一覧表」（186〜188 ページ）を見てほしい。

　放送業界に入ろうと考えるなら、作文対策はしなくてはならないと思い定めよう。

　さて、就職するための作文には何を書けばいいのか。

　テレビ・ラジオ局は、番組を制作して放送する。すなわち情報産業として情報を売っているのだ。情報をうまく売ることのできる人物を各局は求めている。情報を売るにふさわしい人間であることを局側にわかってもらうにはどうしたらいいのか。**就職試験においては、「自分」という情報を商品に見立てて、シミュレーションとして「自分」を売ること**である。きっちり自分を売り込める人こそが、形の定まらない情報を一つの形にして視聴者に売り込める、番組制作者として適任な人だと判断される。したがって、**作文では「自分の人生」を描くのがよい。**

　さっそく、先輩の書いた合格作文を読んでいこう。

作文 1　　　　**私の理想像**

　左側が少し欠けた私の右親指、これは大切な私の個性の一つだ。

大学2年に進級してすぐ、コーヒーショップでアルバイトを始めた。その店舗では約20名のアルバイトを社員の鈴木慧さんが1人で取りまとめていた。

　アルバイトを始めて1カ月経った頃。使い方もおぼつかないスライサーで誤って自分の右親指をそぎ落としてしまった。

　「!!!」

　床にしたたる私の鮮血。目の前がチカチカする一方で鮮やかな赤の色。気絶だけはすまい、と精一杯気を張るのがやっとだった。

　状況を見た慧さんが救急車を呼ぶ。

　「恵美子、大丈夫だからね」。不安と混乱と緊張でぐったりしている私の手を、慧さんは車中ずっと握ってくれた。

　病院で処置を受ける最中、私はずっと気にかかっていたことを恐る恐る医者にたずねた。

　「先生、私の親指、元通りになりますか？」

　「……難しいと思いますよ」

　その言葉に言いようのない絶望感が襲う。

　処置を終えると外で待っていてくれた慧さんが部屋に入ってきた。その姿を見て、私は緊張の糸が切れたのか泣きじゃくりながら指が元に戻らないことを話した。

　「恵美子が生きていただけでも私は安心したよ」

　彼女は以前の勤務先で、男性社員が誤って指を4本落としてしまい、出血多量で亡くなったことを話してくれた。

　「人と指の形が違っても、それは恵美子の個性。恵美子が指を切ったとき、お客様に気づかれないように気を配ったのは誇っていいことだよ。いつか、この指は恵美子の勲章になる」

　もう二度と人前で右親指を出せない、そう思っていた私の心に彼女の言葉はズシン、と響いた。

　私はこれまで周囲の人間が失敗した時、ケガをした時、どんな言葉をかけただろうか。「何とかなるよ」「かわいそう」「大変だったね」表面的な言葉ばかりだったのではないか。

　人が悩んでいる時、落ち込んでいる時、相手の心情に共鳴するこ

とは大切なことだ。その上で相手を「頑張ろう」と勇気づけ、気持ちを切りかえさせるような言葉を口にする。慧さんの「勲章」の言葉を聞き、彼女をとても立派で頼もしく思った。こうした気配りのできる人、これが私の理想像だ。

言葉

「アタシはこれが食べたいの」。一瞬「ハッ」とした。

小さな子供を連れた母親で30半ばくらいの女性だ。注文された商品は、出すのに時間がかかるので他のものをお勧めしたところ、私をにらんできつい口調で言われてしまったのだった。売りたいものを売るのとお客さんが満足するのは違う、そんな当たり前のことを忘れていたことに改めて気づかされた。

ハンバーガーのチェーン店でアルバイトを続けて3年目、マネージャーとして店全体を監督する立場になっていた。チェーン店としての方針に忠実に応えることが要求されている。この時も期間限定商品をいかに多く売るかということが私の中では大事だった。他の種類のものよりもそれを売ってしまうほうが、作る側としての効率も、売り上げもよくなる。店のメンバーにもそうするように呼びかけていた。

そうした時だから、女性客の一言はインパクトが強かった。大半のお客様はそれを口に出さないだけなのではないかと思えてきて、私は恥ずかしくなった。ふと「他のものは時間がかかるので、期間限定の○○はいかがですか」と平然と言い続けてきた自分の姿が彼

女の目に映っているような気がして、消えてしまいたいような思いになった。

　その日から、店の方針は大切だが、お客様の気持ちも改めて知ろうと考えた。常連のお客様にアンケートをとってみた。

　「勧められると断れない雰囲気なので困ってしまう」苦情にも近い指摘があり、読んで改めて驚いた。

　ときには私が客になってみて、商品を客席で食べてみた。テーブルが少しガタガタする不快さに気づいた。周囲から「なんか少し寒くない？」という空調の不満が私の耳に入った。いつも立って動いている私たち店員には感じもしないことばかりだった。

　こうして私はお客様が思うことに応じていこうと思った。まずは、頼まれた注文には誠実に応じる、その上でお客様の様子を窺いながら、急いでいる人には早く出せる商品を的確に勧めていった。売り上げは徐々に伸び、常連の人たちにも喜ばれるようになった。

コメント
　具体的に反省したことが示してあり、それから新たな自分へと向かう脱皮行動もはっきりと具体的に書いてあってよい。〝一所懸命さや真面目さが生み出す傲慢さ〟を自らの体験を通してえぐり出せている。ただし最後の4行は、より自分をPRできる具体的な成果に変えるとさらによくなりそうだ。

　以上の二つは、合格作文である。これらの作文を書いた人に、私は会って直接話してみたいと思う。そう、**合格作文とは、採用担当者に「書いた人物に会ってみたい」と思わせる作文**なのだ。

　作文の具体的な書き方はこれから述べるが、合格できる作文が書けるようになるためには、まず合格作文とはどんな文章かを知ることが一番大切だ。合格作文を知らずして、やみくもにいくつも作文を書いても、合格できる作文を書けるようにはならない。この本には15本の合格作文を掲載した。じっくり読み込んでほしい。

2 誰でも書ける「合格作文」

　「この作文を書いた人に会ってみたい」とテレビ・ラジオ局の採用担当者に思わせれば、面接に呼んでもらえる。すなわち作文試験突破だ。

　「会ってみたい」と思ってくれさえすればいいのだから、どんな書き方をしてもよい。しかしながら、テレビ・ラジオ局の募集には多数の志望者が押し寄せる。その「数の闘い」を突破するには、私の経験上、いくつかのコツがあることがわかってきた。そのポイントは次のとおりだ。

POINT

❶作文は、自分の人生最大級の出来事をモチーフに描くこと

　1回限りで、自分のこれまで20年余の人生をPRしなくてはならないのが作文だ。「これが私の人生だ」というネタで書きたい。

❷自分をさらけだすこと

　担当者に、「私の人生」に興味を持ってもらえるようにしたい。隠すことなく自分のありのままをさらけだそう。誠実さを伝えたい。

❸合格作文の技術を学ぶ

　(a)　作文は他人に読ませる文章。読みやすい文にしたい。難しく考えなくてよいから、とにかく一つの文章を60字以内にすることを心掛けよう。

　(b)　同じく、作文全体を読みやすくするために、適度に改行（段落分け）をしよう。10行に1回以上は必ず改行したい。

(c)　導入は、「タイトル」や「私は……」で絶対に始めないようにしよう。たとえば、「幸せとは何か」というタイトルで試験が出されたとしよう。その場合、「幸せとは、物質的な幸せと精神的な幸せがある。……」や「私は、幸せについて考えていることがある。……」などと「タイトル」や「私」で書き始めてはいけないということだ。テレビ・ラジオ局の入社試験を受ける学生で、作文の練習をしてくる人は実はそう多くはない。そんな彼らが初めて書く作文の導入の多くは、「タイトル」か「私」なのである。本番のどの作文試験でも同じだが、必ず半分以上の志望者が「タイトル」か「私」で書き始めている。テレビ・ラジオ局に入ってオリジナルな仕事をつくって活躍するはずの君なら、できる限り他人と同じ導入を書いてはいけない。それだけではなく、導入部分を目立たせることがとても大切だと覚えておこう。導入が目をひけば、採点担当者は「読んでみたい」という気持ちになる。

　以上を踏まえれば、あとは自由に書いてよい。少しくらい漢字の間違いがあろうが、言葉使いや原稿用紙の使い方が間違っていようが、それほど気にしない。漢字や言葉使い、原稿用紙の使い方の間違いで減点があるという噂があるが、それは噂にすぎない。その作文に書かれた内容こそが重要なのだ。**人生とびきりの出来事を書いて、読み手に興味を持ってもらえる内容になってさえいれば、必ず作文試験は突破できる。**

　また、文章を書くのが苦手だということも、文章がへただということも気にしなくていい。小説家やエッセイストになるのではないのだ。技巧に走らず、心のままに素直に書くほうが、かえって読み手の胸を打つものなのだ。

3 予定稿戦法こそ、必勝法だ

　さて、応募する時の作文は、時間をかけてじっくり書けばいいから問題はない。ところが、本番でいきなり作文のタイトルを示された場合に、何をどう書いたらいいか。これについて述べていこう。

　試験会場で必ず合格できる作文を書くためには、秘術がある。それをこの本では「予定稿」戦法と呼ぶ。本番では、さまざまな作文のタイトルが出されるが、いかなる時も、あらかじめ準備した自分の予定稿（＝持ちネタ）を使って書く方法である。PART 5 の三題噺の攻略法といわば同じ方法である。具体的には、**800 字くらいで自分を PR できる作文（＝予定稿）をいくつか準備する。本番でタイトルが示されたら、予定稿の中からそのタイトルに使えそうなものを一つ決める。そして、まずその予定稿を書く。あとは、結論部分**（冒頭もしくは中間部分でももちろん可）**でタイトルの言葉を含み込む文章を挿入**すれば合格作文のできあがりだ。ここでまた、合格作文を読んでもらおう。

作文
3

サイン

　「もっと周りを見なさい。お客様の時間の流れに、あなたが合わせなさい」

　ホテルでベルガールとして働いて半年、仕事も覚え、自信もついてきた頃の、マネージャーからの思いがけない注意だった。仕事はたくさんあるのに、一人の客にたくさん時間はかけられない。心の中で反発した。

「今のままじゃ、何の仕事をしても困ると思うよ」。そういわれてさえ、何が間違っているのかわからないでいた。

　ある日、一人の年配の女性を部屋まで案内する機会があった。いつものように館内の説明をしながら部屋まで歩く。彼女はニコニコしながら、うなずいていた。一通りの説明を終え、質問はないかたずねると、驚くような答えが返ってきた。

　「外出のときは、鍵はフロントに預けるの？」。それは、数分前に私が歩きながら説明し、彼女もうなずいていたことだった。そして、ようやく理解した。彼女はうなずいてくれていただけで、言っていることを理解していたわけではない。私の歩調に合わせるだけで、精一杯だったのだ。

　その日、マネージャーの言ったことが、初めて分かった気がした。客の時間の流れに合わせることは、必ずしも時間をかけることではなかった。<u>相手の発するサイン</u>（相手の要求）を正しく読み取り、それに合ったサービスをすることだった。

＊

　その日から、私はあらゆるものから情報を得ることを心がけた。カバンの大きさや重さ、年齢や話し言葉のなまり具合。そして、その情報から最善の接客の仕方を判断する。例えば、年配の方のときは、歩き方も話し方もできるだけゆっくり、すみずみまで説明する。カバンが大きいときや地方なまりを感じれば、観光マップを用意する。子ども連れの家族には、館内の案内よりも、外のレジャー施設の案内に時間をかける。ビジネスマン風の男性への説明は手短に。

　そう気づくと、マニュアル通りだった案内も客によって全く違うものになることもあった。案内にかかる時間も、まちまちになった。時間の流れを感じる手ごたえをつかんだ気がした。

　あれから１年が経った。同じ注意を受けたことはない。だが、これから約１年余の残りの学生生活の間に、私の、見えない情報を集める力、それを活かす力を、そして、時間の流れを感じる力をますますレベルアップさせていきたい。

　この文章は、もともと**「私の学生生活」**というタイトルで書いた作文だった。**「サイン」**というタイトルが出た場合に、今回のように加工した例として読んでもらいたい。

　詳しくいえば、（作文 3）で「相手の発するサイン」となっている部分は、もとの「私の学生生活」というタイトルの時には、「相手の要求」となっていたが、タイトルに合わせてこの部分だけを変えたのである。

　仮に君がこのネタを予定稿として持っているとしよう。するとさまざまなタイトルに応用できる。たとえば、大学生の間ではマスコミの作文試験問題中もっとも難しいと噂されている漢字一文字の作文タイトルでももちろん応用可能だ。仮に**「発」「対」「実」「場」「角」「色」「透」**のタイトルが出されたとしよう。

　たとえば、「発」の場合なら、この予定稿をそのまま書いて作文試験は突破できる。「相手の発するサインを正しく読み取る」という自分を宣伝する核心の部分に「発」という言葉が使われているからだ。また、「対」の場合でも、この予定稿で合格できる。自分の相手に「対」しての姿勢を PR しようとしている作文に仕上がっているから、あえて、タイトルの「対」を使う必要もない。最も素晴らしい作文とは、タイトルの言葉を一度も使わずに、読み手が読後そのタイトルを思い浮かべられる文章なのだ。

　タイトルが「実」「場」「角」の場合も、「実」のある話だし、自分の現「場」が書いてあるし、曲がり「角」のエピソードでもある。したがって、この予定稿をそのまま提出して合格は可能だ。

　しかし、タイトルの言葉を使わないことに不安があるなら、「実」の場合、今回の文章の最後に「仕事とは、こなすのではなく、実

（じつ）が伴わなくては意味をなさないものだと知った忘れられない出来事である」と添えればいい。

「場」や「角」の場合も、今回の文の最後に「自分の『場』を少しだけ確認できた出来事だった」「これが私の曲がり角の出来事となった」などと加えればよい。

「色」や「透」であれば、「相手に自分の色を押し付けるのではなく、相手の色にあわせることが大切だと知った」「相手が言うことを素直に受け止める透き通った心の大切さを知った」などの文章を文中に入れるか、最後に添えれば、タイトルに応えたことになる。

以上は、マスコミの入社作文試験問題のうち、最難問といわれる漢字一文字の作文タイトル試験の例であるが、他社の筆記試験でも同じである。自分を強くアピールできるネタを準備できれば、本番でどんなタイトルが出されてもあわてることはない。タイトルを自分に引き付ければいいだけ。制限時間以内にきっちり書き終えられる。

ところで、この方法は、「こじつけだから合格しない」という人がいる。その意見もわかるが、試験会場でいきなりタイトルが示されて、過不足なく自分を PR する作文を書けるものだろうか。

タイトル「サイン」、制限字数は 1000 字、制限時間は 60 分という課題が本番の試験で出されたとしよう。プロの作家だって 1 時間以内に自分を PR できる素晴らしい作文を書くことは難しい。私たち凡人ならなおさら書けない。あらかじめ準備をしたほうがいい。

そもそも就職用作文とは、自分の PR 文である。自分の人生がたっぷり詰まった、きっちり完成した文章を提出して、そのテレビ・ラジオ局もしくは番組制作会社にふさわしい人間かどうかをはかってもらう。これこそが入社試験を受ける者の誠実さだと私は考える。もちろん、いつどんな時でもタイトルに合わせて自分の PR 文がすらすらと書ける人は、この予定稿戦法は不要だ。

繰り返しいうが、内容が大事。たとえタイトルと内容とが少しずれていようが、「この人物に会いたい」と思わせれば合格できる。

4 万人向け作文突破法 ＝「恥さらし」作文術

　ここで、合格できる作文をつくるための、とっておきの構成術をお伝えしたい。「恥さらし」作文術というものだ。

　先に、作文の書き方は自由だと述べた。人それぞれのやり方で書いてよいが、最短の時間で自分の予定稿を持ちたいならば、この「恥さらし」作文術を体得するといい。

　「恥さらし」作文とは、「自分が（他人を思いやることができず、または狭いものの見方しかできず）恥ずかしい思いをした、人間として赤面した体験を書いた作文」のことである。ドジをした体験ではなく、人として至らないなあと思った体験をネタとした作文である。

　実例を読んでいこう。

作文 4　　10年後の私

　高校バレーボール部で、私はマネージャーにまわることになった。中学時代に部活で何度も足を捻挫していた上に、高校でバレーボールを始めて、再びケガをしてしまったからだ。

　一学年上の先輩が引退し、私たちの代が中心となって初めての新人戦が近づいてきた頃、副キャプテンが私にこう言った。

　「新人戦に向けて一つでも多く勝ちたいという気持ちでやっているから、外から見ている立場としていろいろアドバイスをしてほしい。みんなで一つになってまず一勝を目指そう」

　私はこの言葉を聞いて、一つ上のマネージャーを思い出した。私のレシーブが上達しなかった時、それに気づいて声をかけてくれ、

付き添ってアドバイスをくれた。いつも大きな声を出してみんなを引っぱってくれていた。

　今までの私は、決められたことをやっているだけだった。自分がプレーをしていた分、わかることも多いはずだ。私はチームにできることは何かを考えて練習に参加するようになった。

＊

　バレーボールではつき指や捻挫が多い。私はケガ以来通っていた整骨院で正しいテーピングの巻き方を教えてもらった。簡単なようで意外と難しい。私は家で何度も練習した。ケガをした時、自分があたふたしているようでは、選手が不安になると思ったからだ。

　ある時期、アタッカーがスパイクが決まらず悩んでいた。先生から指示を受け、練習後に毎日打ち込みをしていた。もっと手を上げたらどうか、踏み込みの位置はいいか、横でトスを上げながら何回も練習した。

　すると、ある時期からスパイクが決まるようになった。その時の笑顔がとても印象に残っている。

　常に相手を見て、相手の気持ちを考えて行動すること。物事に対しての取り組み方は自分次第でどれだけでも大きいものに変えられること。この時のマネージャーという立場から得たものはとても重い。

　大学に入ってからもバレー部のマネージャーを続け、今年東日本大会でベスト8になったチームをサポートしてきた。10年後もこの気持ちを忘れずに生きていきたい。

コメント

自分をしっかりと見つめ、一歩一歩しっかりと地に足をつけて生きている人という印象を与える。就職試験では、今現在の私をPRしたいので、できれば大学時代のエピソードを中心にして書きたいが、この文章は結末で今の具体的な成果を示せている（東日本大会ベスト8）から、かろうじて全体が救われている。

忘れられない人

　車椅子に乗った青年が私のほうへ向かってくる。私は覚えた通りにくり返す。

「車椅子の方用のスロープはあちらの角を左に曲がった所にござ……」

「そこまで行けないんです」

　一瞬、どういうことなのかわからなかった。私は、それまでにも何人かの車椅子の人たちを入り口脇のスロープまで案内していた。行けないとはどういうことなのか。

　私は現場まで行って、やっと事態を把握した。通りに、いつのまにか椅子が出されていて、歩く人には支障はないのだが、車椅子の人にとっては通ることが困難な状態になっていたのだ。

　昨年、幕張メッセの「ペイントショー」で案内係のアルバイトをしていた私にとって、それは深く反省させられる出来事だった。ただ単に、道を案内するだけで仕事をした気になっていた私は、その道の通りやすさまでは考えていなかった。

「申し訳ございません」

＊

　私はただ道案内をするだけではなく、その道に危険な障害物はないかを常にチェックするようにした。すると、多くの通り道に、車椅子の人にとっては障害物となるものがあることに気づいた。

　例えば、通りの中央に置かれたゴミ箱。歩行者なら、難なくよけることのできるゴミ箱は、大勢の歩行者に囲まれた車椅子の人にとっては、行く手を阻む壁となっていた。

　他にも、思わぬ壁は次々と出てきた。通りに無造作に置かれた机の山。入り口から少しだけはみ出している、濡れた傘を入れるビニール袋用の台。

　私は、それらのものに気づくと、上司に報告して、場所を移動したり、倉庫まで運ぶようにした。

また、トイレの場所を訊ねる人が多いことに気づいてからは、大きく「トイレ」と書いた看板をあちこちに立てるようにした。

　昼過ぎから雨が降ってきて、傘を持ってくる人が多くなったときには、傘の袋を道端に捨てていく人が多くなると考え、同じアルバイトの案内係の仲間と話し合い、ゴミ袋をもって袋を回収するようにした。

　「ご苦労様です」振り返ると、あの車椅子の人がいた。しばらく日もたった時のことだ。

　「あれから、道が通りやすくなったね。ありがとう」

　彼は、このショーのある一つのブースで働いているのだという。普段のモノの見方では見過ごしがちな細かい気配りの大切さを気づかせてくれた、あの車椅子の青年に感謝している。

コメント 誠実な自分を素直に描き出すことができている。自分がしたことのひとつひとつが具体的に書いてあってよい。情景が目に浮かぶようで好ましい。

　いずれも「恥さらし」作文になっていることがわかるはずだ。ポイントは二つある。❶自分の恥ずかしかった体験を書くと、自分の「人となり」を伝えやすい。❷恥ずかしかったことだけを書きっぱなしにしては、自分の PR 文にならない。恥ずかしかった経験を踏まえて、その後成長した自分も具体的に描いてあるからこそ、合格作文になっていることを確認しよう。**前半に「ダメな自分」を書き、後半に「頑張る自分」を書く。自分を落としておいて持ち上げる、その「盛り返し」（＝自分の成長ぶり）で自分を PR するのが「恥さらし」作文の極意**なのだ。そう、就職用作文とは「私の成長物語」である。**作文 3 4 5** では、＊印で前半と後半が分かれていることを知ろう。

　さて、ではどのように「恥さらし」作文を書いていくかの話に入ろう。はじめに、ネタを集めたい。

この A と B が書けたら、作文は構成できる。

163 ページの図 1 のように、A を前半に、B を後半となるように文章を綴ればよい。前半 A に「ダメな自分」を書き、後半 B に、「A の経験を経て、その後頑張る自分」を具体的なエピソードを含めて書くのだ。

就職用作文は、自己 PR 文だからといって、自慢（頑張った）話を連ねる人が多いが、読み手にとってはしらけるだけ。「ダメな私を克服し、成長し続ける自分」を表明できる「恥さらし」作文のほうが、自分を強くアピールできる。

では実際に書いてみよう。タイトルは、テレビ・ラジオ局、番組制作会社で出された過去問題（186〜188 ページ）か、本書の例文の題を使うとよい。

とにかく、自分に起きた出来事を時間順に綴っていこう。エピソードの組み立て方は、この本の例文を参考にしてほしい。ドキュメンタリータッチで書き、会話体を多用すると、読みやすい作文になる。気に入った作文があれば、書き写してみるのもよい。

図 1 のように時間順に書いていったら、次は全体を整えよう。どの合格作文もそうだが、導入には工夫がこらしてある。

導入は、作文全体の中の「山場の一部分」を最初に持ってくればよい。山場とは、自分が大きく変わった瞬間のことである。A と B の境目の出来事だ（図2）。話の山場を冒頭に持ってこられれば、目立つ導入にできる（図3）。作文 2 ・作文 9 ・作文 10 ・作文 11 ・作文 15 は、この方法で導入部分をつくった作品である。以上のような構成で「恥さらし」作文は完成である。

図1

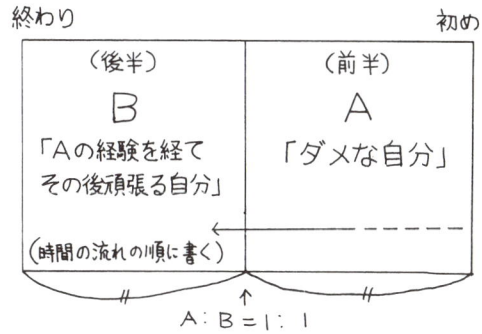

終わり　　　　　　　　　　　　　初め

| （後半）
B
「Aの経験を経て
その後頑張る自分」
（時間の流れの順に書く） | （前半）
A
「ダメな自分」 |

A：B＝1：1

まずは、「ダメな自分（A）」と「Aの経験を経てその後頑張る自分（B）」を時間順に書く。

図2

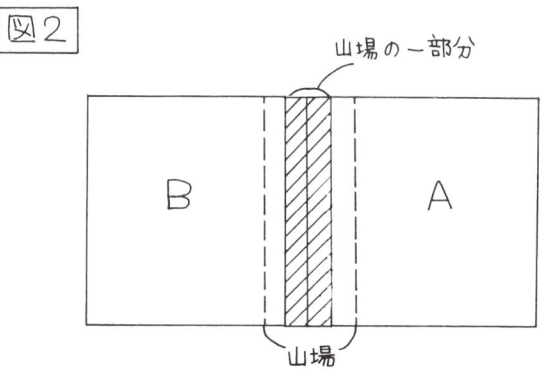

山場の一部分

| B | 山場の一部分 | A |

山場

作文が完成したら「導入（起）」に使える「山場の一部分」を決める。

図3

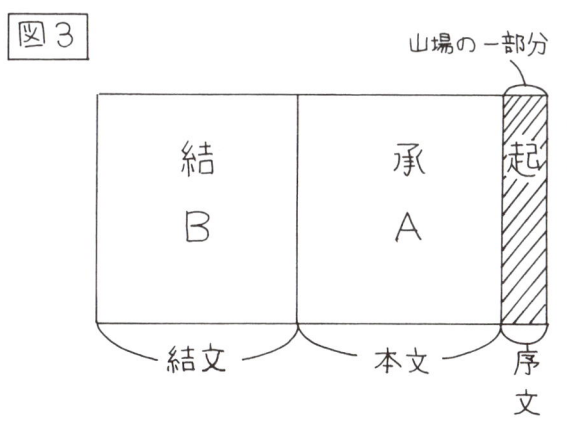

山場の一部分

| 結
B | 承
A | 起 |

結文　　　　本文　　　序文

「山場の一部分」を冒頭へ。
これを「導入（起）」とする。

163

5 「直球作文」も体得したい

「恥さらし」作文を書いていくと、きっと行き詰まることがあるはずだ。前半の「ダメな自分」はいくらでも書けるのに、後半の「その後頑張る自分」がうまく書けないのだ。前半と後半がしっかりと結びつかなかったり、後半がとってつけたようなしらじらしい話になったりすることがあるだろう。

次の作文を読んでほしい。

私の平和論

2022年8月15日、私は〇〇〇〇在宅高齢者通所サービスセンターで利用者の方々と黙祷を捧げた。

終戦記念日の今日なら第二次世界大戦についてたくさんの話をきかせてもらえるだろうと朝から楽しみにしてボランティアに行った。しかし、話題にのぼるのは世間話や病状についてなど、普段と何ら変わりはなかった。

「77年前の今日のことを覚えていらっしゃいますか」、たまりかねて自分から戦争の話題をふった。

「それは忘れるはずないわよ。でも若い人はそういう話、いやでしょう」

ショックだった。そんなことはないと伝えたが、うまく言えなかった。

私の懇願で、江口八重子さん（99歳）はぽつりぽつりと語り始めた。77年前のちょうど今日、陣痛が始まり、リヤカーで病院を

回ったが、医師も看護婦も逃げてしまってもぬけの空だったこと。不安で一杯の中、とうとうリヤカーの上で娘を出産したこと。その娘が今日77歳の誕生日を迎えられるのも平和のおかげだということ。

　かつて日本国の首相は米国によるイラク侵攻を支持した。戦争の悲劇を知る日本が、戦争に加担したのだ。イラクにも日本と同様にたくさんの人が生活していて、今日も昨日も毎日新しい命が誕生している。戦争が始まってもそれは変わらない。

　私が話を聞いた八重子さんの娘さんは77年の年月を生きることができたが、今、イラクの戦乱の中、無事に生き延びられる命がどのくらいあるだろうか。

　幸いにも日本には戦争体験者がまだ生きている。戦争の悲劇をとめるために、つくらないために、彼（女）らの声を聞き続けていきたい。

コメント　それぞれの人にそれぞれの大切な人生があることを確認できたことがストレートに伝わってくる。話を聞いただけではあるが、いい経験をしたと思わせる。

作文
7

私の平和論

　「僕は、国を守るためなら戦争にでも行くつもりだよ、怖いけどね」と、彼はちょっと照れながら言った。私のアルバイト先の居酒屋には、李さんという27歳の韓国人留学生がいる。夏のある日、バイトが終わって少し李さんと話す機会があった。ちょうどその時首相の靖国問題が話題として盛り上がっていたので、韓国人の意見を聞いてみたくなり、私は質問をしてみた。「実際のところ、首相による靖国参拝をどう思う」と、すると彼は答えた。「日本がまた

軍国主義に戻るとしたらそれはやっぱり悲しいことだと思うけど、それはないと思うね」。「えっ、なんで」と私は疑問に思った。「だって今の日本の若い人は自分の国を守るために戦争に行こうなんて考えている人なんてほとんどいないから」。私は確かにそうだと思った。ある統計によると、戦争に行ってもいいと答えた割合が韓国人男性は7割で、日本人男性は3割だった。この数字を見ただけでも、韓国人と日本人の国に対する考え方が違うことがよくわかる。私も戦争には行きたくないと思っている。でも、李さんだって戦争に対して賛成の立場を示していない。むしろ反対の立場だ。しかし、彼と私では戦争反対という言葉の説得力が全く違う。彼は言った。

　「軍隊で銃とかも使ったけど、やっぱり人殺しだけはしたくないよね」。私は彼の言葉が本当に重いと感じた。上辺だけで、自分が死にたくないから単純に戦争反対と叫んでいる私と、軍隊を経験し本当の戦争の怖さを知っている彼とでは言葉の説得力が違いすぎる。そして、戦争には反対だが、ひとたび有事の時には軍隊に参加して自国を守ると彼は言う。私は心から彼のことを尊敬した。

　他方で、軍隊経験のない、銃を扱ったこともない私は、戦争と平和をどう考えたらよいのか。李さんと私とがこの議論をきっかけとして始めたつきあいのように、私は国の枠を越えてこれまで多くの他の国の人たちと交流してきた。たとえ日本が他の国と険悪になったとしても、私にとって大切な友人の住む国を攻めたいとする国内世論に少なくとも流されないと考えるからだ。ささやかだが、「他国の人とつきあうこと」を私の平和論としたい。

> **コメント**
> 自分の積極的な行動が書けていないところは弱点だが、この経験を自分の胸の深いところに収めたことが伝わってくるところがよい。結論はやや強引ではあるが、なるほどとも思わせる。

これら二つの合格作文は、自分が聞いた話をそのまま綴っただけの内容だ。自省した後の自分自身の積極的な行動が書かれていない。先に紹介した「恥さらし」作文構成法からすれば、前半しか書けていないことになる。「その後の自分」をバッサリ切り落とした作文だ。

　しかし、そこそこ説得力のある作文に仕上がっている。「こういう話を聞ける場所にあえて自分の身を置くことができる。また、その上でこの文章が綴れるのならば、きっとこの人物は成長しているはずだ」と思わせるから合格作文になった。

　「出来事を書いただけで、自分を PR する作文」をこの本では、「直球作文」と呼ぶ。

　作文6・作文7はいずれも最初に書いた時には後半があった。しかし、どちらも後半に自分のその後の経験を書いたものの、とってつけたような話になってしまったために、後半部分をカットし、前半部分を書き込んでいったのである。

　「恥さらし」作文を書いていて、後半部分がうまく書けない場合には「直球作文」に切り替えてもいいのだ。

6 強いネタ、弱いネタ

さて、就職用作文はどんなネタで書くのがよいのか。

大学生の書く作文で、圧倒的に多いのがサークルネタ、海外旅行・留学ネタ、家族ネタである。これらのネタで書いてもよいが、他の多くの受験者も書いていることを心に留めておいてほしい。

これまで、いろいろな合格作文を読んできて気づいているかもしれないが、合格しやすいネタはある。それは、アルバイト、ボランティアネタだ。テレビ・ラジオ局側は志望学生に対して、どれだけ社会で通用する人間なのかを知りたがっている。したがって、自分が所属するサークルや家族の狭い世界の話を書いていては、一般的には自分の PR になりにくい。作文では「社会の中の私」を示したい。3年余の大学生生活の中で、「世の中で人の間でもまれ、自分を鍛えあげてきたこと」をストレートに表明するには、アルバイトやボランティア、近所で起きた話、旅の話などが好ましいのだ。

ポイントになるネタと、注意したいタイトルについて解説していこう。

アルバイト・ボランティア

アルバイトやボランティアのネタは、自分を PR するのにうってつけだ。もし、アルバイトやボランティアを一度もしたことがなければ、すぐにでも始めるとよい。アルバイトネタで注意したいのは、家庭教師、塾講師ネタである。自分が教師をしたネタで学生が書く作文に、勉強嫌いの子どもを奮起させて志望校に合格させたという話は多い。しかし、この方向で書くことはお勧めできない。お

金をもらって子どもに教えているのだから、成績を上げたり志望校に合格させても、それは当たり前のことだ。特に自分を PR することにはならない。教える側の自分が、教えられる側とともに同じように悪戦苦闘する話ならば読み手の共感を得やすいが、自分を高み（安全圏）において下を見おろした書き方はまずい。

　また、就職用作文は自分の PR の文章だからといって、ひたすら「頑張る」「必死だった」「一所懸命やった」などの言葉を連呼する作文に出合うが、頑張った話はとかく鼻持ちならない内容に仕上がりやすいので注意が必要だ。自分の書いた作文は自身では冷静に判断しにくいから、ぜひ、誰かに読んでもらうといい。

　次の文章は、自分が一所懸命やったことをそのまま書いただけにもかかわらず、比較的よく書けた作文である。

 作文 8

色

　クリスマスを控えた日曜日の午後。デパートの売場は商品を求める人たちでごった返していた。

　販売員としてアルバイトを始めた私に、初老の婦人が声をかけた。

　「姪にスカーフを送りたいんですの。今の若い子って、どういうのがいいのかしら……」

　「いつもお召しになっていらっしゃるお洋服は、何色が多いですか」

　「そうねえ……。最近会ってないから、よくわからないわ」

　私はそこで何にでも合いそうで、無難なベージュ系のスカーフを選んだ。婦人もとても気に入ってくれた様子で、私も安心した。

　売場は暮れから正月にかけては、休みなどなく猫の手も借りたいほど忙しくなる。

　ラッピングも私の大切な仕事の一つであったが、忙しいからといって、手を抜くことはできない。ハンカチの詰め方ひとつで商品

を華やかにもダメにもしてしまう。ひと工夫必要だ。

　女性もののハンカチの場合、華やかに見せるために、ハンカチの折り方を細かくしたり、刺繍の柄がきれいなものは、その刺繍が一番目立つ位置にくるようにした。男性ものの場合、ハンカチそのものがはっきりわかるように、折り方を大きくしたり、ボリューム感を出すようにした。

　「今日は特別に寒くなりましたね」

　ラッピングをしている時も、なるべくお客と話すように心がけた。プレゼントを贈るかたも、もらう人が喜んでくれているところを想像して選ぶもの。その気持ちを私も受け継いで心を込めて包装するように心がけた。こちらのほうも何だか嬉しくなる気さえした。

　年が明けて2月になろうとする頃、一通の感謝状が届いた。

　「ベージュのスカーフ、姪に喜ばれました。いいものを選んでくださってありがとうございました」

　クリスマスの時に接客したあの婦人からのものだった。

　こんなにたくさんの人と接する中にも、個人的なつながりができるということ。このことは私に仕事に対するやりがいを与えた。そして、周りの人たちが発する信号に常に敏感であっていたいと感じた。

コメント

具体的に自分の行動を描けたこと、他人の言葉で自分をほめさせているために、比較的さわやかな文章に仕上げられた。「他人の生(なま)の言葉で自分をほめる」のが、就職用作文の大切な手法の一つである。覚えておいてほしい。

家族ネタ

　家族ネタは作文に仕立てるにはあまり強くないと述べたが、それ

は一般的な話。もちろん強く自分を PR することもできる。次の作文はその例だ。

作文 9　　　夢

「はいっ、いち、に、いち、に」

熱気の渦に、突然飲み込まれてしまったような感じだった。飛び散る汗、身体がきしむ音。頭では判っているのに、隣では私の倍程の年齢の人たちが、笑みを絶やさず、軽快に踊っているのだ。

「このままじゃ運動不足だし、一緒にエアロビクスでもやらない？」母から誘いを受けたとき、私は苦笑いして断った。オバサンの群に混じって踊るのがなにより恥ずかしかった。どうせ公民館のカルチャースクールだ、とバカにしていた部分もあった。

そんなある日、我が家に一つのニュースが飛び込んできた。今年71 歳になる祖母が書道で師範の免状をもらったというのだ。50 歳で始めたというから、実に 20 年間の努力の成果である。

「この歳でお免状をいただくことになるなんてね。ますます頑張らなくちゃ。次は水泳で級をとろうかしら」

祖母が笑って言うのを聞いて、私は自分が情けなく思えて仕方なかった。自分の 3 倍以上も生きている人が、こんなに生き生きと自分のやりたいことについて語るのだ。やる前からあれこれ言うのは、逃げではないのか。かくして、私はエアロビクス教室の門を叩くこととなった。

「いち、に、いち、に。ほら、笑顔が崩れているよ」

手足がバラバラになりそうで、顔が引きつる。息はすぐに上がり、筋もつりそうだ。

「身体を動かすって、楽しいでしょう」

先生が私にかける声に、母も周りのおば様たちも苦笑する。

動かなかった筋肉が動くようになる。足が上がるようになる。確かに身体はつらいけれど、楽しい。

夢を追いつづけることの素敵さを教えてくれたわが祖母に感謝したい。

コメント　読み手を温かな気持ちにさせる好文である。自分の祖母や母親の生き方を謙虚に学び、自分の生きる一つの支えにしようとしていることが伝わってくる。「他人を描くことで自分をPRする」という就職用作文の書き方の一つの手法である。

子どもの頃の話

　会社側は、今現在の君の生き方を知りたがっている。したがって、自分の「人生とびきり」の話とはいえ、子どもの頃の話を書くのはあまり勧められない。できれば、大学時代のエピソードで書こう。ただし、子どもの頃の出来事が、はっきりと今の自分をつくっていることを文章全体からにじみだせれば、昔の話を書くのもよい。

　次の例文は、少し古いエピソードを使って書いた好文である。

作文 10　　　光

　「じいちゃんはいっぱい苦労して育ててくれたんだから、たくさん甘えていいのよ」

　そういいながら母と叔父が祖父を入浴させていた。祖父は気持ち良さそうにニコニコしながら浴槽につかっていた。

　私が中学1年生の時、母方の祖父が入院することになった。祖父は老人性認知症を患っていた。祖父母は二人暮しをしていて、祖母一人に負担がかかるため、父が営む近くの病院に祖父を入院させることになった。

週末になると親戚が遠方から来て祖父の介護をしていた。私の住む家の中にまで人の出入りが多くなったこと、また病状が進行し孫の名前どころか子供たちの名前もわからない祖父の姿に私は戸惑った。

　戸惑いつつも私は母と一緒にたびたび足を運んだ。しかし中学生だった私は祖父の生活用品を買ってくるようにと頼まれてお使いに行ったり、時々来る祖母につき添って病室に泊まるくらいしかできなかった。ほとんど無力な私は、祖母や母の兄弟たちが祖父の生活のすべてを世話する姿が余計に目に焼き付いた。

　ある日学校帰りに祖父の病室を訪れた私は、祖父を入浴させる母と叔父の姿を見た。二人で祖父をお湯の張った浴槽にいれ、身体を洗ってあげていた。身体を洗うのが終わり、母と叔父が祖父を浴槽から出そうとしたら、気持ちよさそうにしていた祖父が出るのを拒んだ。それをみて母がふっと冒頭の言葉を祖父にかけた。

　私は母たちと祖父の声としぐさのやりとりをみて自分の家族が誇らしくなった。

　入院から１年後、祖父は静かに息を引き取った。祖父母がつくった家族がここにある。その家族が見せる人に対する優しさ、思いやり、愛が私に伝わったような気がする。

コメント　自分が育った家族から、人間が生きることについて大切なものを確かに受け取ったことが伝わる文章だ。「人として大切なことを知った記憶を詳細に記すことで、自分をPRする」のも就職用作文の一つの手法である。

「未来」を書かせるタイトル

　就職試験で課される作文タイトルには**「10年後の私」「明日への手紙」「明日」「未来」**など、これからのことを問う題名が出される

ことがある。これらのタイトルが出ると、多くの人はこう書く。た
とえば「10年後の私」の場合、「10年後の私へ元気ですか？　今
ごろ結婚して、子どもがいるんだろうなあ。ディレクターとして仕
事もばりばりこなして……」というように、未来の自分を想像して
書くというパターンだ。ここまで読んでくれた君ならわかると思う
が、未来のことを想像して書いてもまったく自分のPRにならない
から気をつけよう。この手のタイトルが出た場合でも、予定稿が使
える。これまで自分のしてきたこと、今自分のしていることを具体
的に書いて、その延長上で明日も生きていくことを最後に添えれば
よい。

　前掲したのタイトル「夢」も同じである。作文はあくまで
も「現在の私」を書くことが大切なのだ。

　次の例文を読んでほしい。

作文11　10年後の私

「女性の汚いところを服に出していきたいんです」

　雑誌「装苑」でTOGAのデザイナー古田泰子のインタビューを
読んではっとした。私は古着屋の店員さんの話を思い出していた。

　母親が洋裁をやっていた影響もあり、私は小学生くらいから
ファッションに興味があった。とにかく洋服を選んだり、縫ったり
するのが好きで、早く国語や数学を卒業してデザインやパターンを
学びたいと考えていた。

　しかし、10代の半ばを過ぎた頃になると、私の興味は服自体か
ら「着飾ること」に移っていった。雑誌に載りたい、他の子よりも
目立ちたい、その一心で派手な服、高価な服を選び、いつしか私は
「自分の本当に好きなもの」がわからなくなっていた。

　そんな折、大学でレポート取材のために古着屋のバイヤー・ス
タッフの方にお話を伺う機会があった。私が「古着を着るとどうも
おしゃれに見えないので、ブランド品ばかり選んでしまうのです

が」と言うと、「それはあなたがまだ、服に追いついていないからよ」との答えだった。

「本当に格好いい人は服の権力に必死ですがろうとはせず、自分に服を合わせる。だから歴史のあるヴィンテージが似合うのよ」

私は自分がいかに恥ずかしいセンスをしていたか、分不相応だったかに気づいた。クールな女性に見られたくてコム・デ・ギャルソンの黒を着ても、私の内面はそれと大きく異なる。私がファッションを楽しめなくなっていた理由は、表層のみを塗り固めようと必死で、中身がスカスカだったからだ。

TOGA のブランドコンセプトは、今の私の等身大だった。情念・嫉妬・生理……ドロドロした部分を隠さずに出している。決して綺麗な服ではないが、ボタンの留め方や布の加工など、細部にこそ感情があってまるで生身の人間のようだ。ようやく着こなせる服を見つけたと思った。

私は今、ヴィンテージのルーツについて、60 年代、70 年代の文化を勉強している。キズや汚れのひとつひとつに一人の人間の人生が映し出される。それを自分の中に吸収し、同じくらいの年月を経た時、内面とのギャップなくクールな黒を着こなしてみたい。

10 年後、たとえボロを着て路上に倒れているとしても、品格を失わない女性になっていたい。ブランドで固まったファッションには、背伸びをいくらしても届かないことを知ったから目標が見えた。

コメント 自分をきびしく見つめる眼差しをもっていることがストレートに PR できた好文。一歩一歩、たしかに歩もうとしている誠実さも伝わってくる。

7 「論文」も「恥さらし」作文術で突破可能！

　「就職用論文と就職用作文の違いはあるか」という質問をしばしば受けるので、ここでは、その問いに答えるとともに、一挙に作文だけでなく論文も書けるようにしてしまおう。

　もちろん、論文と作文は違うものだ。しかしそもそも、就職用に会社側に提出する文章は、書いた君の顔が見たい（＝会ってみたい、面接に呼んでみたい）と思わせれば合格できる。したがって、「作文を提出せよ」と言われて論文を書こうが、「論文を書け」と言われて作文を書こうが、採用担当者に「会いたい」と思わせればいい。形式は二の次である。

　ただし、しっかりと論文と作文を書き分けたいという人のために「就職用論文」の書き方について、もう少し詳しく検討していこう。

　就職用論文とは、「タイトルに対して、私（にとって）の問題を掘り起こし、私なりの解決法を語る文章」である。ちなみに、就職用作文とは「私の経験で、私を語る文章」である。

　さて、就職用論文の書き方だが、お勧めは、

(1)　正攻法型就職用論文
(2)　就職用作文（予定稿）＋提言

の二通りである。

1 正攻法型就職用論文

　まず、(1)の正攻法型就職用論文だが、これは「①問題点を挙げる→②検討する→③結論（賛成か反対か、または、今後どうするか）」と構成すればよい。大学生諸君が、日頃大学に提出しているレポートと同じと考えてよい。

　さっそく例文を読んでいこう。

作文 12　政党のあり方

　「雨降ってるから、今日の選挙は行かないでいいや」。友人が言う。私と同世代の有権者には、一票よりも傘の方が重いと感じる人は多い。私の周りもそうだ。

　友人をみると、二つの層に分かれているように思う。無関心層と無党派層の二つだ。

　よく、この二つは一緒にしてしまわれがちだが、別物である。だが、政党を支持しないという点では共通だ。

　無関心層は、傘の方が重い人たちだ。この人たちの代弁をすると「政治は難しいから面倒くさい」となる。これはどうも、受験戦争激化とも関係があるように思える。選挙に対して、勉強しなければならないという強迫観念を持ってしまって、自分に直接関わる問題であるのに拒んでしまう。この人たちも実は政治や選挙を知りたいとは思っているのである。

　これに対して、政治家がやるべきことは、わかりやすい政治であり、主義・主張をコロコロ変えて問題を複雑にしないことである。

　無党派層は、政治に関心はあるが、支持する政党がない人たちだ。私もこれに属する。

　これは疑いもなく、政党・政治家自身の責任である。分裂したり、くっついたり、方針がいつの間にか変わったりする彼らに、どうして従えるのか。彼らには、風見鶏という表現がぴったりくる。

風が吹いてはくるくる回り、風の無い日は何もしない。また風が来たら、そのときになってあわてて動く。現状では理論だった確固たる主張を持ち、痛みの伴う改革も、プラス方面の政策もきちんと打ち出せ、かつ有権者を説得できるような政治家は皆無なのでないか。

悪いことに、派閥抗争や権力争いなど、私たちの見えないところでがんばっちゃっていらっしゃるようである。

あと、選挙の時にもよくがんばっている。私たちが政治家のがんばっている姿を見られるのはこの時だけだ。デパートの年に一度の大バーゲンといった具合だ。この時ばかりは頭を働かせ、票稼ぎのために政策を打ち出す。

日本の将来のためではなく、自分の権力保持のための政策だ。

結局考えてみると、私が望む政治家というのは案外こういうものだ。

「一つの信念を持って、それを一生を貫いて実現しようとがんばり、有権者にこびるのではなく、説得できるパワーとわかりやすく説明できる能力を持つ政治家」

こういう人が多くいる政党が私の理想であり、一票を託せる政党である。

コメント 内容そのものはありきたりといえばありきたりだ。しかし、「一票よりも傘のほうが重い」というフレーズが圧倒的に効いている。わかりやすく、無関心層と無党派層に分けて語っているところも、頭が整理されている人という印象を与えてよい。

「政党のあり方」という題に対して、①有権者の側を問題点としてとりあげ、②無関心層と無党派層をそれぞれ検討し、③望む政党像を示している。これで合格論文になっている。このくらい書ければ、テレビ・ラジオ局はもちろん新聞社、出版社にも通用する。

2 就職用作文（予定稿）＋提言

次に、(2)の就職用作文（予定稿）＋提言、を検討していく。

結論を二つおいた例文を、まず読んでほしい。

作文 13

公共の福祉

「みかちゃん、ワープ！」

あきちゃんは小学5年生の女の子。生まれつき足が悪く、思うように歩けない。みかちゃんとは私のことである。

あきちゃんと出会ったのは、小学校の林間学校の手伝いで助手として同行した時だった。初日はフィールドワークという山の中の散歩が主な内容だった。その中で、「ワープ」というのは歩くのが嫌だから抱っこして連れていって、という意味だ。

あきちゃんの担任の角田先生は、すぐに抱っこしてあきちゃんをどこへでもワープしていってあげていた。それを見て、私はなんて甘い先生だと思った。そして私はあきちゃんと二人きりになり、ワープと言われるたびに、教育ママのように「ダメ。歩こうね」と言った。そのほうがあきちゃんのためにもなるだろうと思ったからだった。

しかし、あきちゃんを歩かせ続け、他の生徒たちとも離れ、一人苦しそうに頑張る彼女の姿を見て、ふと自分のおろかさに気づいた。せっかくの楽しい林間学校を、ただ歩かせ苦しませているだけになってしまっていたのだった。

「あきちゃん、ごめん」。自分が責められてしかたがなかった。

角田先生はこんな時くらいあきちゃんを自由に移動させ、仲間との交流、自然とのふれあいを楽しませてあげたかったのだ。

残りは2日間あった。その後私は、ワープもし、とにかくなるべく他の生徒と一緒にいられるようにした。また、他の生徒たちにもっとゆっくり歩いたり、自然の中でできる、あまり動かずに遊べ

る遊びをつくったりした。その時のあきちゃんは本当に嬉しそうだった。

身体の不自由な人には親切に。このくらいのことはよく知っているつもりだった。しかし、いざそういう人と接してみると、何が親切で何が親切でないのかがわからなかった。教科書に書いてある知識だけでは意味の無いことに気づいた。

人と人との付き合いは身体で感じていくしかない。たった3日間だったが、彼女は私に人との付き合い方を教えてくれた。

（結論A：作文バージョン：「また会おうね、みかちゃん」と手を振って家に帰っていった姿が忘れられない）

（結論B：論文バージョン：「公共の福祉」とは、公の中に人をいかに包み込むかを論じるその前に、人ひとりひとりにとって大切なこととは何かをはっきりさせてから考える問題だと思う）

もともとこの文章は「忘れられない人」という作文として書いたものだ。したがって、もともとの結論は「作文バージョン」のほうである。

書いた学生は、この文章を「予定稿」としていつも用いていた。そして、論文タイトル「公共の福祉」でも、自らの予定稿を使ったというわけである。

いつも使っている予定稿を論文に変えるためには、予定稿を書いて、最後にタイトルに対する「提言」を添えればよいのである。

上記の論文バージョンの結論はかなり強引と思うかもしれないが、これでもかまわない。

なお、**作文1**「私の理想像」（148ページ）を予定稿として持っているとしよう。たとえば、本番で論文「リーダーの条件」と出された場合、最後の一文を「こうした気配りのできる人、これが私が求めるリーダーであり、自分自身の理想像だ」と変更するだけで、合格論文に仕上げられる。

また、これまで「私の平和論」というタイトルの論文はしばしば課されてきたが、**作文6**（164ページ）、**作文7**（165ページ）をそのまま提

出して合格できる。

　さて、テレビ局やラジオ局、番組制作会社では、実際どのような「論文」試験が出されてきているのだろうか。

　はっきり言えば、朝日新聞社や読売新聞社など毎年硬派な論文試験（「この国のゆくえ」「宇宙と平和」など）を課す新聞業界とは違い、放送業界では、あまり「論文」試験は出されてきていない。

　その代わりに、たとえばNHKは例年「論述」試験があり、「間」「変」「透」など、漢字一文字の題がしばしば出されてきた。しかしこれらは、自分の人生を描いた「作文」（「恥さらし」作文）で、クリアできる。あえて「論文」調にする必要もない。もちろん、それらのタイトルについて「論述」が書ければ、それに越したことはない。

　民放については、君の人生を問う「作文」試験が圧倒的に多い。ただし、近年、地方局をはじめとして、テレビ局の未来を問う課題、ローカル局の存在意義を問う課題が出されている。

　具体的なタイトルとしては「未来の深夜放送」「ローカル局の課題とそれを克服する方法について」「テレビの将来について」「フェイクニュース」「放送局の新しいビジネスモデルについて」「テレビとインターネット」「テレビに求めるもの」などである。これらについてストレートに論じることができれば、ぜひそうしてほしい。

　残念ながら真正面から論じることが難しければ、(1)一般論＋企画、(2)作文（予定稿）＋提言、という方法もありうる。(1)は、課題（論文タイトル）への考えをごく短く記し、中盤からラストまで、番組企画の羅列で埋めたい。(2)の場合は、作文（予定稿）をぐっと圧縮させ、提言の部分に具体的な番組企画を書くことをすすめたい。少なくとも3番組以上は書いておこう。(1)(2)のいずれにせよ、番組の企画に魅力や説得力があれば、面接にすすむことは充分可能だ。

8 志望動機を書かせる 作文の攻略法

　テレビ・ラジオ局のエントリーシートの添付作文や作文試験では、しばしば「（当社への）志望動機」や「テレビ局（ラジオ局）をめざす理由」を問う場合がある。

　これらの場合も、予定稿を使ってよい。

　「志望動機」の場合は、多くの人がテレビ番組やラジオ番組が好きなこと、またその局がよい会社であることを延々と書く。結局、エントリーシートの「志望動機欄」をただ引き延ばしただけの作文を、局側は大量に読まされることになる。この時に、自分の経験を含めた予定稿を使えば、オリジナリティーが出せる。

　例文を示す。

 作文 14　　**私がテレビ局をめざす理由**

　「おにぎりくらいは作るね。でもバツイチだからさ」

　小泉純一郎元首相は厚生大臣の頃、バラエティー番組で料理を試食中こう言った。氏に限らず、現在日本では離婚率が上昇している。

　そんな中、私はある雑誌の投稿欄に目を留めた。「離婚してからはや5カ月、昨日はスーパーに気後れしながら買い物に行った。女性ばかりで緊張した」そんな内容だった。私はその日から離婚独身男性やシングルファーザーの家庭とその子どもについて考え始めた。

　冬になると決まって流れる、「お母さんの愛情いっぱいのシ

チュー」の CM、スーパーの前で井戸端会議をする主婦の姿。当たり前の光景のように思えるが、テレビは一種の「虚像」をつくってしまった。完璧な、理想的な家族像、スーパーに行くのは主婦という固定観念を。そしてシングルファーザーや離婚独身者自身も、そのつくられた像にとらわれ、自ら生活しにくいイメージを抱いている。母親のいない子どもは、シチューの CM を見て、淋しい思いをするかもしれない。

マスに向けて情報を発信するテレビは、少なくない功罪を抱えている。しかし「虚像」をつくるのがテレビなら、それを打ち破るのもテレビだ。インタラクティブメディアの発達で、社会の動きをマクロ、ミクロでとらえて対応していける時代もやってきた。

イギリスに語学留学中、ある CM に心を打たれた。CM の中の家族は離婚家庭でもなく、夫婦と赤ん坊という設定だったが、男性が不器用なしぐさで赤ん坊に食事をさせているシーンがとてもほのぼのとしていた。そこには CM の商品を売るためのメッセージだけでなく、お父さんへの応援のメッセージがあるように思えた。

テレビには力がある。これまで述べたように、力の中には人を傷つけるもの、人と人や国と国との関係を裂こうとするものなどマイナスの力もあるが、人を応援したり地球を救うために人びとを動かすプラスの力もある。

私はその「力」に魅かれてテレビ局を目指すことを決めた。バラエティー番組、ドキュメンタリー番組など、ひとりひとりのこまやかな心にしみいる番組をつくっていきたい。

コメント　自分の経験をもっと織り込んだほうがよいこと、最後の部分にはもっと具体的にやりたい企画を盛り込んでおきたいことなど、弱点はある。しかし、オリジナルな材料を使って自分なりの視点で構成していて好ましい。

私がラジオ局を志望する理由

「美空ひばりをバカにしているのか！」

それが私に届いた初めてのリスナーからの葉書だった。

私は大学のラジオサークルに所属し、地域のコミュニティーFM放送局である静南FMの深夜番組をつくらせてもらっていた。

恋の話、映画紹介、失敗談……、色々なコーナーがあった。その中のひとつに「懐メロ」の時間がある。「銀座カンカン娘」「風をあつめて」などの「懐メロ」を私たち若者が分析して紹介していくというものだった。

ある日、私はそのコーナーで美空ひばりの「りんごの歌」をかけた。そして数日後、静南FMのスタッフから、先の一枚の葉書を渡されたのだ。

葉書はクレームだった。

「あなた達は何も知らずに曲をかけている。紹介の言葉が薄っぺらだ。ひとつの曲が生まれたその背景を知ろうともしない。そんな態度で『りんごの歌』をかけるなんて、美空ひばりをバカにしているのか！」

私はその葉書を見てはっとした。たしかに、歌手の人生や、歌詞、作曲者の分析はした。しかし一番大切な要素である「時代」を調べたことはなかった。そんな状態で私たちはただ曲を流していたのだ。制作者として失格だと思った。

「懐メロスペシャルをしよう」と私は仲間に提案した。自分の、また仲間の不安を取り去り自信を取り戻すためにはそれしかないと思ったのだ。しっかりとした番組をつくらなくてはリスナーに聴いてもらえない。

「岡林信康とフォークソング」と銘打って、一時間番組を企画した。私も仲間も出来る限りの資料を集めた。岡林のレコードを聴きこみ、同時代にフォークシンガーをしていたおじさんに話を聞きに行った。学生運動、部落解放運動、寄せ場解放闘争、そして安保闘

争……。彼の生きた時代を背景につくられた曲たち、闘争の敗北とともに姿を消さざるをえなかった彼と彼の曲、そして今にまで続く残されたものとは何か……。このようなテーマで私たちは番組をつくりあげた。

　岡林スペシャルが放送された週、私たちの番組に二枚目の葉書が届いた。「よくなりました」とだけ書いてあった。それから少しずつ、番組に葉書がくるようになった。

　番組をつくることの意味がわかっている者にしかリスナーはつかないのだ、と感じた。

　あの一枚の葉書が私を戒め、救ったと思う。この出来事を忘れずに、大好きなラジオ番組をつくり続けていきたい。

コメント　「番組をつくることの意味がわかっている者にしかリスナーはつかない」がきいた。全体としては、さらに「その後頑張る自分」を書き込んでほしいが、これまでやってきたことの延長上で、これからやりたい仕事を示せていてよい。また、後半は具体的な企画を書く必要がある。

9 放送局作文試験 タイトル一覧表

　実際に、自分の経験を織り込んだ作文をある程度読んでみると、その経験の織り混ぜ方がわかってくると思う。

　作文のまとめとして、過去の放送局作文試験のタイトル一覧表をあげておく。これまで放送局で出された作文タイトルをジャンル別に並べた。どんな問題が出されたのかを見て、実際に自分ならどう書くか、考えてみて、練習してほしい。

放送局作文試験タイトル一覧表

【自分自身について】

「自分らしさ」「その時あなたが変わった瞬間」「もう一度やり直せるのなら」「行けるとしたら、未来か過去か」「私の原点」「私の可能性」「私のプライド」「志望動機」「自己PR」「セールスポイント」「私の学生生活」「私の家族」「私の先生」「心に残るあの一言」「いちばん大切なもの」「捨てられないもの」「忘れられない人」「忘れられないあの瞬間」「人生の3大ニュース」「一番辛かったこと」「一番感動したこと」「私の一冊」「マイ・ブーム」「座右の銘」「私の得意分野」「私が一番怒ったこと」「あなたにとって正義とは」「私が許せないこと」「私の好きな場所」「私は○○マニアです」「自分の位置」「私の生きがい」「私のチャレンジ」「私のオンリーワン」「意外だったこと」「私のオススメ」「私が最近、気になること」「あなたが気になる人に手紙を書いてください」「人生最高の日」「夢と現実」「私の夢」「10年後の私」「明日への手紙」「私の未来」「あなたにとっての社会貢献とは何か」「大人を実感したこと」

【窮地に陥った時について】

「代打逆転サヨナラ満塁ホームラン」「崖っぷち」「ピンチ！」「恥ずかしかったこと」「もうダメだと思ったこと」「私の挫折体験」「私の失敗談」「ごめんなさい」「後悔したこと」

【当社・働くことについて】

「民放テレビの公共性と商業性」「テレビはなくなるか」「儲かるテレビ」「新しい天気コーナーをつくる」「視聴者はテレビに何を求めているか」「働くこととは」「会社って何」「当社で実現したいこと」「当社への提案」「当社の未来像」「拝啓、社長様」「放送と私」「放送の役割」「マスコミはどうあるべきか」「地方放送のあり方」「テレビの生き残り方」「テレビ未来論」「ラジオと私」「テレビと私」「放送の倫理」「放送と著作権」「感動した番組について」「当社でやりたい番組の企画を書いてください」「当社を何かにたとえてください」

【世の中について】

「○○の責任（○○は自分で言葉を入れる）」「いまの日本に足りないもの」「世界共通語をつくることに賛成か反対か」「裁判員制度について」「食の安全について」「消費税」「携帯電話」「派遣切り」「私の知事論」「世界の中の日本」「時代を切り開くためのヒント」「情報化社会について」「個人情報」「年金問題について」「格差社会をどうするか」「豊かさとは何か」「少子高齢化対策について」「韓流ブームについて」「高齢化社会について」「産業廃棄物問題について」「自己責任論」「国益とは」「教育について」「明日の地球」「環境について」「気になる社会問題」「今年のキーワード」「ブログについて」「同世代について」

【提示された写真〈絵〉について語る】

「提示された写真について自由に論述してください」「提示された絵について自由に論述してください」

【漢字 1 文字の作文タイトル】

「食」「変」「安」「優」「裁」「遺」「倫」「自」「創」「夢」「志」「足」「私」「命」「窓」「裏」「愛」「顔」「師」「心」「今」「闘」「偽」「周」「外」「楽」「非」「謝」「惑」「反」「不」「俗」「一」「流」「生」「遊」「品」「感」「嘘」「水」「権」「北」「熱」「風」「美」「素」「本」「円」「空」「発」「対」「実」「色」「場」「角」「透」「金」「十」「青」「粋」「間」「棲」「神」「道」「花」「声」「響」「格」「信」「真」「涙」「絆」「論」「伝」「(自分自身を漢字一文字で表し、それをタイトルとして作文を書いてください)」

【手紙文】

「20 年後の私に手紙を書く」「自分を成長させてくれた人への感謝の手紙」

【その他】

「頂点」「チェンジ」「チャンス」「常識と非常識」「プラス」「コンプライアンス」「予兆」「功罪」「自立」「サイン」「あっ！」「生命」「責任」「価値」「情報」「余裕」「アイディア」「説得」「コミュニケーション」「時間」「視点」「ライバル」「自由」「ドラマ」「笑い」「挑戦」「冒険」「思いやり」「歩く」「玄関」「四季」「サプリメント」「最寄り駅」「けじめ」「理想の恋人」「変化」「絶対にすべらない話」「私なら、こうやって 60 億円稼ぎます」「『アレ』の役割」「ありがとう」「ハイブリッド」「脱○○○」

PART

7

一般教養対策＋
過去問題集＋漢字問題

1 雑学・語学・適性試験はこう突破する

　クリエイティブ試験や作文のほかに、放送業界では次のような筆記試験が課されることがある。

❶雑学試験…時事問題、教養問題、一般常識問題、雑学問題
❷語学試験…英語など
❸「適性」試験…SPI3 など

　ただし、放送業界の❶〜❸の筆記試験は、出版業界・新聞業界など他のマスコミに比べて、比較的やさしいといえる。ひとつひとつ説明していこう。

❶雑学試験について

　新聞記者は、時事問題について基本的な知識を持ち、自分なりの意見をいえなくてはならない。新聞社の入社試験では、日本国憲法をはじめ世界各国の動き、国内問題など、社会人として知っておいたほうがよいとされる常識・教養問題が筆記試験では中心的に出されている。

　時事問題から流行の先端、また、たとえば趣味の世界やオカルト、占いまでを扱う「雑誌」の世界に携わるには、世の中に対するアンテナをできるだけ広く張り、雑学に親しんでいてほしい。だから、大手出版社や雑誌を発行している出版社では、かなりマニアックな雑学問題が筆記試験として出されることもある。「ドラえもんの誕生日はいつか」「タレント優香の本名は何か」といった具合に

だ。

　はっきりいえば、民放や番組制作会社で出される一般教養試験のレベルは、新聞社と大手（雑誌）出版社との中間と位置付けられる。この1年間に起きた、そういえばそんな事件や話題があったなあと思える出来事についての問いがほとんどなのである。新しくつくられた法律の内容を詳しく尋ねる問題や、流行の兆しを問う問題はそれほど多くはない。詳しくは次項で説明しよう。

　日頃から新聞に目を通し、「報道ステーション」（テレビ朝日系）、「NEWS23」「報道特集」（TBS系）などの報道番組や、「クローズアップ現代」（NHK）などの時事解説番組で知識を得ること。できるだけ、ワイドショーなどの芸能ネタも仕込んでおくこと。外に出たら、スポーツ新聞で世間の話題を仕入れ、電車の中では吊り広告を見ることを忘れないようにすれば完璧だ。

　ただ、**放送業界でもNHKをめざすのなら、新聞記者とまったく同じ**と考えてほしい。かつて定期的に刊行されていた『マスコミ入社試験問題集』（新聞ダイジェスト社）にはNHKの過去問題が収録されていた。どのくらいのレベルの問題が出されていたのかを知り、日々、新聞や時事解説のテレビ番組を通して、試験に出そうな重要な出来事をしっかりと押さえておく必要がある。なお『マスコミ入社試験問題集』は、近年刊行されていない。古書で求めるか、図書館で探そう。

　放送業界の一般教養試験に対する究極の対策法を述べるとすれば、「各大学にあるクイズ研究会に入って自分を鍛えることだ」と答えたい。放送局が毎年出している一般教養問題は、大学のクイズ研究会でやる、もっとも初歩的なレベルの問題である。

❷語学試験について

　就職試験は大学入学試験とはまったく違う。英語の試験については、重箱の隅をつつくような問題は出ない。そんな問題を課しても、社会人として仕事ができるかどうかをはかることはできないから、当然だともいえる。

たとえば、現代社会について書かれた英文の大意をつかむ問題や、読解力のみならず、つかんだものを日本語の文章としてまとめる力をためす日本語要約問題が多い。

　また、「海外であるものを取材したいが、どういう英文手紙を書くか、どういう電話をかけるか」など、きわめて実践的な英文作成問題が出されることがあることも知っておいてほしい。基礎英語力を問う問題を出す放送局、番組制作会社も当然ある。

　放送局、番組制作会社にかかわらず、英語が必要な場面はしばしばある。最低、英語での日常会話ができるくらいの語学力は必要とされていると考えたい。

　「私は日本国内の取材しかしない。そういう番組をつくっていく。英語は捨てる」と宣言して、放送業界でばりばり働いている人ももちろんいる。もちろんその姿勢で通用する会社はいくらでもある。

　しかし、英語に比重をおいた試験を課す放送局、番組制作会社の選考を突破することは当然難しくなる。

❸「適性」試験について

　放送業界の入社試験で課される「適性」試験は、SPI 風の試験である。SPI は、「Synthetic（総合的な）Personality（個性・性格）Inventory（評価）」の略語で、1974 年にリクルートの人事測定事業部が開発した試験である。

　内容は、主に中学レベルの国語、数学、理科の基礎学力をはかる能力検査と、性格検査の二つに分かれる。

　「適性」試験のうち特に問題になるのは、能力検査だ。能力検査の理数系の問題は、難しくても高校 1〜2 年レベルだから大学生ならまず解ける。しかし、一度書店の就職本コーナーで SPI の問題集を見てほしい。難しいと感じたら、君は中学高校で習ったことを忘れている。さっそく対策が必要だ。

　おすすめの本は、「SPI ノートの会」の著者名で出されている講談社の本と、『SPI3 の教科書 これさえあれば。』（TAC 出版）である。SPI を課す会社をいくつか受けると、前に受けた会社とまったく同

じ SPI 問題に当たることがある。それほど多くの種類の SPI が毎年つくられているわけではないのだ。

　現在これらの適性試験は放送局では一般的に行われている。多数の応募者が殺到するために、人数の絞り込みに使うだけだ。放送局を志望するのならば、少なくとも SPI の問題集には一通り目を通しておいたほうがいい。

　ひるがえって番組制作会社の多くは、SPI を行わない。なぜなら、採用者側自身が「SPI なんかで自分を評価されてたまるか」と考えているからである。

　毎年「SPI なんかを選考に使う放送局や番組制作会社は、会社の姿勢として許しがたい。SPI をやらない放送局や番組制作会社しか受けない」という学生に多く出会うが、それは一つの見識だ。自分の見識をしっかりと持つ学生を私は大いに応援したい。

　基礎学力がなくても SPI で「適性」と判断されなくても、優秀なプロデューサーやディレクターはいくらでもいる。

　なお、最近は SPI 対策本が増えたため SPI 以外の適性試験を課す会社が多くなってきた。それについても、「SPI ノートの会」の本で対策できる。「SPI ノートの会」は、ホームページ（採用テストの革命集団『SPI ノートの会』就活速報！）も開設している（https://www.spinote.jp）。

2 放送業界の一般教養過去問題集 ＋よく出る漢字問題集

　では、実際に、放送業界（民放、番組制作会社）ではいったいどんな一般教養問題が出されているのか。

　ここで、これまであまり明らかになってこなかった放送業界各社の一般教養試験問題から、直近3年間（2024年度、2023年度、2022年度）の問題を紹介していこう。

　放送業界各社の一般教養試験は、試験の形式としてはおよそ4～5択問題と、記述式に分かれる。内容については、大きく分ければ次の三つのジャンルから出されていると考えてよい。

> ❶この一年間に起きた出来事
> ❷日本の国で社会人として生きる上で知っておきたい常識問題
> ❸漢字問題

ひとつひとつ説明していこう。

まずは❶の、この一年間に起きた出来事についての問題である。
これはさらに、
(1)　【流行】
(2)　【芸能・音楽・映画・本・スポーツ】
(3)　いわゆる【時事問題】
に分けられる。

(1)【流行】については、例年、放送業界ならではの〝情報化社

会"に関する問題が多く出されている。また、この一年間に話題となった商品、はやり言葉、動物などが取り上げられている。たとえば、人気を博した動物、驚かされた新商品、新しく発売された自動車などについての問題などは例年出題されるので押さえておきたい。

(2)**【芸能・音楽・映画・本・スポーツ】**については、放送局では、比較的マニアックな問題が出されるので注意が必要だ。

たとえば、お笑い芸人についてでは、話題になった芸人の相方のフルネームを記述させる問題まで出された。また、話題のテレビドラマと主人公の俳優名、主題歌、原作者の組み合わせを問う問題は毎年必ず出されている。放送局ならではの問題だといえる。

音楽、映画、本ともに、賞を獲った作品はチェックしたい。

近年のスポーツ関連では、大リーグで活躍する日本人選手の所属するチーム名と所在地を問う問題、外国で活躍するサッカー選手の所属するチーム名と所在する国名、外国人力士の出身国・所属部屋さらには本名までたずねる問題が例年出されているので、最新情報を含めて準備したい。

(3)**【時事問題】**については、先にも述べたが、この一年間の新聞やニュースに目を通しておけば答えられる問題が多い。略号の正式名称を記述させる問題（「TPPの正式名称を、欧文と日本語で記せ」など）や、用語説明を書かせる問題（「SDGsを説明せよ」など）以外では、これまで放送局では、記述式の問題はそれほど多くは出されてきていない。

ただし、放送業界の現在と未来を問う問題も、「時事問題」として例年出されるので注意が必要である。また、地方放送局の場合は、その土地ならではの問題も多々出される。近年話題の出来事や事件、ご当地出身の有名人のほか、県の人口などの基礎データ、特産品、名物なども押さえておきたい。

続いて、**❷**の**常識問題**である。一般企業の試験問題では、この常識問題の比率が、一般教養問題全体の半数以上を占める場合が少な

くないが、放送局の試験問題では、常識問題の比率は例年それほど高くはない。次に述べる❸の**漢字問題**と同じくらいか、漢字問題よりもやや多めといった具合だ。

内容的には、各国の首都名を問う問題、夏目漱石の作品名を問う問題、敬語の使い方、月の異名を問う問題（例：3月＝弥生）など、極めてベーシックな出題が多い。

❸の**漢字問題**については、書き取り、読み取り、四字熟語などがあるが、毎年どこの会社も、出される問題は極めて似ている。221ページに「よく出る漢字問題集」を付したので、一語一語、じっくりと通読してほしい。

その上で、本書の姉妹編である拙著『これが出る！　マスコミ漢字攻略バイブル』（早稲田経営出版）にチャレンジしてほしい。

『これが出る！　マスコミ漢字攻略バイブル』にも記したが、マスコミ各社の漢字問題では、ごくまれに、その時々の「有名人（政治家・スポーツ選手・芸能人など）」の名前を示し、読み方を記述させたり、フルネームを漢字で書かせるという問題が出されることがある。この一年間に活躍した「有名人」を、軽くチェックしておきたい。

それでは、さっそく、過去問題を順番に見ていこう。

【流行】【芸能・音楽・映画・本】【スポーツ】【時事問題】を読む際に注意してほしいことがある。

きっと、知らない用語や、記憶にない事件がたくさんあるだろう。しかし、まったく気にすることはない。君が入社試験を受ける時には、ここにある問題は、およそ出ない。なぜなら、それらの用語や事件は、一昨年以前に起きた出来事だからだ。

【流行】【芸能・音楽・映画・本】【スポーツ】【時事問題】の項目を読む際に大切なことは、自分が試験を受ける年度に、どのような問題が出そうかを想像することなのだ。これからも出そうな〈キーワード〉には、下線を引いておいたので注意して読んでほしい。

放送業界の一般教養過去問題集

【流行（話題）】

□ 2024 年にオープン予定の東京ディズニーシーの「魔法の泉が導くディズニーファンタジーと世界」がテーマの新テーマポートの名称は何か。そこで取り上げられる、3 つの映画は何か。（ファンタジースプリングス。3 つの映画は、「ピーターパン」「塔の上のラプンツェル」「アナと雪の女王」）

□ 2023 年 6 月 16 日に、としまえん跡地に開業する施設は何をテーマにしているか。（ハリー・ポッター）

□ 2023 年 2 月現在、同性婚が認められている国と地域は 33 あるが、そのうち 5 つを挙げよ。（主な国と地域は、オランダ、ベルギー、スペイン、カナダ、南アフリカ、ノルウェー、ポルトガル、アイスランド、アルゼンチン、デンマーク、ブラジル、フランス、ウルグアイ、ニュージーランド、イギリス、メキシコ、アメリカ、アイルランド、ドイツ、台湾）

□電気自動車（EV）の F1 といわれる「フォーミュラーE」が日本で開かれることになった。それはいつか、どこで開かれるのか。（2024 年春。東京都）

□ 2022 年 10 月 7 日ノーベル平和賞を受賞した人物と団体は何か。（アレシ・ビャリャツキ〈60 歳、ベラルーシの人権活動家〉、ロシアの人権団体「メモリアル」、ウクライナの人権団体「市民自由センター〈CCL〉」）

□ 2022 年 10 月 1 日「東急ハンズ」は社名を変えた。何か。（ハンズ。ホームセンター大手・カインズの子会社となった）

□ 2022 年 10 月 29 日「タナカヒロカズ」がギネス世界記録を達成した。何の記録か。（同姓同名の人が集まった世界記録〈178 人〉）

□近年話題になっている、「経済的に独立し、生活のための仕事から解放されること」を何というか。（FIRE〈ファイア、Financial Independence, Retire Early〉）

□ 2022 年 9 月 15 日から使用するカカオ原料を、児童労働撤廃につながる「スマイルカカオ」に切り替えた有楽製菓のお菓子

は何か。（ブラックサンダー）

□ 2022 年 11 月 22 日から江崎グリコがキャラメル「グリコ」の発売 100 年を記念して特別なオモチャが付く商品を販売した。それは何か。（クリエイターズグリコ〈935 円〉）

□製薬会社エーザイが開発中で、2023 年にも承認されるといわれているアルツハイマー病の治療薬は何か。（レカネマブ）

□ 2022 年 10 月 6 日、米スペース X の宇宙船「ドラゴン」で国際宇宙ステーション（ISS）へ向かった日本人宇宙飛行士は誰か。（若田光一〈59 歳〉。5 回目の宇宙飛行は日本人最多で最年長記録）

□ 2022 年 10 月 12 日 JAXA（宇宙航空研究開発機構）が開発した小型固体燃料ロケットの 6 号機が打ち上げに失敗した。名前は何か。（イプシロン）

□ 2022 年 10 月 SNS 世界最大手の米・メタが VR 端末 Quest 2 の上位機種を発売した。それは何か。（Quest Pro〈クエスト・プロ〉）

□ 2022 年 10 月 11 日から始まった 10 万円以下、スマホでの無料の送金サービスは何か。（ことら）

□ 2022 年ジャイアントパンダ来日 50 年を記念して「パンダバルーン」を復活させた動物園はどこか。（上野動物園）

□ 2022 年 10 月 5 日に亡くなった会津鉄道・芦ノ牧温泉駅の 2 代目ねこ駅長の名前は何か。（らぶ）

□ 2022 年 9 月千葉工業大学の松崎元教授らが「つまみを回す時の指の使い方の研究」でイグ・ノーベル賞を受賞した。日本人の受賞はこれで何年連続か。（16 年連続）

□ 2023 年 4 月 3 日第 50 回将棋大賞で、最優秀棋士賞に選ばれたのは誰か。（藤井聡太竜王〈20 歳〉。3 年連続 3 回目）

□ 2022 年女性初の棋士編入試験に挑むが、3 連敗で敗れたのは誰か。（里見香奈〈さとみ・かな、女流五冠、30 歳〉）

□ 2022 年囲碁の世界最年少プロは日本人だが、それは誰か。（藤田怜央〈ふじた・れお、9 歳〉）

【芸能・音楽・映画・本】

☐ 2023 年 2 月 5 日日本テレビの人気番組「笑点」の新メンバーになった落語家は誰か。（春風亭一之輔、45 歳）

☐ 2023 年 1 月 1 日女優・土屋太鳳（27 歳）との結婚を発表したのは誰か。（片寄涼太、28 歳）

☐ 2023 年 1 月 1 日俳優の綾野剛（40 歳）との結婚を発表したのは誰か。（女優の佐久間由衣、27 歳）

☐ 2023 年 4 月、テレビアニメ「ポケモン」の新シリーズが始まる。主人公は誰と誰か。（少女リコと少年ロイ）

☐ アニメ「ONE PIECE FILM RED」「THE FIRST SLAM DANK」のヒットで興行収入が325億となった映画会社はどこか。（東映）

☐ アニメと「聖地」の組み合わせ問題。（正しい組み合わせは、「らき☆すた」―埼玉県久喜市、「ガールズ＆パンツァー」―茨城県大洗町、「スラムダンク」―神奈川県鎌倉市など）

☐ 2022 年 10 月 19 日に亡くなったタレント仲本工事（81 歳）は、どこのコントグループに所属していたか。（ザ・ドリフターズ）

☐ 2022 年 10 月 8 日コント日本一を決める「キングオブコント」で第 15 代王者に選ばれたのは誰か。（ビスケットブラザーズ）

☐ 2023 年 4 月、ノーベル文学賞受賞者のミュージシャンが来日する、誰か。（ボブ・ディラン、81 歳）

☐ 2022 年 12 月 31 日 NHK 紅白歌合戦の司会者は誰か。（メインは橋本環奈と大泉洋。櫻井翔、桑子真帆アナも加わり 4 人態勢）

☐ 2023 年 5 月にアイドルグループ King & Prince を脱退するメンバーは誰か。（平野紫耀、岸優太、神宮寺勇太。なお、残るのは永瀬廉、髙橋海人）

☐ 2023 年 3 月 12 日、第 95 回アメリカアカデミー賞で、作品賞や監督賞、編集賞など 7 部門（主要 8 部門のうち史上初の 6 部門で受賞）を受賞した作品は何か。監督は誰か。（「エブリシング・エブリウェア・オール・アット・ワンス（エブエブ）」。ダニエル・クワン、ダニエル・シャイナート監督）

☐ 2023 年 2 月 1 日発表、映画誌「キネマ旬報」2022 年公開の

一般教養対策＋過去問題集＋漢字問題

邦画ベスト1は何か。(「ケイコ 目を澄ませて」〈三宅唱監督〉)

☐ 2023年2月1日発表、映画誌「キネマ旬報」2022年公開の洋画ベスト1は何か。(「リコリス・ピザ」〈ポール・トーマス・アンダーソン監督〉)

☐ 2022年9月24日、第70回サン・セバスチャン国際映画祭で、コンペティション部門で参加していた日本の作品が監督賞を受賞した。監督とその作品は何か。(川村元気、「百花（ひゃっか）」)

☐ 2024年NHK大河ドラマ「光る君へ」は、誰を主人公にしているか。主演女優は誰か。(紫式部。主演女優は吉高由里子)

☐ 2023年秋に始まるNHK連続テレビ小説「ブギウギ」は、誰の人生を描いたドラマか。ヒロイン役女優は誰か、その両親は誰か。(笠置シヅ子。女優は趣里〈しゅり、32歳〉、両親は水谷豊と伊藤蘭)

☐ 2022年10月17日BTS（防弾少年団）の最年長のメンバーから兵役の手続きを始めると発表された。誰か。(JIN〈29歳〉)

☐ 2022年フジテレビ系で放映されたドラマ「競争の番人」は、どこを舞台にした番組か。(公正取引委員会)

☐ 2022年10月6日ノーベル文学賞を受賞した作家は誰か。また、主な作品は何か。(アニー・エルノー〈82歳、フランス生まれ〉、主な作品に『場所』『ある女』『シンプルな情熱』がある)

☐ 2023年3月3日、ノーベル文学賞受賞者の日本人作家が88歳で亡くなった。誰か。(大江健三郎)

☐ 2023年が生誕100年となり、菜の花忌で知られる作家は誰か。(司馬遼太郎)

☐ 「銀河鉄道999」「宇宙戦艦ヤマト」などの作品で知られる漫画家が2023年2月13日、85歳で亡くなった。誰か。(松本零士)

☐ 2023年1月19日、第168回芥川龍之介賞を受賞したのは誰の何という作品か。(佐藤厚志〈40歳〉の「荒地の家族」と井戸川射子〈35歳〉の「この世の喜びよ」)

☐ 2023年1月19日、第168回直木三十五賞を受賞したのは誰の何という作品か。(小川哲〈36歳〉の『地図と拳』と千早茜〈43歳〉の『しろがねの葉』)

【スポーツ】

- [ ] 2026年サッカーワールドカップはアメリカ、カナダ、メキシコの3か国共催となる。共催大会はいつ以来か。（2002年の日本と韓国共催以来）

- [ ] 2023年2月17日、サッカーJリーグ1部が開幕したが、今年は開幕何周年か。（30周年）

- [ ] メジャーリーグの日本人選手と所属チームの組み合わせ。（正しい組み合わせは、大谷翔平―ロサンゼルス・エンゼルス、ダルビッシュ有―サンディエゴ・パドレス、千賀滉大―ニューヨーク・メッツ、吉田正尚―ボストン・レッドソックス、藤波晋太郎―オークランド・アスレチックス、前田健太―ミネソタ・ツインズ、鈴木誠也―シカゴ・カブス、菊池雄星―トロント・ブルージェイズ）

- [ ] 2022年10月3日プロ野球で最年少の三冠王を達成したのはどこのチームの誰か。（東京ヤクルトスワローズの村上宗隆〈22歳〉。56本塁打、打率3割1分8厘、134打点）

- [ ] 2022年プロ野球日本シリーズで、26年ぶり5度目の優勝を果たしたのは、何リーグの何というチームか。（パ・リーグのオリックス・バファローズ）

- [ ] 2008年以来15年ぶりに古巣阪神タイガースの監督に復帰することになったのは誰か。（岡田彰布〈おかだ・あきのぶ、64歳〉）

- [ ] 2023年第105回全国高校野球選手権記念大会のキャッチフレーズは何か。（「さぁ行こう、僕らの夢へ」）

- [ ] 2023年、大谷翔平は米大リーグエンゼルスと1年間いくらで契約したか。（約43億5千万円。単年ベースではダルビッシュ有を抜いて日本選手の最高額）

- [ ] 2022年10月16日サッカー第102回天皇杯で優勝したのはどこか。（ヴァンフォーレ甲府〈J2に所属〉）

- [ ] 2022年10月22日サッカーJリーグカップで初優勝したチームはどこか。（サンフレッチェ広島）

- [ ] 2022年10月30日、JFL（日本フットボールリーグ）の試合で、55歳8カ月4日のリーグ最年長でゴールした選手は誰か。（三

浦知良〈みうら・かずよし。鈴鹿ポイントゲッターズ所属〉）

□ 2021〜22 年シーズンの最優秀選手賞「バロンドール」（サッカー専門誌「フランス・フットボール」選定）に選ばれたのはどこのチームの誰か。（カリム・ベンゼマ〈レアル・マドリード所属、フランス出身、34 歳〉）

□ 2022 年 10 月 10 日出雲全日本大学選抜駅伝で優勝した大学はどこか。（駒澤大学〈9 年ぶり 4 度目〉）

□ 2022 年大相撲秋場所、37 歳 10ヵ月で優勝した力士は誰か。（玉鷲。年 6 場所制になった 1958 年以降では、最年長記録）

□ 2025 年第 25 回「デフリンピック（聴覚障害者のためのスポーツ競技大会）」はどこで開催されるか。（東京）

□ 2022 年秋、バスケットボールを加えた新たなスポーツくじが導入された、名前は何か。そのアンバサダーに就任したのは誰か。（くじの名は WINNER〈ウィナー〉、アンバサダーは、木村拓哉）

□ 2022 年 10 月 22 日、日本女子初のスピードスケート金メダリストが現役最後のレース（500 メートル）を制し、8 連覇を達成した。誰か。（小平奈緒〈36 歳〉）

□ 2022 年 10 月 29 日、フィギュアグランプリシリーズのペアで、日本人で初優勝した「りくりゅうペア」とのは誰と誰のことか。（三浦璃来〈20 歳〉と木原龍一〈30 歳〉）

□ フィギュアスケートで、世界で初めて公認大会でクワッドアクセル（4 回転半）ジャンプを成功させたのはどこの国の誰か。（アメリカのイリア・マリニン、17 歳）

□ 2022 年 10 月 1 日に 79 歳で亡くなった「燃える闘魂」のキャッチフレーズで知られた元プロレスラーは誰か。（アントニオ猪木）

□ アントニオ猪木についての問題（正しい選択肢は、スポーツ平和党党首。力道山にスカウトされて 1960 年にプロレスデビュー。1972 年に新日本プロレスを設立。1976 年プロボクシング世界ヘビー級王者のモハメド・アリと異種格闘技戦を行った。……）

□ 2023 年 1 月現在、<u>国連安全保障理事会の非常任理事国</u>の 10 か国はどこか。（アルバニア、ブラジル、エクアドル、ガボン、ガーナ、日本、マルタ、モザンビーク、スイス、アラブ首長国連邦）

□ 2023 年「スール（南の意味）」という共通通貨の創設を目指している国はどことどこか。（ブラジルとアルゼンチン）

□次世代半導体の国産化を目指す新会社「Rapidus（ラピダス）」に出資する 8 社とはどこか。（トヨタ自動車、ソニーグループ、NTT、NEC、ソフトバンク、デンソー、キオクシア、三菱 UFJ 銀行）

□ 2023 年 1 月 1 日、日本は国連安全保障理事会の非常任理事国となったが、<u>5 つの常任理事国</u>とはどこか。（中国、フランス、ロシア、イギリス、アメリカ）

□ 2022 年 11 月国連の気候変動会議（COP27）で、温暖化対策に後ろ向きな国に贈られる「<u>化石賞</u>」に選ばれたのはどこか。（日本）

□ツイッターを買収したのは、どこの会社の誰か。（テスラの CEO のイーロン・マスク）

□ 2022 年、宗教法人法「報告徴収・質問権」を初めて行使して調査に入られた宗教法人はどこか。（世界平和統一家庭連合）

□ 2022 年 11 月死刑執行を命じる法相の役割を軽んじたとして事実上更迭されたのは誰か。（葉梨康弘〈はなし・やすひろ、63 歳〉）

□ 2022 年 9 月 27 日安倍晋三元首相の国葬が行われた。首相経験者の国葬は戦後何度目か。（2 度目。最初は吉田茂の 1967 年）

□ 2022 年 10 月 15 日安倍晋三元首相の県民葬が行われたが、それは何県何市か。（山口県下関市）

□ 2022 年 10 月 3 日のノーベル医学生理学賞を受賞したスバンテ・ペーボの業績は何か。（絶滅した古代人のゲノムと人類の進化に関する発見）

□ 2022 年 10 月 5 日のノーベル化学賞を受賞した欧米の 3 氏（キャロライン・ベルトッツィ、モーテン・メルダル、バリー・シャープレス）の業績は何か。（クリティック・ケミストリー〈狙い通りの物質を、分子を結合させてつくりだすこと〉）

- ☐ 2023 年 10 月 NHK の受信料は「衛星契約」「地上契約」ともにどれだけ値下げするか。（1 割）
- ☐ 現行の保険証を廃止し、「マイナ保険証」としてマイナンバーカードに統一するのはいつか。（2024 年秋）
- ☐ 2022 年 10 月 27 日欧州連合（EU）はガソリン車の販売をいつ禁止することに決めたか。（2035 年）
- ☐ 2022 年 10 月 29 日韓国の繁華街で 150 人以上が亡くなる事故が起きたがそれはどこか。（梨泰院〈イテウォン〉）

【常識問題】

- ☐ 2022 年 10 月 14 日は鉄道開業 150 年だが、最初に開通したのはどことどこの間か。（新橋―横浜間）
- ☐ 日本の 3 メガバンクとはどこか。（みずほ銀行、三菱 UFJ 銀行、三井住友銀行）
- ☐ 日本の大手百貨店グループ（5 社）とはどこか。（大丸松坂屋、高島屋、そごう・西武、三越伊勢丹、阪急阪神百貨店）
- ☐ 日本初のテレビ塔として 1954 年に開業した建物が国の重要文化財に指定されることになった。何か。（名古屋テレビ塔）
- ☐ 名古屋テレビ塔、通天閣（56 年）、東京タワー（58 年）を設計したのは誰か。（内藤多仲〈ないとう・たちゅう、1886〜1970〉）
- ☐ EEZ とは何か。（排他的経済水域〈Exclusive Economic Zone〉）
- ☐ 2022 年 8 月文部科学省が発表した「世界の注目度の高い科学論文数ランキング」で 1 位になった国はどこか。また日本は何位か。（1 位は中国。日本は 12 位）
- ☐ 2022 年 10 月国会法改正案が野党 5 党で共同提出された。これは憲法何条の臨時国会召集の件についてか。（憲法 53 条）
- ☐ 企業間で二酸化炭素の排出量を取引することを何というか。（カーボン・クレジット）
- ☐ 2022 年 10 月 28 日は、日本にパンダがやってきて何年になるか。また、最初のパンダの名前は何か。（50 年。カンカン〈雄〉とランラン〈雌〉）

2023 年度　※下線は、これからも出そうなキーワード。解答は出題当時のもの

【流行（話題）】

- □ 2021 年 11 月 30 日に三省堂が発表した「2021 年の新語」の大賞に選ばれた言葉は何か。(チルい〈意味は、落ち着く〉)
- □ 2021 年 10 月 1 日に開幕した万国博覧会はどこで開かれていたか。(アラブ首長国連邦〈UEA〉のドバイ)
- □ 大阪・関西万国博覧会はいつ開かれるか。(2025 年)
- □ 2022 年春から子どもの運賃を全区間一律 50 円とする電車会社はどこか。(小田急電鉄)
- □ 2021 年 10 月「三鷹の森ジブリ美術館」は開園何年か。(20 年)
- □ 2024 年 USJ に新しい任天堂のゲームキャラクターをテーマにしたエリアができる。何をテーマにする予定か。(ドンキーコング)
- □ ネット上に構成された仮想の 3 次元空間のことを何というか。(メタバース)
- □ メタバースとは、何と何を合わせた造語か。(meta〈超越した〉と universe〈宇宙〉を合わせた造語)
- □ アメリカの 2021 年「ワード・オブ・ザ・イヤー」（2021 年 11 月メリアム・ウェブスター発表）は何か。(ワクチン〈Vaccine〉)
- □ 2021 年 9 月 28 日、米アマゾンが家庭用ロボットを年内に発売すると発表した。名前は何か。(アストロ)
- □ 2021 年 6 月上野動物園で誕生した双子のジャイアントパンダの名前は何か。(雄はシャオシャオ〈暁暁〉、雌はレイレイ〈蕾蕾〉)
- □ 2020 年 12 月にトマトが、2021 年 9 月にマダイがゲノム編集食品としての届け出があった。同年 10 月に 3 番目の届け出があったのは何か。(トラフグ)
- □ 2021 年 10 月 30 日吉野家の店内で牛丼の並盛を食べるといくらか。(426 円)
- □ 2023 年 1 月末に営業を終了する渋谷のデパートはどこか。(東急百貨店本店)
- □ テレビ朝日の音楽番組「ミュージックステーション」が「同一

PART

7

一般教養対策＋過去問題集＋漢字問題

司会者による生放送音楽番組の最長放送」として、ギネス世界記録に登録された。その司会者とは誰か。(タモリ)

□ 2022 年から東京藝術大学の学長に就任する現代美術家は誰か。(日比野克彦〈63 歳〉)

□ 2022 年 4 月 29 日から、近畿日本鉄道が大阪、奈良、京都を結ぶ観光特急を運行する。名前は何か。(あをによし)

□ 2022 年銀座のランドマーク「和光本館」が改装される。新しい名前は何か。(SEIKO HOUSE GINZA〈セイコーハウスギンザ〉)

□ 2022 年 3 月末に、東急ハンズは、どこの会社に買収されるか。(カインズ〈ホームセンター大手、埼玉県本庄市〉)

□ 1994 年に日本に進出し、2021 年に撤退したアメリカ発祥のブランドは何か。(エディー・バウアー)

□ 2021 年 11 月 15 日計算速度ランキング「TOP500」で、2020 年 6 月と 11 月、また 2021 年 6 月に続いて 1 位になったコンピューターは、どこの国の何か。(日本の富岳〈ふがく〉)

□ 2021 年 7 月国内 5 番目のユネスコ世界自然遺産が登録されたが、それはどこか。(奄美大島、徳之島、沖縄島北部及び西表島〈鹿児島県と沖縄県〉)

□ 2021 年の新車販売台数一位になったのは何か。どこの会社か。(ヤリス〈トヨタ自動車〉)

□ 2021 年 10 月 9 日にブランド総合研究所が発表した 47 都道府県ランキングで、1 位と 47 位になった都道府県はそれぞれどこか。(1 位は北海道〈13 年連続〉、47 位は茨城県〈2 年ぶりに最下位〉)

□「2021 ユーキャン新語・流行語大賞」に選ばれた言葉は何か。(リアル二刀流／ショータイム。トップテンは、他に、うっせぇわ、親ガチャ、ゴン攻め／ビッタビタ、ジェンダー平等、人流、スギムライジング、Z 世代、ぼったくり男爵、黙食)

□ 2021 年の世相を示す「今年の漢字」(日本漢字能力検定協会) は何か。(金)

□ 2021 年 12 月 21 日住友生命保険が発表した「2021 年の創作四字熟語」の最優秀作品は何か。(七菌八起〈ななころなやおき〉)

【芸能・音楽・映画・本】

☐ 2021 年 12 月 24 日オリコンが発表した「2021 ブレイク芸人ランキング」で 1 位になったのは誰か。(もう中学生)

☐ 2021 年 12 月 18 日に亡くなった女優の神田沙也加の両親は誰か。(松田聖子と神田正輝)

☐ 2021 年 11 月 15 日菅田将暉 (28 歳) と結婚したことを発表した女性は誰か。(小松菜奈、25 歳)

☐ 2021 年 12 月 19 日漫才日本一決定戦「M－1グランプリ 2021」の決勝で優勝したお笑いコンビは何か。(錦鯉〈にしきごい〉)

☐ 2021 年 9 月 28 日、結婚同時報告をした「嵐」のメンバーは誰か。(櫻井翔〈39 歳〉と相葉雅紀〈38 歳〉)

☐ 2021 年の第 72 回紅白歌合戦の司会者のタレントは誰か。(大泉洋と川口春奈)

☐ 2021 年 12 月 31 日 NHK 紅白歌合戦で 2 年連続大トリを務めた歌手は誰か。(MISIA。曲は「明日へ 2021」)

☐ 2021 年 12 月 30 日第 63 回日本レコード大賞の大賞に選ばれたのは誰の何か。(Da-iCE（ダイス）の「CITRUS（シトラス)」)

☐ 2022 年後期の NHK 連続テレビ小説のヒロインは誰か。(福原遥〈23 歳〉)

☐ 2021 年 10 月 7 日現役の落語家で唯一人間国宝だった人物が亡くなった。誰か。(柳家小三治〈やなぎや・こさんじ、81 歳〉)

☐ 2021 年シングル「Butter」がアメリカ週間シングルチャート「ビルボード　ホット 100」で初登場から 7 週連続 1 位をとったグループは何か。(BTS・防弾少年団)

☐ 2021 年 12 月 24 日、オリコンが発表した CD・音楽映像・デジタル作品の年間売上ランキングで 1 位になったのは誰か。(BTS)

☐ 2021 年 9 月 30 日、ゲーム「ドラゴンクエスト」の作曲家が亡くなった。誰か。(すぎやまこういち〈90 歳〉)

☐かつて松本隆、細野晴臣、鈴木茂、大瀧詠一 (2013 年没) が組んでいたバンド名は何か。(はっぴいえんど)

- ☐ 2022年秋公開予定の<u>新海誠</u>監督新作アニメのタイトルは何か。（「すずめの戸締り」）
- ☐ 2022年6月公開予定の「東京2020オリンピック（仮）」の監督は誰か。（河瀬直美）
- ☐ 2021年11月に公開される嵐の初ライブ映画「ARASHI Anniversary Tour 5×20 FILM "Record of Memories"」の監督は誰か。（堤幸彦〈つつみ・ゆきひこ〉）
- ☐ 2023年3月公開予定の仮面ライダー映画作品のタイトルは何か。監督・脚本は誰か。（「シン・仮面ライダー」。監督・脚本は庵野秀明〈あんの・ひであき〉）
- ☐ 2021年秋に日本公開の映画「TOVE／トーベ」とは、どこの国の何という作家の半生の話か。またこの作家の代表作は何か。（フィンランドの作家トーベ・ヤンソン。代表作は「ムーミン」）
- ☐ 2021年初めての著書『こんな世の中で生きていくしかないなら』を出版したタレントは誰か。（ryuchell〈りゅうちぇる〉）
- ☐ 2021年10月8日に89歳で亡くなった『カムイ伝』『忍者武芸帳』などを描いた漫画家は誰か。（白土三平〈しらと・さんぺい〉）
- ☐ 2021年9月24日に代表作『ゴルゴ13』を描いた漫画家が亡くなった。誰か。（さいとう・たかを、84歳）
- ☐ 2021年10月7日<u>ノーベル文学賞</u>に選ばれたアブドゥルラザク・グルナはどこの国の人か。（タンザニア）
- ☐ 2021年11月にオープンした『はらぺこあおむし』の著者のテーマパークはどこにできたか。この著者とは誰か。（世田谷区の二子玉川駅隣接。エリック・カール）
- ☐ 2021年10月12日『タテ社会の人間関係』を書いた社会人類学者が94歳で亡くなったが、誰か。（中根千枝〈なかね・ちえ〉）
- ☐ 短編小説「おばちゃんたちのいるところ」で、2021年11月世界幻想文学大賞短編部門を受賞したのは誰か。（松田青子〈まつだ・あおこ、42歳〉）
- ☐ 2021年11月8日「六星占術」でしられる占術家が亡くなった。誰か。（細木数子〈ほそき・かずこ、83歳〉）

【スポーツ】

☐ 2022 年 1 月 7 日に開幕されたラグビーの新リーグは何か。（リーグワン）

☐ 2022 年プロ野球の新監督として、ソフトバンクは藤本博史（57 歳）、中日は立浪和義（52 歳）が就任する予定である。さて、日本ハムの新監督は誰か。（新庄剛志〈49 歳〉）

☐ 2021 年アメリカ大リーグの選手間投票による「プレーヤー・オブ・ザ・イヤー」に選ばれたのは、どこのチームの誰か。（エンゼルスの大谷翔平〈27 歳〉。日本人初の受賞）

☐ 2021 年プロ野球セ・リーグ、パ・リーグそれぞれの優勝チームはどこか。（セ・リーグはヤクルト、パ・リーグはオリックス）

☐ 2021 年 11 月 27 日プロ野球日本シリーズで優勝したのはどこか。（ヤクルト）

☐ 2022 年春の選抜高校野球の入場行進曲は、誰のなんという曲か。（YOASOBI の「群青」）

☐ 2021 年 10 月 31 日第 39 回全日本大学女子駅伝で優勝したのはどこの大学か。（名城大学）

☐男子大学生の学生三大駅伝とは、それぞれどこで行われる大会か。（出雲駅伝〈島根県〉、全日本大学駅伝〈愛知県—三重県〉、箱根駅伝〈東京都—神奈川県〉）

☐ 2021 年 10 月 10 日出雲で行われた全日本大学選抜駅伝で、初出場で初優勝を飾った大学はどこか。（東京国際大学）

☐大相撲で 45 度優勝した横綱白鵬は、引退して何親方になったか。（間垣〈まがき〉親方）

☐ 2021 年 9 月 12 日に開幕した日本初の女子のプロサッカーリーグは、何リーグと呼ばれているか。いくつのクラブが参加しているか。（WE〈ウィー〉リーグ。11 クラブが参加）

☐ 2021 年「バロンドール」（サッカー専門誌フランス・フットボールが選ぶ最優秀選手賞）に選ばれたのは誰か。（メッシ）

☐ 2021 年に引退したプロ野球日本ハムの斎藤佑樹（33 歳）の、早稲田実業高校時代の愛称は何か。（ハンカチ王子）

□ 将棋の藤井聡太は史上最年少（19歳3ヵ月）で4冠を達成したが、その4冠とは何か。（王位、叡王、棋聖、竜王）

□ 2021年10月31日第164回天皇賞で優勝したのは誰か。騎手は誰か。（エフフォーリア。横山武史騎手）

【時事問題】

□ 2021年10月8日ノーベル平和賞を受賞した、インターネットメディア「ラップラー」のマリア・レッサ代表と、新聞「ノーバヤ・ガゼータ」のドミトリー・ムラートフ編集長は、それぞれどこの国のジャーナリストか。（マリア・レッサはフィリピン、ドミトリー・ムラートフはロシア）

□ 2021年9月にビットコイン（BTC）を法定通貨にした中米の国はどこか。（エルサルバドル）

□ 2021年11月24日に発表された「世界の都市総合ランキング」（森記念財団都市戦略研究所発表）で1位になったのはどこか。また、東京は何位か。（1位ロンドン。東京は3位）

□ 2021年11月2日国際NGO「気候行動ネットワーク」が温暖化対策に後ろ向きな国に対して贈る「化石賞」の第1位に選ばれたのはノルウェーだが、日本は何位か。（2位。ちなみに3位は、オーストラリア）

□ 2022年1月太平洋の海底地形の名称を決める国際会議で、怪獣映画の名前が付けられることになった。それは何か。（ゴジラ〈地形の名称は、ゴジラメガムリオン地形区〉）

□ 2021年10月4日、岸田文雄は第何代の内閣総理大臣に指名されたか。（第100代）

□ 2021年9月30日、国内の大手自動車メーカーが商業用の打ち上げロケットの開発を発表した（2020年代に打ち上げ目標）。どこの会社か。（ホンダ）

□ 2021年10月5日、ノーベル物理学賞を受賞した米国籍の日本人は誰か。また、それはなんの業績による受賞か。（真鍋淑郎、90歳。地球温暖化の予測に関する枠組みを開発した）

☐ 自民党の三役とは何か。（幹事長、総務会長、政務調査会長）

☐ 岸田文雄が率いる派閥は何会というか。（宏池会〈こうちかい〉。池田勇人元首相が結成し「軽武装・経済重視」の政策を志向。宮沢喜一元首相以来30年ぶりの新総裁）

☐ 2022年1月9日に91歳で亡くなった、自衛隊を初めて海外に派遣した総理大臣は誰か。（海部俊樹〈かいふ・としき〉）

☐ 2021年9月28日在任期間が最長となった日本銀行の総裁は誰か。（黒田東彦〈くろだ・はるひこ〉）

☐ 2021年8月13日に海底噴火が発生し新島が出現したのは日本のどこか。（福徳岡ノ場〈ふくとくおかのば〉）

☐ 2021年10月10日、核開発の父と呼ばれた核科学者アブドル・カディール・カーンが85歳で亡くなった。どこの国の人か。（パキスタン）

☐ 2021年10月29日株式時価総額が1位になったのはどこか。（アメリカ・マイクロソフト）

☐ 2021年11月9日国際環境NGO「ジャーマンウオッチ」が発表した、各国の温暖化対策の順位で、64カ国中日本は、昨年同様何位とされたか。（45位）

☐ 2021年11月30日総務省が発表した日本の人口は何人か。（1億2614万6099人〈5年間で約94万人減〉）

☐ 2021年12月現在、2021年の出生数はどのくらいと見込まれるか。（80万5000人程度）

☐ 2021年生まれの女の子・男の子の名前で一番多かったのは、それぞれ何か（明治安田生命発表）。（女の子は紬〈つむぎ〉、男の子は蓮〈れん〉）

☐ 2023年大学卒業生による就職人気企業ランキング（2021年11月学情発表）で総合ベスト3の会社はどこか。（1位、伊藤忠商事。2位、講談社。3位、集英社）

☐ 2021年8月、論文の引用回数を測る指標の「トップ10％論文数」でアメリカを抜いて初めて首位に立った国はどこか。ちなみに日本は何位か。（中国。日本は10位）

□ 2022年春、東京証券取引所が5つの市場を3つに再編する。3つの名前はそれぞれ何か。（プライム〈1841社〉、スタンダード〈1477社〉、グロース〈459社〉）

□ 2022年4月成人年齢が18歳に引き下げられたが、これでできるようになったことは何か。（司法書士、公認会計士などの国家資格。親の同意なしに契約できる〈部屋を借りる。クレジットカードをつくる。スマホの契約〉。戸籍の性別変更の申し立て）

【常識問題】

□ 100円ショップ、大手四社とは売上順にどこか。（ダイソー、セリア、キャンドゥ、ワッツ）

□ 寄付された髪の毛でウィッグ（かつら）を作り、頭髪を失くした子どもたちに無償で提供する活動を何というか。（ヘアドネーション）

□「フルロナ」とは何か。（インフルエンザとコロナウィルスに同時に感染すること）

□「ギフテッド」とは何か。（特異な才能がある子どものこと）

□ 二世国会議員が引き継ぐといわれる「3バン」。それぞれ何で、意味は何か。（地盤〈選挙区〉、看板〈知名度〉、カバン〈資金〉）

□ 2021年は武田信玄生誕何年か。（生誕500年）

□ 2021年、生誕200年を迎えた、『カラマーゾフの兄弟』『罪と罰』などの作品がある作家は誰か。（ドストエフスキー）

□ 南米沖の海水温が低いことで、日本が寒くなる現象を何というか。（ラニーニャ現象）

□ 客からの理不尽なクレームを指す言葉は何ハラスメントか。（カスタマーハラスメント〈カスハラ〉）

□ 2022年4月成人年齢が18歳に引き下げられる。これは何の法律を改正したものか。（民法）

□ 2022年1月3日核兵器を保有する5か国が「核戦争をしてはならない」という共同声明を発表したが、その5か国とはどこか。（アメリカ、イギリス、フランス、ロシア、中国）

【流行（話題）】

□2023 年 3 月、六本木に高さ 330 メートルの<u>日本一高い建造物</u>「虎ノ門・麻布台プロジェクト」ができる予定だが、これを手掛けている会社はどこか。（森ビル）

□近年「億超え」が話題の生の<u>本マグロの初競り</u>（豊洲市場）。2021 年最高額で競り落としたのは仲卸業者「やま幸（ゆき）」だが、およそいくらか。（2084 万円。1 キロ当たり 10 万円〈昨年（2020 年）は、1 億 9320 万円。1 キロ当たり 70 万円〉）

□1962 年に 47 万 3000 トンの水揚げを誇った魚が、2020 年には 2 万 9566 トンとなり、記録が残る 1961 年以降、漁獲量が最低となった「秋の味覚」として親しまれる魚は何か。（秋刀魚）

□2021 年 1 月 25 日<u>新種の魚</u>が「ヨコヅナイワシ（セキトリイワシ科の魚）」と名付けられた。日本で発見されたこの魚は何湾で見つかったか。何県にあるか。（駿河湾、静岡県）

□1974 年に統計を取り始めて以来、「かんきつ類都道府県別収穫量」で日本一を続け、2020 年に初めて 2 位となった都道府県はどこか。また、1 位はどこか。（愛媛県。1 位は和歌山県）

□本人の同意のないままに、自らの性的指向などの秘密を暴露されることを何というか。（アウティング）

□2021 年 2 月 5 日農水省の発表で、2020 年の輸出が前年比 107.4％増となった食品は何か。（鶏卵）

□2021 年のバレンタインデーを前にして「チョコレートらーめん」を全店で売り出したラーメンチェーンはどこか。（幸楽苑）

□2021 年 1 月 25 日洋菓子店を全国展開するシャトレーゼが、<u>老舗和菓子店を子会社化</u>した。その和菓子店とはどこか。（亀屋万年堂〈1938 年創業〉）

□2020 年ノートパソコンの需要が伸びた。出荷ベースでどのくらい増えたか。（25％増）

□2020 年国内<u>新車販売ランキング</u>で 1 位になったのは、どこの会社の何という車か。（ホンダの N-BOX〈4 年連続 1 位〉）

- ☐ 2020年の<u>自動車の世界での販売1位</u>の会社はどこか。(トヨタ自動車〈5年ぶりに、4年連続首位のドイツ・フォルクスワーゲングループを抜いた〉)
- ☐ 欧州の「<u>カー・オブ・ザ・イヤー2021</u>」を、日本の車が10年ぶりに受賞した。どこの会社の何という車か。(トヨタ自動車の小型車「ヤリス」)
- ☐ 2021年1月11日中央競馬で<u>史上最高の配当</u>がでた。100円の馬券がいくらになったか。(4億8178万3190円)
- ☐ 2021年4月1日、1円切手に従来の「前島密」とは違うデザインの切手が登場した。日本郵便の「ゆるキャラ」を描いているが、それは何か。(ぽすくま)
- ☐「<u>住みたい街（駅）ランキング</u>」(2021年・関東版、リクルート住まいカンパニー発表)で1位になったのはどこか。(横浜〈4年連続1位〉。ちなみに2位は恵比寿、3位は吉祥寺)
- ☐ 2021年3月17日東京、小田急線代々木八幡駅に長さ124メートルの国内最長の広告が登場した。どこの会社の何を宣伝する広告か。(キリンビバレッジの「午後の紅茶」発売35周年記念)
- ☐ 2021年東久留米市制50年を記念して、晩年を過ごした漫画家のキャラクターをデザインしたマンホールのふたが登場した。その漫画家とはだれか。(手塚治虫〈てづか・おさむ〉)
- ☐「黒ひげ危機一髪」(タカラトミー)が、ロッテ、カルビーとコラボして「ワルひげ危機一髪」を発売する。辛口、甘口の2種類が出されるが、それぞれどこの菓子メーカーとの<u>コラボ</u>か。(辛口は、カルビー。甘口は、ロッテ)
- ☐ 森ビルが東京虎ノ門に2023年開業予定で進めている最高級ホテル「アマン」の新ブランドは何か。(ジャヌ東京)
- ☐ 2021年1月7日、<u>世界の億万長者</u>(米ブルームバーグ発表)の1位とされたのは、どこの会社の誰か。また<u>日本人1位</u>はどこの会社の誰か。(世界第1位は、米テスラ創業者のイーロン・マスク〈純資産が約20兆2600億円〉、日本人1位はファーストリテイリング〈ユニクロ〉の柳井正)

- ☐ 2021年2月2日（明治安田生命）発表の「理想の上司」に選ばれた男女はそれぞれ誰か。（男性は、内村光良、女性は、水卜麻美。いずれも5年連続首位）
- ☐ 2020年東京歌舞伎町で、暴力団と路上乱闘をしたとして話題のスカウトグループの名前は何か。（ナチュラル）
- ☐ 2022年度中に職員の7割を京都に移転する予定の日本の行政機関はどこか。（文化庁）

【芸能・音楽・映画・本】

- ☐ 2020年12月24日に94歳で亡くなった『ABCの本』『旅の絵本（9冊）』や、司馬遼太郎の「街道をゆく」の挿絵を描いた画家は誰か。（安野光雅〈あんの・みつまさ、94歳〉）
- ☐ 2021年が没後40年で話題となっている『思い出トランプ』『寺内貫太郎一家』などを書いた脚本家・作家は誰か。（向田邦子〈むこうだ・くにこ、51歳〉）
- ☐ 2021年1月18日に亡くなった沖縄民謡の歌手は誰か。（大城美佐子〈おおしろ・みさこ、84歳〉）
- ☐ 2023年NHK大河ドラマは誰を主人公とした番組になるか。（徳川家康〈タイトルは「どうする家康」。脚本は古沢良太〉）
- ☐ 2023年NHK大河ドラマ「どうする家康」の主演は誰か。（松本潤〈まつもと・じゅん、37歳〉）
- ☐ 映画のタイトルと監督、主演俳優の組み合わせの問題。（正しい組み合わせは、「ヤクザと家族 The Family」―藤井道人監督―綾野剛、「すばらしき世界」―西川美和監督―役所広司…）
- ☐「千と千尋の神隠し」が2022年初めて舞台化される。千尋を演じるダブルキャストは誰か。（橋本環奈と上白石萌音）
- ☐ 2021年3月お笑いひとり芸のチャンピオンを決める「R－1グランプリ」で優勝したのは誰か。（ゆりやんレトリィバァ）
- ☐ 東京都調布市の京王線国領駅のホームで、「石原プロモーション」が解散したことをきっかけにあるテレビドラマのメロディが流れている。そのドラマは何か。（「太陽にほえろ！」）

- ☐ 2022年 NHK 朝の連続テレビ小説は「ちむどんどん」（羽原大介〈はばら・だいすけ〉脚本）だが、ヒロインを演じるのは誰か。（黒島結菜〈くろしまゆいな〉）
- ☐ 脚本家とテレビドラマ名との正しい組み合わせを選ぶ問題。（正しくは〈2020年秋〉遊川和彦―「35歳の少女」〈日本テレビ〉、中園ミホ―「七人の秘書」〈テレビ朝日〉、大石静―「恋する母たち」〈TBS〉、岡田惠和―「姉ちゃんの恋人」〈フジテレビ〉、秋元康―「共演 NG」〈テレビ東京〉）
- ☐ 脚本家とテレビドラマ名と主演俳優との正しい組み合わせを選ぶ問題（正しくは〈2021年春〉宮藤官九郎―「俺の家の話」〈TBS〉―長瀬智也、橋部敦子―「知ってるワイフ」〈フジテレビ〉―広瀬アリス、森下佳子―「天国と地獄 ～サイコな2人～」〈TBS〉―綾瀬はるか、岡田惠和―「にじいろカルテ」〈テレビ朝日〉―高畑充希、橋部敦子―「モコミ～彼女ちょっとヘンだけど」〈テレビ朝日〉―小芝風花）
- ☐ 新しく文化庁長官となった作曲家・都倉俊一がつくった曲を選ぶ問題。（正しいのは「どうにもとまらない」「ペッパー警部」「UFO」「サウスポー」「あずさ2号」…）
- ☐ 2021年3月5日ベルリン国際映画祭で「偶然と想像」が銀熊賞をとったが、監督は誰か。（濱口竜介〈はまぐち・りゅうすけ〉）
- ☐ 笑福亭鶴瓶（しょうふくてい・つるべ、69歳）が、この1年間で実際に経験した出来事だけを約2時間ノンストップでしゃべる話芸の会を何というか。（鶴瓶噺〈つるべばなし〉）
- ☐ ニューヨーク近代美術館（MoMA）とスウォッチがコラボした腕時計に、日本人の作品が選ばれた。誰か。（横尾忠則〈よこお・ただのり、84歳〉。同時に作成されたのは、アンリ・ルソー、クリムト、ゴッホ、モンドリアンの4名の作品）
- ☐ 2021年3月、新刊『クララとお日さま』（早川書房、土屋政雄訳）を出したノーベル文学賞作家は誰か。（カズオ・イシグロ）
- ☐ 2021年3月吉川英治文学新人賞を『オルタネート』（新潮社）が受賞した。作者は誰か。（加藤シゲアキ）
- ☐ 「キネマ旬報」が発表した2020年映画のベスト1は、邦画・洋画それぞれ何か。（邦画は「スパイの妻〈劇場版〉」、洋画は「パラサイ

ト　半地下の家族」)

☐日本将棋連盟が 2021 年 2 月 5 日に発表した、2020 年の獲得賞金・タイトル料ランキングで 1 位となったのは誰か。(豊島将之〈とよしま・まさゆき、30 歳。2 年連続 1 位〉)

☐2021 年 1 月 23 日、今村昌平監督作品映画『楢山節考』(1983 年カンヌ国際映画祭でパルムドールを受賞) で主演を務めた女優が 84 歳で亡くなった。誰か。(坂本スミ子)

☐2020 年の映画興行収入は、2000 年以降最低となった。その中で、興行収入トップの日本映画、外国映画は何か。(日本映画は「劇場版『鬼滅の刃』無限列車編」、外国映画は「スター・ウォーズ／スカイウォーカーの夜明け」)

☐2021 年 1 月 20 日に発表された第 164 回芥川賞に選ばれたのは、誰のどの作品か。(宇佐美りん〈21 歳〉「推し、燃ゆ」)

☐2021 年 1 月 20 日に発表された第 164 回直木賞に選ばれたのは、誰のどの作品か。(西條奈加〈56 歳〉『心淋(うらさび)し川』)

☐2021 年 1 月 12 日に亡くなった『ノモンハンの夏』『漱石先生ぞな、もし』などを書いた作家で元文藝春秋の編集者は誰か。(半藤一利〈はんどう・かずとし、90 歳〉)

☐『進撃の巨人』が『別冊少年マガジン』2021 年 5 月号で完結する。単行本の最終巻は第何巻になるか。(34 巻)

☐2021 年 1 月 7 日、13750 回を数え全国紙(『読売新聞』)の連載漫画としては最多掲載となった「コボちゃん」の作者は誰か。(植田まさし〈73 歳〉)

【スポーツ】

☐2021 年 1 月 11 日ラグビー全国大学選手権の決勝で優勝したのはどこの大学か。(天理大学)

☐サッカーJ1 最年長出場記録を持つ三浦知良(53 歳)は、2021 年どこのチームと契約を更新したか。(横浜 FC)

☐2021 年大リーグのヤンキースにいた田中将大投手は、どこに移籍したか。(東北楽天ゴールデンイーグルス〈8 年ぶりに復帰〉)

- [ ] 2021 年大相撲で、新入幕から 100 場所連続の幕内在位の記録を作った力士は誰か。（白鵬〈はくほう〉）
- [ ] 2020 年秋場所から、3 場所続けて横綱が休場している。その 2 横綱とは誰か。（白鵬と鶴竜〈かくりゅう〉）
- [ ] 2020 年 12 月、2 時間 20 分以内でマラソンを走った回数が 100 回に達したとしてギネス世界記録に認定されたのは誰か。（川内優輝〈かわうち・ゆうき、33 歳〉）
- [ ] 2021 年 2 月 20 日テニス全豪オープン、女子シングルで優勝したのは誰か。（大坂なおみ）
- [ ] スキージャンプ W 杯で高梨沙羅が 2021 年 2 月 19 日優勝した。高梨の優勝は、男女通じての W 杯歴代最多記録を更新したが、通算何勝か。（通算 60 勝）
- [ ] 2021 年 2 月 28 日びわ湖毎日マラソンで日本新記録 2 時間 4 分 56 秒を出した選手は誰か。（鈴木健吾〈富士通、25 歳〉）
- [ ] 2021 年 2 月 18 日東京五輪・パラリンピックの組織委員長に選ばれたのは誰か。その人は何度オリンピックに出場したか。また出場種目はなにか。タイトルは何か。（橋本聖子〈はしもと・せいこ、56 歳〉。7 度の出場〈冬季 4 度、夏季 3 度。日本女子で最多出場〉。冬季はスピードスケート。夏季は自転車。1992 年アルベールビル五輪スピードスケート女子 1500 メートルで銅メダル）
- [ ] 2021 年 2 月 18 日橋本聖子五輪相の後任に選ばれたのは誰か。（丸川珠代〈まるかわ・たまよ、50 歳〉）
- [ ] サッカースタジアムなどで、強い照明や大きな音が苦手な子どもに配慮した部屋を設ける試みが始まっている。その部屋の名前は何というか。（センサリールーム）
- [ ] 2020 年現在、日本女子マラソンの日本記録保持者は誰か。（野口みずき〈2005 年ベルリンマラソンで出した 2 時間 19 分 12 秒〉）
- [ ] 2021 年 1 月、大リーグ歴代 2 位となる通算 755 本の本塁打を放った野球選手が 86 歳で亡くなった。誰か。（ハンク・アーロン）

【時事問題】

□ 2020 年に日本を訪れた外国人は何人か。また前年比どのくらいか。（411 万 5900 人。前年比 87.1％減）

□ 2021 年 2 月 13 日に施行された、「新型コロナウイルス改正法（改正感染症法、改正特措法）」の穴埋め問題。／入院拒否や入院先から逃げた場合（A）万円以下の過料の対象となる。濃厚接触者を特定するため保健所が行う疫学調査を拒否した場合（B）万円以下の過料の対象となる。緊急事態宣言下で都道府県知事からの休業や営業時間の短縮の命令に応じない場合（C）万円以下の過料の対象となる。緊急事態宣言前でも「蔓延防止等重点措置時」に時短命令に応じない場合（D）万円以下の過料の対象となる。（A は 50、B は 30、C は 30、D は 20）

□ 新型コロナウイルスのワクチンで、国内 2 番目に承認されたのはビオンテック社だが、これはどこの国の会社か。（ドイツ）

□ 2020 年 3 月現在、台湾の IT 相は誰か。（オードリー・タン〈唐鳳、39 歳〉）

□ ノーベル化学賞を受賞したパウル・クルッツェン氏らが名付けた「Anthropocene（アントロポセン）」を漢字三文字で表すとどうなるか。（人新世〈じんしんせい、ひとしんせい〉）

□ スマートシティの地域と主な事業者の組み合わせ。（正しい組み合わせは、静岡県裾野市―トヨタ、東京都港区―ソフトバンク、千葉県柏市―三井不動産、神奈川県藤沢市―パナソニック、福島県会津若松市―アクセンチュア）

□ 2020 年の国内広告費の多い順番に、媒体を並び替える問題。（多い順に、インターネット、テレビ、新聞、雑誌、ラジオ）

□ 2021 年 3 月 1 日経営統合して発足した Z ホールディングスは、どこの会社を傘下に置いたか。（ヤフーと LINE）

□ 2021 年度予算案（一般会計の総額）は、過去最大となるが、およそいくらか。（106 兆 6097 億円）

□ 男女平等ランキング（世界経済フォーラム発表）で、2019 年現在、11 年連続 1 位はどこか。ちなみに日本は何位か。（アイスランド。

日本は 121 位〈153 カ国中〉）

【常識問題】

□<u>GAFA</u> とはどこの会社か。（グーグル、アマゾン、フェイスブック、アップル）

□<u>G7 の 7 カ国</u>とはどこのことか。（フランス、アメリカ、イギリス、ドイツ、日本、イタリア、カナダ）

□2021 年 1 月 17 日は、阪神・淡路大震災から何年か。（26 年）

□2021 年 3 月 11 日は、東日本大震災から何年か。（10 年）

□2020 年<u>日本</u>の<u>出生数</u>はおよそ何人か。（87 万 2683 人〈前年比 2.9% 減で、過去最低〉）

□<u>積乱雲が次々とできて、帯状に連なる現象を何というか。</u>（線状降水帯）

□元号・令和の出典は何か。（『万葉集』巻五「梅花の歌 32 首」）

□節分とは立春の前日のことだが、2021 年の節分は 124 年ぶりに例年と違う日になった。何月何日か。（2021 年 2 月 2 日）

□2021 年 4 月 3〜5 日に、聖徳太子の 1400 回忌を行う寺はどこか。（法隆寺〈奈良、世界遺産〉）

【新語・流行語大賞ノミネート語〈頻出です。意味を調べておきましょう！〉】

□愛の不時着／第 4 次韓流ブーム　□新しい生活様式／ニューノーマル　□あつ森　□アベノマスク　□アマビエ　□ウーバーイーツ　□AI 超え　□エッセンシャルワーカー　□おうち時間／ステイホーム　□オンライン○○　□顔芸／恩返し　□カゴパク　□鬼滅の刃　□クラスター　□香水　□GoTo キャンペーン　□3 密（三つの密）　□自粛警察　□Zoom 映え　□総合的、俯瞰的　□ソーシャルディスタンス　□ソロキャンプ　□テレワーク／ワーケーション　□時を戻そう（ぺこぱ）　□NiziU（ニジュー）□濃厚接触者　□BLM（Black Lives Matter）運動　□PCR 検査　□フワちゃん　□まぁねぇ〜（ぼる塾）

よく出る漢字問題集『これが出る! マスコミ漢字攻略バイブル』より

【読み取り】

- [ ] 杜撰 （ずさん）
- [ ] 脆弱 （ぜいじゃく）
- [ ] 軋轢 （あつれき）
- [ ] 市井 （しせい）
- [ ] 乖離 （かいり）
- [ ] 逼迫 （ひっぱく）
- [ ] 耽溺 （たんでき）
- [ ] 回向 （えこう）
- [ ] 奢侈 （しゃし）
- [ ] 反故 （ほご）
- [ ] 誤謬 （ごびゅう）
- [ ] 漸次 （ぜんじ）
- [ ] 忖度 （そんたく）
- [ ] 欠伸 （あくび）
- [ ] 従容 （しょうよう）
- [ ] 忌憚 （きたん）
- [ ] 投網 （とあみ）
- [ ] 拉致 （らち）
- [ ] 河岸 （かし）
- [ ] 恬淡 （てんたん）
- [ ] 蘊蓄 （うんちく）
- [ ] 冤罪 （えんざい）
- [ ] 敬虔 （けいけん）
- [ ] 数珠 （じゅず）
- [ ] 碩学 （せきがく）
- [ ] 長押 （なげし）
- [ ] 腹蔵 （ふくぞう）
- [ ] 漁火 （いさりび）

- [ ] 啓蟄 （けいちつ）
- [ ] 造詣 （ぞうけい）
- [ ] 行脚 （あんぎゃ）
- [ ] 進捗 （しんちょく）
- [ ] 功徳 （くどく）
- [ ] 時雨 （しぐれ）
- [ ] 払拭 （ふっしょく）
- [ ] 忸怩 （じくじ）
- [ ] 拿捕 （だほ）
- [ ] 猛者 （もさ）
- [ ] 諮問 （しもん）
- [ ] 相殺 （そうさい）
- [ ] 煩悩 （ぼんのう）
- [ ] 威嚇 （いかく）
- [ ] 謀反 （むほん）
- [ ] 生粋 （きっすい）
- [ ] 頒布 （はんぷ）
- [ ] 団扇 （うちわ）
- [ ] 雑魚 （ざこ）
- [ ] 暖簾 （のれん）
- [ ] 会釈 （えしゃく）
- [ ] 傀儡 （かいらい）
- [ ] 私淑 （ししゅく）
- [ ] 掌握 （しょうあく）
- [ ] 山車 （だし）
- [ ] 雪崩 （なだれ）
- [ ] 胡坐 （あぐら）
- [ ] 会得 （えとく）

- [ ] 灰汁 （あく）
- [ ] 固唾 （かたず）
- [ ] 悪寒 （おかん）
- [ ] 訥弁 （とつべん）
- [ ] 上梓 （じょうし）
- [ ] 老舗 （しにせ）
- [ ] 辟易 （へきえき）
- [ ] 時化 （しけ）
- [ ] 追従 （ついしょう、ついじゅう）
- [ ] 逆鱗 （げきりん）
- [ ] 斟酌 （しんしゃく）
- [ ] 仄聞 （そくぶん）
- [ ] 流布 （るふ）
- [ ] 言質 （げんち）
- [ ] 夭折 （ようせつ）
- [ ] 解熱 （げねつ）
- [ ] 凡例 （はんれい）
- [ ] 瑕疵 （かし）
- [ ] 疾病 （しっぺい）
- [ ] 塩梅 （あんばい）
- [ ] 演繹 （えんえき）
- [ ] 教唆 （きょうさ）
- [ ] 終焉 （しゅうえん）
- [ ] 成就 （じょうじゅ）
- [ ] 定款 （ていかん）
- [ ] 法度 （はっと）
- [ ] 校倉 （あぜくら）
- [ ] 衣紋 （えもん）

□嗚咽（おえつ） □斯界（しかい） □桎梏（しっこく）

□熾烈（しれつ） □凄絶（せいぜつ） □殺陣（たて）

□知己（ちき） □鼎談（ていだん） □捏造（ねつぞう）

□祝詞（のりと） □破綻（はたん） □幕間（まくあい）

□浴衣（ゆかた） □緑青（ろくしょう） □草鞋（わらじ）

□生憎（あいにく） □厭世（えんせい） □快哉（かいさい）

□怯懦（きょうだ） □怪訝（けげん） □桟敷（さじき）

□涅槃（ねはん） □贔屓（ひいき） □弥縫（びほう）

□兵糧（ひょうろう） □肥沃（ひよく） □敷衍（ふえん）

□訃報（ふほう） □木鐸（ぼくたく） □斡旋（あっせん）

□名刹（めいさつ） □朴訥（ぼくとつ） □膾炙（かいしゃ）

□翻（ひるがえ）る □懇（ねんご）ろ □阿（おもね）る

□唆（そそのか）す □滞（とどこお）る □和（なご）む

□恭（うやうや）しい □慮（おもんぱか・おもんばか）る

□顧（かえり）みる □省（かえり）みる □遡（さかのぼ）る

□蔑（さげす）む □賄（まかな）う □脆（もろ）い

【書き取り】

□うと（疎）い □いさぎよ（潔）い □前例になら（倣）う

□ひるがえ（翻）る □わずら（煩）わしい □あなど（侮）る

□はば（阻）む □いしずえ（礎） □つい（費）やす

□つちか（培）う □えり（襟） □気にさわ（障）る

□つたな（拙）い □はなは（甚）だしい □まぎ（紛）れる

□かんが（鑑）みる □はばか（憚）る □外交せっしょう（折衝）

□派閥のりょうしゅう（領袖） □かくう（架空）請求

□こうてつ（更迭）する □論文のすいこう（推敲） □いかん（遺憾）

□くんとう（薫陶） □たんてき（端的） □むぼう（無謀）

□だんがい（弾劾）裁判 □ふんきゅう（紛糾） □さぎ（詐欺）

□ふへん（普遍）的 □しょき（所期）の目的を達成

□さっとう（殺到） □えんきょく（婉曲） □じゃっかん（若干）の金

□じゃっかん（弱冠）18歳 □がんちく（含蓄）

- □ きんこう（均衡）を保つ □ くろうと（玄人） □ さいはい（采配）
- □ しょうじん（精進） □ たいと（泰斗） □ ゆうぜい（遊説）
- □ あいさつ（挨拶） □ いぎ（異議）を唱える □ うごう（烏合）の衆
- □ かちゅう（渦中）の人 □ かんぺき（完璧）
- □ きがい（気概）のある人 □ きんせん（琴線）にふれる
- □ しょうもう（消耗） □ しろうと（素人） □ そっせん（率先）
- □ 挙動ふしん（不審） □ 食欲ふしん（不振） □ 政治ふしん（不信）
- □ 離れをふしん（普請）する □ まんぜん（漫然） □ かこん（禍根）
- □ けつじょ（欠如） □ けんちょ（顕著） □ さいご（最期）をみとる
- □ しい（恣意）的 □ しゅしゃ（取捨） □ せいこん（精魂）をこめて
- □ せいこん（精根）尽きる □ 過去をせいさん（清算）
- □ 経費のせいさん（精算） □ せいさん（成算）がある
- □ 幾せいそう（星霜）を経る □ せっちゅう（折衷）案
- □ そうごん（荘厳） □ とうき（陶器）を買う □ とうき（投機）株
- □ 不法とうき（投棄） □ とうき（登記）簿 □ 年齢ふしょう（不詳）
- □ ふしょう（不祥）事 □ ふんそう（紛争）地域 □ やっき（躍起）
- □ ようしゃ（容赦） □ もくひけん（黙秘権） □ ぜんごさく（善後策）
- □ ちょうこうぜつ（長広舌） □ ほうようりょく（包容力）
- □ はてんこう（破天荒） □ かんこどり（閑古鳥）
- □ かんにんぶくろ（堪忍袋） □ ぎしょうざい（偽証罪）
- □ どろじあい（泥仕合） □ はいぐうしゃ（配偶者）

【反対語・対義語】

- □ 演繹⇔帰納 □ 倹約⇔浪費 □ 故意⇔過失 □ 必然⇔偶然
- □ 束縛⇔解放 □ 穏健⇔過激 □ 模倣⇔創造 □ 怠惰⇔勤勉
- □ 漆黒⇔純白 □ 虐待⇔愛護

【四字熟語】（書けるように、読めるように、また、意味も調べておこう）

- □ 五里霧中（ごりむちゅう）
- □ 朝三暮四（ちょうさんぼし）
- □ 危機一髪（ききいっぱつ）
- □ 心機一転（しんきいってん）
- □ 付和雷同（ふわらいどう）
- □ 画竜点睛（がりょうてんせい）
- □ 疑心暗鬼（ぎしんあんき）
- □ 絶体絶命（ぜったいぜつめい）
- □ 温故知新（おんこちしん）
- □ 厚顔無恥（こうがんむち）
- □ 小春日和（こはるびより）
- □ 千載一遇（せんざいいちぐう）

<table>
<tr><td>☐ 合従連衡</td><td>☐ 乾坤一擲</td><td>☐ 出処進退</td><td>☐ 単刀直入</td></tr>
</table>

☐ 合従連衡　☐ 乾坤一擲　☐ 出処進退　☐ 単刀直入
☐ 意味深長　☐ 換骨奪胎　☐ 粉骨砕身　☐ 興味津津
☐ 虚心坦懐　☐ 決選投票　☐ 言語道断　☐ 汗牛充棟
☐ 三寒四温　☐ 自画自賛　☐ 青天白日　☐ 朝令暮改
☐ 異口同音　☐ 以心伝心　☐ 一日千秋　☐ 一陽来復
☐ 有為転変　☐ 汚名返上　☐ 我田引水　☐ 七転八倒
☐ 四面楚歌　☐ 多士済済　☐ 当意即妙　☐ 同工異曲
☐ 二束三文　☐ 日進月歩　☐ 傍若無人　☐ 羊頭狗肉
☐ 馬耳東風　☐ 八面六臂　☐ 不即不離　☐ 一網打尽
☐ 一蓮托生　☐ 快刀乱麻　☐ 減価償却　☐ 呉越同舟
☐ 自業自得　☐ 舌先三寸　☐ 順風満帆　☐ 責任転嫁
☐ 天衣無縫　☐ 満場一致　☐ 明鏡止水　☐ 夜郎自大
☐ 一期一会　☐ 一心同体　☐ 隔靴掻痒　☐ 志操堅固
☐ 支離滅裂　☐ 泰然自若　☐ 曖昧模糊　☐ 一衣帯水
☐ 一騎当千　☐ 巧言令色　☐ 三拝九拝　☐ 秋霜烈日
☐ 大義名分　☐ 直情径行　☐ 不偏不党　☐ 竜頭蛇尾
☐ 一石二鳥　☐ 岡目八目　☐ 勧善懲悪　☐ 起死回生
☐ 捲土重来　☐ 五臓六腑　☐ 四分五裂　☐ 徐行運転
☐ 粉飾決算　☐ 執行猶予　☐ 一視同仁　☐ 一知半解
☐ 有象無象　☐ 侃侃諤諤　☐ 金城湯池　☐ 群雄割拠
☐ 綱紀粛正　☐ 虎視眈眈　☐ 衆人環視　☐ 十人十色
☐ 上意下達　☐ 針小棒大　☐ 大言壮語　☐ 東奔西走
☐ 破顔一笑　☐ 博覧強記

【よく出る慣用句・ことわざ・言葉づかい】 〔 〕は穴埋め問題で出やすい語

☐ 他山の〔石〕　☐ 〔気〕が置けない　☐ 木で〔鼻〕をくくる　☐ 役不足　☐ 情けは〔人〕のためならず　☐ 〔九〕牛の〔一〕毛　☐ 流れに棹さす　☐ 物議を醸す　☐ 肝に銘じる　☐ 二の足を〔踏む〕　☐ 枯れ木も〔山〕のにぎわい　☐ 人の噂も〔七十五日〕　☐ 一姫〔二太郎〕　☐ 風〔上〕にも置けない　☐ 〔紺〕屋の〔白〕袴　☐ 三顧の〔礼〕　☐ 馬〔脚〕をあらわす　☐ 顰に倣う　☐ 羹に懲りて膾

を吹く　□〔馬〕の耳に念仏　□櫛の〔歯〕が欠けたよう　□人間万事塞翁が〔馬〕　□猫に〔小判〕　□暖簾に〔腕〕押し　□〔六日〕の菖蒲〔十日〕の菊　□野に下る　□蛇蜂取らず　□一敗地にまみれる　□〔魚〕心あれば〔水〕心　□木に〔竹〕をつぐ　□後〔生〕畏るべし　□出藍の誉れ　□前門の虎、後門の〔狼〕　□角を矯めて〔牛〕を殺す　□鳶が〔鷹〕を生む　□江戸の仇を〔長崎〕で討つ　□おっとり刀　□〔河童〕の川流れ　□〔歯牙〕にもかけない　□愁眉を〔開く〕　□春秋に〔富む〕　□〔高〕をくくる　□〔竹馬〕の友　□掉尾を飾る　□大山鳴動して〔鼠〕一匹　□後ろ〔髪〕を引かれる　□〔小田原〕評定　□女手一つで育てる　□〔隗〕より始めよ　□木に縁りて〔魚〕を求む　□〔弘法〕にも筆の誤り　□〔三十六〕計逃げるに如かず　□〔雀〕百まで踊り忘れず　□三つ子の魂〔百〕まで　□住めば〔都〕

【間違えやすい慣用句・ことわざ・言葉づかい】

□怒り心頭に発した（×怒り心頭に達した）　□李下に冠を正さず（×李下に冠を正す）　□汚名をそそぐ（×汚名を挽回・回復）　□食指を動かす、食指が動く（×食指をそそる）　□公算が大きい（×公算が強い・濃い・高い）　□寸暇を惜しんで（×寸暇を惜しまず）　□溜飲を下げる（×溜飲を上げる・晴らす）　□二の句が継げない（×二の句が出ない）　□常軌を逸する（×常軌を失する）　□白羽の矢を立てる・が立つ（×白羽の矢を当てる）　□押しも押されもせぬ（×押しも押されぬ）　□熱に浮かされる（×熱にうなされる）　□案の定（×案の条）　□刀折れ矢尽きる（×矢折れ刀尽きる）　□首をかしげる（×頭をかしげる）　□檄を飛ばす（×激を飛ばす）　□出る杭は打たれる（×出る釘は打たれる）　□万事休す（×万事窮す）　□二つ返事で引き受ける（×一つ返事で引き受ける）　□井の中の蛙（×池の中の蛙）　□腕利きの営業マン（×腕よりの営業マン）　□苦杯をなめる（×苦杯にまみれる）　□今昔の感にうたれる（×昔日の感にうたれる）　□獅子身中の虫（×獅子心中の虫）　□照準を合わせる（×照準を当てる）　□柳眉を逆立てる（×柳眉をたてる）　□足げにする（×足げりにする）　□一頭地

を抜く（×一等地を抜く）　□垣間見る（×垣間聞く・垣間見せる）　□蛍雪の功（×蛍雪の効）　□けんもほろろ（×剣もほろほろ）　□死中に活を求める（×死中に活を得る・市中に活を求める）　□従来（×従来から）　□成功裏に（×成功裏のうちに）　□相好を崩す（×愛敬を崩す）　□灯火親しむ（×灯下親しむ）　□胸三寸（×胸先三寸）

【物の数え方】
□烏賊（一杯）　□兎（一羽）　□鏡（一面）　□鏡餅（一重）
□掛け軸（一幅）　□駕籠（一挺）　□絹（一疋）　□原子炉（一基）
□芝居（一幕）　□三味線（一丁）　□箪笥（一棹）　□テント（一張）
□屏風（一双）　□鎧（一領）

【年齢の異称】〔　〕内は出典
□志学〔論語〕（15歳）　　□弱冠〔礼記〕（20歳）
□而立〔論語〕（30歳）　　□不惑〔論語〕（40歳）
□知命〔論語〕（50歳）　　□耳順〔論語〕（60歳）
□従心〔論語〕（70歳）

【長寿の祝い】
□数え年で61歳（還暦）　□70歳（古稀）　□77歳（喜寿）
□80歳（傘寿）　□88歳（米寿）　□90歳（卒寿）　□99歳（白寿）

＊「漢字」試験の出題範囲は、実はとても広い。引き続き、過去20年の試験から頻出問題をセレクトした『これが出る！　マスコミ漢字攻略バイブル』（拙著 早稲田経営出版）に進んでほしい。これさえこなせば、もう安心だ。

企画がなければ
放送業界には入れない

1 エントリーシートに企画をどう書くか

　プロデューサーやディレクターになるには、「企画」（=やってみたい仕事）を持っていることが最も大切である。PART 8では、エントリーシートに企画をどう書いたらよいのか、また、そもそも企画とはどうつくっていったらよいのかについて述べていく。

　テレビ局（ラジオ局）のエントリーシートにおける企画を訊ねる項目には、これまで次のようなものがある。

【東京・キー局】
- ●「当社でやってみたい仕事を具体的に述べてください」
- ●「当社に入って取り組みたい仕事（具体的に）」
- ●「ずばり当社でやりたいことを具体的に」
- ●「あなたは当社で何がしたいですか？（具体的に記述してください）」
- ●「あなたが当社で希望する仕事の内容を具体的に教えてください」

【大阪・準キー局】
- ●「当社を志望する理由、やってみたい仕事は？（なるべく具体的に）」
- ●「当社への志望動機（入社後にやってみたい仕事・企画……）」

【地方局】
- ●「当社でやりたい仕事」
- ●「入社後にやりたい仕事とその理由」
- ●「志望する業務分野を記入し、『テレビ局で一番やりたい事』をテーマに記述してください」

以上のように多くの放送局がエントリーシート上に、「やってみたい仕事」を「具体的に」記述させる。のちの項で述べるが、「やってみたい仕事」を具体的に問う企画書を書かせる筆記試験もある。また、面接の際には「当社でどんな仕事をしたいですか」と必ず尋ねられる。最終的には、この答え方次第で採用、不採用が決定するといっても過言ではない。

　多くの大学生諸君がエントリーシートの**「やってみたい仕事」の欄**に書いているのは、次のようなもので、大きく分けて二つのパターンだ。

A　「番組制作をしたい。国際的なテロリズムが横行する世の中だからこそ、みんなで笑えるドラマ（バラエティー）をつくっていきたい。これからの世界に希望が持てるような内容にしていきたいと思う」（日本テレビ志望）

B　「『世界の車窓から』に代表されるようなテレビ朝日独自のドキュメンタリーを企画したい。『いま』という瞬間を生きている人の表情、肉声、それを取り巻く景色をありのままにうつし込むことで、『いま』がにじみでる番組にしたい」（テレビ朝日志望）

　Aは、枠組みだけを語るパターン。これではどんな番組をつくりたいのか、まったく想像できない。大半の大学生がこのように書いている。

　Bは、番組名はあげられているが、内容が見えないパターン。こちらもしばしば見受けられる。

　どちらも、一読してもっともらしいことが書いてあるように思えるが、はっきりいって、これでは相手にされないと思ってほしい。なぜなら、つくりたい番組の姿が見えてこないからだ。

　放送局や番組制作会社は君たちを、実際に一緒にチームを組んで番組づくりをしていく仕事のパートナーとして見ている。「なんとなくこんな番組をつくりたい」では、憧れているだけだと思われて

しまう。20歳を過ぎた一人の大人として、やりたい仕事を伝えたことにはならない。

　したがって、**エントリーシートに「やってみたい仕事」を書く場合に大切なこと**は、しばしば会社側が親切にも「具体的に」と明記しているように、とにかく**「具体的に」書くこと**だ。

　「具体的に書く」とは、**番組のできあがりが想像できること**である。すなわち、取材先、登場人物などについては、実名が書かれていなくてはならないのだ。その場所に行けば、その人に出演してもらえれば実際に番組ができるという、実現可能な企画が求められている。

　エントリーシートの企画を書く欄のスペースは各社まちまち。**たとえ小さなスペースであっても、あくまでも「具体的」であることが大切**だ。比較的大きなスペースの場合は、一つの企画について内容を深く突っ込んで記すのもよいが、できれば複数以上の企画を書くことを勧める。

　なぜなら、エントリーシートを読む採用担当者の興味と、君の書いた企画とがずれてしまったとしても、いくつかの企画が書いてあれば「自分の関心事とは違うが、発想力、企画力のある人だ」と思ってもらえるし、なによりも「本当にテレビ（ラジオ）番組がつくりたい」という熱意を伝えられるからだ。

　例をあげていこう。

ドキュメンタリー番組制作志望

企画例文 1

　「ザ・ノンフィクション」で番組制作をしたい。隣に住んでいるおっちゃんおばちゃんに焦点をあて、自分のような普通の人間が素直に共感できる番組にしたい。

たとえば、25 年間以上にわたってハガキのミニコミを刊行し続けるグループ「本とオモロイで通信」の入船尚雄氏、サポート機器を使って障害のある人を支えてきた運動体「EATS」の平田優子氏など、地域で頑張る人をとりあげたい。

コメント　既存の番組に関わりたい場合の例文だ。やりたい番組をあげ、自分なりのテーマを掲げ、具体的な取材先を示せばよいのである。

ドラマ制作志望

企画例文 2

　それぞれの年齢層にあわせ、心に残る忘れられないドラマをつくりたい。『偽原始人』（井上ひさし）、『ぼくらの七日間戦争』（宗田理）をイメージさせる冒険ものを、かわぐちかいじ氏のオリジナル原作、三谷幸喜脚本でつくりたい。

　反面、たとえば高樹のぶ子・大石静共同脚本で、歳を重ねた人だからこその濃厚な「恋愛」ものも考えてみたい。老人、病、結婚をテーマにしたドラマも考えている。

コメント　やる気満々であることは伝えられた。具体的な作家名・脚本家名をあげると、番組のできあがりのイメージを示しやすくなる。

バラエティー番組制作志望

企画例文 3

　親子で一緒に楽しめ、知的好奇心を満足させる番組を制作していきたい。たとえば、夜7時から放映する「世紀の対決」と題したバラエティー番組。司会者は、物理学者の大槻義彦。テーマは「どちらが正しい!?　永久機関 vs 最新科学」「どちらが美味い!?　化学調味料 vs 自然調味料」「生きがいどっち!?　年金 vs 貯金」など。ほかに、さらに子ども向けの人形劇、アニメにも興味がある。

コメント 複数回にわたる番組内容に言及しており、思いつきの企画ではないと思わせる。また、メインの企画以外に、具体的ではないが他につくりたいジャンルも示せていて、よい。

 ## 教養番組制作志望

企画例文 4

　知られていない人物や事件を掘り起こす教養番組をつくりたい。たとえば人物ならば「現代『異』人列伝」として、こんな生き方がありうるのかと思わせる人びとを追いかけたい（例：詩人の高木護、向井孝、作家の松下竜一など）。事件ならば、「あえて消された日本の歴史」として、テーマとして「黒衣同盟」「黒色青年連盟」などを扱いたい。知られていないが興味深い歴史的事実を、あえて〝当時のもの

さし″ ではかる番組をつくりたい。

　企画そのものに角度がついていてよい。しかも、自分の興味
　関心をストレートに示せている。

　いずれにせよ、どれも、どんな番組ができあがりそうなのか、頭
の中で想像できると思う。

報道番組制作志望

　ジャーナリズムの本質（権力のチェック機構）を確認する報道番組を
毎週土曜日午後六時から放映したい。タイトルは「時代の記録
者！」。MCは、山元一（慶応義塾大学法科大学院教授）。定例ゲストに、
松元ヒロ、村本大輔（ウーマンラッシュアワー）、小林和子（週刊金曜日）、
田玉恵美（朝日新聞）、中澤義則（日本経済新聞社）、藤原聡（共同通信）、
山田寿彦（元毎日新聞）、内山節（哲学者）、鶴見太郎（歴史学者）、田中
ひかる（社会思想史）、奥田知志（牧師）、鈴木伸子（精神科医）、若松英
輔（評論家）。山元一は、「朝生」田原総一朗を超える司会者と思う。

　MCに気鋭の学者を起用、定例ゲストにも、あっ！と思わせ
　る「無名」の人名を具体的にあげたことで、つくりたい番組が
　イメージできる。「無名」とは、テレビにこれまであまり出て
　いないだけ。それらの人物をエントリーシートに記したこと
　で、自らの企画力を示せている。

2 目からウロコがおちる、企画力養成講座

　エントリーシートに企画を書くコツはわかってくれたと思う。では、その企画をどうつくるかだ。

　自分が入りたいテレビ局やラジオ局、そして番組制作会社を思い浮かべて、これからどんな番組をつくっていきたいかを、あらためて一度じっくり考えてみてほしい。

　そこでもし次から次へとアイディアが浮かんできたら君は天才だ。そのままエントリーシートを埋めていけばよい。しかし、書き方はわかったが、自分の企画が出てこない君に、この項では企画のつくり方のヒントを伝授しよう。自分ならどういう企画を立てるのかを考えながら読んでいってほしい。企画は特別に難しいものではない。誰にでも簡単に企画はつくれることがわかると思う。

　企画を考える際に最も大切なことはまず、「**企画は自分の力ではつくれない**」と思うことだ。「企画が出せるほど私は優秀な人間ではない」と思ったところから企画づくりは始まる。プロデューサーやディレクターになるのだからプライドを高く持って、がんばって企画を考えようとするのは間違いだ。プライドはできるだけ低く持つことを勧めたい。

　さあ、自分で企画ができなければ、他から得るしかない。さっそく企画づくりの「旅」を始めよう。

　旅の仕方は二つある。❶人に聞く、❷人以外から情報を集める、である。

❶人に聞く方法

　そもそも人間はなぜテレビを見、ラジオを聞くのか。面白いか

ら、暇で時間をつぶしたいから、情報を得たいから、知識を増やしたいから、人間的に豊かになりたいからなど、もちろん動機はいくらでもあるだろう。しかしここでは企画づくりに役立てるため、人間はテレビやラジオを「自分の悩みを解決するために見る（聞く）」と設定してみよう。

人間は悩んでいるから、それを解決しようとテレビを見、ラジオを聞く。ならば、人の悩みを聞いて、その解決法を考える。その悩みと解決方法をテレビやラジオの番組としてしまう。そう、すでにこれが君の企画になっているのだ。

逆に考えてみよう。たとえば、肥満、やせ過ぎ、病気など、健康に関わるとてつもない量の情報が毎日テレビ（ラジオ）から流れてくる。健康についての悩みに答えるバラエティー番組、雑学番組の存在が常態化しているのが現実だ。

また、早朝から午後、夜、深夜にかけて、高齢者、主婦層、サラリーマン層、若者層が見ている時間帯に、それぞれの世代や年齢の「悩み」に答える番組編成がなされていることはわかるだろう。

ここまで理解できたらあとは簡単。とにかく周りの人にインタビューしていけばよい。たとえば、自分の母親に「今の（これからの）心配事は何？」と聞いてみよう。「おばあさんやおじいさんの介護が心配。年金をちゃんともらえるかどうかにも関心がある。お父さんとの定年後の生活もどうしようかと思う」などといろいろな「悩み」が聞けるだろう。これで熟年向け番組の企画の素案はできた。既存の番組で似たような番組はないかチェックしてみてほしい。いろいろな番組が、たとえば介護、年金をどんな角度から取り上げているかを見てみよう。番組を比較して、自分がつくるならどういう番組タイトルにするか、どんな内容にするかを考えればよい。何もないところから企画を生み出すのはむずかしい。視聴者となるはずの母親と、既存の番組を目の前にして考えてみよう。

次に、祖父に「悩み」を尋ねてみよう。「なによりも死ぬことが怖いね」という話が聞けるかもしれない。それならば、死についてのドキュメントを考えることもできる。考えるだけでなく、すぐに

本日のテレビ欄、テレビガイドの今週の番組欄から、死について取り上げていそうな番組はないかチェックしてみよう。そして実際に見てほしいのだ。それだけではなく、図書館や書店に行って、死についての関連書籍を片っ端から探してみてほしい。

　この方法を広げていけば、いくらでも企画はつくれる。友人に「最近何に興味があるの」と聞くのもいい。「世界各国の法律の違いに興味があって、こんな本を読んでいる」といわれたら、自分でも読んでみよう。たしかに、国によって法律が違うことを番組にできそうだ。また、もしも君が世界の法律の違いにあまり興味が持てなかったら、「どうしてあなたは面白いと思うのか」をどんどん聞いていこう。聞いていくうちに興味が湧いてくると思う。他人が面白いと思うものに、好奇心旺盛に近づいていき、面白がる精神が、番組を生み出していくプロデューサーやディレクターには必要だ。

❷人以外から情報を得て企画をつくる方法

　これもむずかしく考える必要はない。

　自分の興味をひいたものを片っ端から集めるだけだ。テレビを見ていて面白いニュースをやっていた。ならば、それをメモにして袋に入れる。ラジオを聴いていて、新聞を読んでいて、本を読んでいて、電車の中の吊り広告を見てなど、なんでもいい。とにかく、面白いと思ったら、切り取るなり、メモにして袋に詰め込もう。

　いくつかたまったら分類するといい。「人物」「祭り」「食べ物」「教育」……自分なりの分類で結構。集めたものをさらに分類すれば番組になる。たとえば「世界でただ一人しかできないことをしている人」というジャンルが集まったなら、そういうクイズ番組、人物ドキュメンタリーなどの番組企画が考えられるだろう。

　「村おこしのためにつくられた食べ物」が集まったなら、紀行番組、情報番組などができそうだ。自分の好きなジャンルに情報を分類することが、すでに番組企画を立てていることになる。

　もう一つ、**新聞から企画を立てる方法**も伝えたい。

　毎日届けられる日刊新聞の情報量は、新書本1冊に値するとい

われている。最新の日々のニュースがコンパクトな形で手軽に入手できる。これを利用しない手はない。

たとえば、ある日の「朝日新聞」の朝刊が全32ページだとしよう。このすべてのページから企画を考える練習をするとよい。本番用企画として使えるかどうかは初めは考えないようにしよう。企画をひねり出す訓練をすることが大切だ。

まず第1面。世界では大きな事件が起こっている。これは、1本のドキュメンタリー番組になる。もう、企画が一つできたことになる。第2面、「首相の前日の動向」がある。たとえば、『追っかけ！本日の総理』というニュース番組の1コーナーができた。毎日放映できそうだ。第3面には「ひと」欄がある。取り上げられている人物は今話題の人だ。さっそく人間ドキュメントの企画にしてしまおう。第4面、スマートフォンの全面広告だ。スマホの番組企画を立てる。このように、記事であろうが、全面広告であろうが、無理やりにでも企画をつくる。専用のノートを1冊つくって書き留めておくことがお勧めだ。この訓練は企画力強化に絶大な効果が出る。

はじめは自分でもくだらない企画ばかりと思うかもしれないが、それでも続けたい。新聞を読むくせがつくし、しばらくすれば、必ずより練った企画がつくれるようになっている。そのためにも自分の企画を記録しておくことが大切だ。

＊

これで企画を考える基礎は押さえられたと思う。

自分が企画に困ったら、とにかく他の人に「悩み」「興味」「関心」を尋ねてみること。 また、テレビ、ラジオ、新聞、雑誌、電車内の中吊り広告、野外広告など、あらゆることにいつも目を見開き、耳を傾けていることが大切だ。以上のことをすれば、企画に困ることなどありえない。

次は、番組企画書を、より具体的につくる方法を考える。

3 誰でも書ける 企画書入門

　放送局では、エントリーシートに企画を書かせる場合と、試験会場で企画書を書かせる筆記試験をする場合がある。これまで、前者はテレビ東京やテレビ朝日で、後者は日本テレビなどで行われてきた。さらに、近年のテレビ朝日では企画書を書かせた上にプレゼンテーションまでさせる試験を行ってきている。

　ここでは、東京のキー局を例にして**企画書の書き方**を記したい。

　在京キー局では、エントリーシートで「B5用紙1枚に番組企画を書け」という課題がしばしば出される。その場合どうしたらよいか。

　簡単にいえば、**❶番組名**、**❷狙い**、**❸内容**の三つを書くことである。

　❶の**「番組名」**は、自分なりに考えた仮のタイトルをつける。ここは最初の勝負どころ。目を引くタイトルを考えよう。番組を見てみたいと思わせたい。キャッチコピーのセンスがあると思わせたいのだ。もちろん、副題をつけてもかまわない。ただし、タイトル、副題とも、できれば短い言葉で決めてほしい。だらだらと説明調にしないことが大切だ。

　❷の**「狙い」**とは、企画意図のこと。なんのためにこの番組をつくるのか、なぜ今つくらなくてはならないのか、何歳くらいの人をターゲットとするのか、などを書く。

　❸の**「内容」**は、読み手に番組の仕上がりが想像できるように書く。ドラマならば、書いてもらいたい脚本家の名前、簡単なストーリー、主役となってもらいたい俳優名などを具体的に書かなくてはならない。バラエティーならば、司会者、ゲストを誰にするのか、具体名をあげたい。シミュレーションとして番組の流れも書いておきたい。ドキュメンタリーならば、取材先を実名をあげて列記する

必要がある。

　分量については、❶はできるだけ簡潔に、❷は3〜5行以内くらいで書こう。「狙い」の分量が多すぎると、情報をまとめる力のない人と思われて損をする。

　❸は、残りすべてになる。したがって、バラエティー番組ならば、セットの配置図を描いてもいい。ドキュメンタリー番組ならば、どんな場面が映りゆくのか、シーンと時間の流れを書くのもよい。書き方はもちろん自由だ。

　仮に、既存の番組に関わりたい場合にはどうしたらよいのか。その場合には、もちろん既にある番組名を書くことになる。あとは、副題を工夫したり、内容にこれまでにないアイディアを盛り込んで書けばいいだけだ。必ずしも新番組を考えなくてはならないということではない。

　具体的に一つのエピソードを使って違う角度から作成した三つの番組企画書を読んでほしい。

 ## 人物ドキュメンタリー

TBS系「情熱大陸」番組企画
タイトル　「障害はひとつの個性――『EATS』の試み」
副題　医療と教育の垣根をこえる、平田優子の冒険
狙い　一人の女性の生き方を通して、夢を追い続けることの大切さ、自分が変わると地域が変わることを映し出す。普通に生きる「個人」の可能性をとことん追い求めることで、「私も明日から何か始めたくなる」ような人物ドキュメンタリー。
内容　「立つことができない子供が立てるようになった」「リクライニングシートで食事をとっていた子が、椅子に座って自分で食べられるようになった」……。
　障害の程度に関係なく、肢体にハンディのある子どもたちに活動の機会を広げていくことを目的とする「EATS（イーツ）」という組織

がある。どんなに重度の障害を持った子どもでも、本人の持っている可能性を引き出す独自のプログラムで支援をするのだ。平田優子さん（42歳）は、その「EATS」の日本人初のトレーナーである。今、日本でこの試みが広がりつつある。

　ボードからボードへ玉を移す訓練をし続けても、食事を自分でとることができない子どもがいる。それなら、直に食事をとってもらおうと機器でサポートする。親が「この子は立てない」と思い込んでいても、その子がやりたがっていれば立たせてみる……。

　医療・教育関係者たちと連携しながら、他の子が楽しくやっているなら自分もしてみたい、障害を持つ子どもたちのそんな願いをかなえようとしている。

　できそうにもなかったことができるようになって嬉しそうな子どもたち、親自身が子どもの可能性を摘んでいたことに気づき、また、我が子の可能性を知って、親が変わっていく、そして、先生が変わり、地域が変わっていく。

　「ひとりひとりの子どもたちが、その子どもなりに育っていけるようなサポートがしたい。障害は一つの個性、その個性に応じて、今後は、子どもが地域で楽しく暮らせるようにしていきたい」という「EATS」日本支部代表・平田優子さん。大学院で教育学を学び、林竹二、遠山啓らに深く共感し、子供たちのために長年私塾を開いてきた彼女が、なぜ今「EATS」なのか。彼女の人生と現在の活動をじっくり追いかけながら、「人間の可能性を信じ続けることが生きがいにつながること」を考えていく。

 ヒューマン・ドキュメンタリー

日本テレビ系「NNN ドキュメント'23」番組企画
タイトル「壮次くんの夢」
副題　アメリカから障害児サポートの新しい風がやってきた！

狙い ある 1 組の親子を追いながら、生きていく上での「希望」とは、日常の中にこそあることを表明するヒューマンドキュメント。

内容 東京・世田谷区に住む山本壮次くん（4 歳）は、4 歳になっても首がすわらない。寝かせたままにしておくしかなかった壮次くんのおかあさん、山本恵子さん（30 歳）は、どれだけの病院をまわったことか。結局、病名はつかず、壮次くんの首がすわらないという事実だけが残った。

　「この子はこのまま一生寝たきりで過ごすのか、と思ったら、子どもを表に連れだすことも、自分が表に出ることも、いやになってしまった」という恵子さんは、昨年、都の障害児の施設・△△センターで「EATS（イーツ）」というアメリカ生まれの新しい障害児・者サポートプログラムのあることを知る。日本に支部のできたばかりの「EATS」日本支部の代表・平田優子さんに連絡をとり、さっそく、壮次くんとおかあさんの二人三脚の試みが始まった。

　「EATS」は、1986 年、長年「特殊」教育に携わってきたアメリカ人、メアリー・ムーアさんが開発した障害者「自立」プログラムと障害者サポート組織である。障害の程度に関係なく、肢体にハンディのある子どもたちに活動の機会を広げていくことを目的とし、どんなに重度の障害を持った子どもでも、本人の持っている可能性を引き出す独自のプログラムで支援をする。そのためのサポート機器もオリジナルで製作している。

　「首がすわらなければ寝返りもうてないし、寝かせておくか、せいぜいリクライニングシートに乗せるしかない」と言われていた壮次くん。医師の診断のもとに、EATS の「座るサポート」機器で練習を始めてみた。

　「寝返りができたら、ハイハイをさせる。そして座らせる」という発達論にのっとらず、本人がしたがることをさせてあげることを試みたのだ。テレビが大好きな壮次くんに友だちと同じ目線でテレビを見られるようにと始めた練習が、みるみるうちに効果をあげてきている。

寝返りができないのに、今、自分で首を支えられるようになってきているのだ。「いやがることは絶対にさせない。したがることはさせる」という、人間の内から沸き上がる意欲を重んじるこの試みが、静かに今、日本の中にも広がりつつある。

　「壮次の表情が明るくなったのが嬉しい。それを見ている私も明るくなった。今では、壮次を積極的に表に連れだしている。どんな子でも、どんなに小さくても目標（ゴール）を持つことの大切さを知った」と恵子さんはいう。「次の目標は」の質問に「壮次に聞いてみます」と、恵子さんは嬉しそうだ。未来に希望が湧いてくる、心温まるヒューマンドキュメント。

 ## 社会派ドキュメンタリー

フジテレビ系「ザ・ノンフィクション」番組企画
タイトル「ボクも、みんなと同じことがしたい！」
副題　医療と教育と障害者本人を結ぶ、障害者サポートの新しい潮流「EATS」
狙い　アメリカ生まれのプラグマティックな障害者「自立」サポートを正面から取りあげることで、地域コミュニティそして社会のありかたを考える。また、「発達」を考える。ただし、「発達観」に対してはあくまでもニュートラルな立場を保つ。
内容　身体の不自由な障害児の「自立」をサポートする新しい試みが、今日本で広がりつつある。

　肢体障害者自身の意志と意欲をなにより尊重し、医療と教育関係者をつないで、ひとつひとつ目標を設定して、専用機器を使いながら、実践していく。「寝返りがうてるようになったら、ハイハイをして、座って、立って、歩けるようになる」といった従来の発達観にとらわれることなく、自分のしたいことから挑戦する。首がすわらない難病の子供でも、機器の助けを借りて、他の友だちと一緒に

座って同じ目線でテレビを見ることができる、歩くことも可能になってきているのだ。

障害を治療するのではなく、障害者が健常者と同じことができるようになるのではなく、今現在を生きる障害を持つ子供自身が持っている力を引き出し、援助して、より自立的な活動ができるようにする。医師と教育者と当事者と親が一体となることによって、はじめて可能となったこの試みを、日本で中心的にすすめている「EATS（イーツ）」日本支部代表の平田優子さんをはじめとして、秋田市「はなの園」、世田谷区「みかんの会」、機器を輸入・普及している会社「共に暮らすために」、医師、理学療法士、作業療法士らの活動を通して紹介していきたい。

寝たままにされていた子供が起きあがれるようになり、本人が自分の可能性に気づいて明るくなる。嬉しそうにしている子供によって、親が、医師が、教育者が変わる。そして地域が変わっていく。

一人の人が幸せになることは周りの人々も幸福にする。〝幸福の連鎖〟が社会を変革させることの一つのモデルとして、「EATS（イーツ）」とそこに集う人々の生き方をレポートする。

個人と家族、地域がこれからどう結びついたらよいのか、社会のあり方を具体的に提案する社会派テレビドキュメンタリー。
取材対象候補者　「EATS」代表・平田優子さん、「みかんの会」や「はなの園」の参加者、職員のみなさん。専門家として白鳥小枝子さん（○○大学・作業療法学科長）、青木未来さん（○○大学付属××養護学校教員）、「共に暮らすために」代表・平田太郎さん

コメント
いずれも、番組のできあがりが容易に想像できると思う。また、一つのテーマも料理の仕方しだいで、「人物ドキュメンタリー」「ヒューマン・ドキュメンタリー」「社会派ドキュメンタリー」と姿を変えられることがわかったと思う。一つの問題を多方面から見ていく例として大いに参考にしてほしい。

さて、PART 8 を読んだ君は、ずいぶんと本格的な試験があることに驚いただろう。そう、現在の放送局や番組制作会社はどこも即戦力を求めている。少し難しいと感じたかもしれないが、先に書いた方法を使えば企画はつくれるようになる。

　決してプロのプロデューサーやディレクターの企画レベルが求められているわけではない。君は、学生として素人の視聴者として、素直に自分のつくってみたい番組企画を提案すればよい。

　「こんな企画、プロのプロデューサーやディレクター（＝採点担当者）にウケるかな」なんて恥ずかしがらずに、自信を持って書いていこう。

　そもそも、どんな企画が当たるかは実際にやってみなくてはわからないから、君がふと思いついた企画が大ヒットになることも充分考えられる。99 人が反対し、たった 1 人だけ賛成した企画でさえも、日本人全体の割合から考えれば視聴率約 1 パーセント、すなわち 100 万人の人が見る可能性があるのだ。ひるむことなく具体的な企画を出していこう。

PART

9

放送業界ならではの
面接攻略法

1 回数が多い！ これが放送業界の面接の特徴だ

　書類選考、筆記試験を突破すれば、最後は面接だ。面接が通れば晴れて内定獲得となる。放送業界の面接の構造は、大きく二つに分かれる。❶キー局、準キー局と、❷NHK、地方放送局、番組制作会社の場合だ。

1 キー局、準キー局の面接

　まず、❶を見てみよう。関東圏のキー局、関西圏の準キー局の面接で特徴的なのは、面接回数が多いことと、一次面接の面接時間が短いことである。たとえば、ある年の日本テレビやフジテレビの制作職の場合は、次のようになっていた。

●日本テレビ
一次面接：1（志望者）対2（面接担当者）の個人面接（5〜10分）
二次面接：1対2の個人面接（20〜30分）
グループワーク：プレゼンも含む
三次面接：1対2の個人面接（20〜30分）
最終面接：個人面接（15分、5分の2回）

●フジテレビ
一次面接：3（志望者）対2（面接担当者）の集団面接（15分）
プレゼン企画面接：1対2の集団面接
三次面接：1対2の個人面接　人事面談　健康診断

　キー局、準キー局は、このように4回以上面接のある会社が多い。ディスカッションは当たり前で、企画プレゼンテーションあり（テレビ朝日、フジテレビ）、インターンシップあり（TBSテレビ）と多彩。過去には、日本テレビのように、合宿試験まで課した放送局もあったのだ。採用試験における面接といえば、一般的には短くても15分くらいだが、テレビ局の場合は一次試験では面接時間は大変に短い。2〜10分が常識ともなっている。

2 NHK、地方放送局、番組制作会社の面接

　次に❷のNHK、地方放送局、番組制作会社の場合である。ある年度のNHKの場合を見てみよう。

● NHK
一次面接：1（志望者）対1（面接担当者）の個人面接（10〜30分）
二次面接：1対1の個人面接（20〜30分）
最終面接：1対4の個人面接（15分）

　新聞社や出版社など他のマスコミや一般企業と同じようなシステムである。地方放送局や番組制作会社でも、このように3回の面接の会社が多い。ただし、これに加えて、ディスカッションが行われることもあるので対策をしておく必要はある。

　なお番組制作会社には、社員数名〜数十名、すなわち100人以下の小さい会社が多い。そういう会社の場合には、履歴書を送ったら呼び出されて、社長面接で一発内定が出た、社員全員による面談があって「一緒に働こう」といわれて決まったなど、即内定という話ももちろん少なくない。そうでなくても、一次面接から社長をはじめとする取締役が面接担当者として座っている場合が多い。

2 面接を突破する 三大ポイント

面接に向かう際の三つのポイントを述べていこう。

❶明るく元気、そして素直でありたい。

採用担当者は面接にやってきた君を見て何を考えているのだろうか。

まず、この人と一緒に働いたら楽しいか、面白いかを考える。

明るい人ならば、当然採用担当者も一緒に働いてもいいかなと思うだろう。この面接で君に○をつけたら、ひょっとしたら残りの仕事人生数十年を、席を隣にしていくことになるかもしれない覚悟で、君の目の前に座っている。

他人に元気を与えられることがプロデューサーやディレクターには大切である。プロデューサーやディレクターは人を励まして番組をつくりあげる仕事なのだ。

ドキュメンタリー番組なら、インタビューに応じてくれる人に快く協力してもらえるように、ドラマならば脚本家も俳優も、もちろんカメラマンをはじめとする番組を支えてくれる人たちにも心地よく仕事ができるようにする雰囲気づくりが大切だ。みんなを励まして支えて、よい作品をつくっていく、サポーター兼クリエイターとして生きるには、元気は大事だ。

また、採用担当者は、君が番組制作の現場でどういう態度をとる人物なのかを想像して面接に臨んでいる。

ちょいと厳しい質問をされて、君はうつむいたとしよう。「彼（女）は取材をする場面でもちょいと厳しいことをいわれるとこんなふうに落ち込んだ態度になる」「むずかしい俳優に一言いわれれば、

すぐにギャフンとなるのだな」と思われてしまう。

　集団面接で、隣の学生が一所懸命に話している。自分よりもいいことをいっている、やられたなと思い、苦い顔で聞いていたとする。「多くの人たちと協力しあう番組制作の場で、いい話が飛び出しても素直に聞けず、こんな態度をとるんだな」と思うだろう。

　採用担当者は、君が話をしている時も、隣の人が話をしている時も、いつも君のことを見ていることを忘れないようにしたい。

　自信に溢れている必要はないが、**いつも自分らしく明るく元気に、そして素直な気持ちで面接に臨もう。**

❷発言は、結論を先にいう。一つの話はなるべく短くしたい。

　面接では誰でも多少はあがってしまうのが当たり前。あがっていて恥ずかしいからといって、もじもじするのは見苦しいのでやめよう。**結論から先に述べて、短く締めくくるのがポイント**だ。

❸わからないことは「わかりません」と答える。

　放送局や番組制作会社の面接で、「わかりません」という言葉を一言も発せずに会場を出られたら、まずその面接では落ちているといっていい。それは、採用担当者が君にあまり興味を持たなかったからだ。

　君が番組企画を話したとしよう。

　採用担当者が君に興味を持てば、どんどん突っ込んで聞いてくる。話をしながら、その企画は本当に面白いのか、そもそも君自身が本気でやりたがっているのか、また実現可能なのかを煮つめていく過程で、複数のプロのプロデューサーやディレクターの質問に完璧に答えられるわけがないと思ったほうがよい。

　わからない、知らないことがあったら「わかりません」「知りません」とはっきり答えていいのだ。

3 放送局・番組制作会社の面接では何を聞かれるのか

　放送局や番組制作会社の面接では、その会社の番組についてと、これからやりたい企画を主に尋ねられる。他に、君のこれまでの人生についての質問も多い。これは君の人柄を知りたいと考えているからだ。

「30秒で自己PR」を準備しよう！

　先にも述べたが、キー局や準キー局では、面接時間が短い。

　したがって、いきなり「30秒で自己PRをしてください」という質問が飛んでくることは少なくないから準備をしておきたい。これはエントリーシート用に書いた「自己PR」を話せばいいだけだ。

　ただ、できればエントリーシートに書かなかった「自己PR」を語ったほうがよい印象を残せるのは確かだ。君が提出したエントリーシートはたいてい前日に面接担当者に渡される。担当者はあらかじめ読んでから面接をする。したがって、エントリーシートに書いた「自己PR」をそのまま口頭で語っていては、「このネタしかないのか。同じこといってるよ」と思われかねない。

想定問答集を用意したい！

　続いて、「学生時代に力を入れたこと」「志望動機」を聞かれるが、これもエントリーシート用に書いたものを話せばよい。

　ほかに、「最近気になることは何？」「好きな作家は誰？」「スポーツは何かしてますか？」など、エントリーシートに出てくるような、志望者の興味の対象についての質問がくる。メインに聞かれる番組企画についても、準備したままありのままを普段どおりに話

せばよい。

　ただし、エントリーシートや企画書の準備ができていても、緊張してあがっている中で話すとなると勝手が違ってくる。ぜひ、想定問答集を自分なりにつくっておきたい。

「企画」こそ、内定へのカギ！

　放送局や番組制作会社の面接に臨むにあたって重要なことは、「企画」に関するネタをまとめておき、話せるようにしておくことだ。

　その会社が放映したりつくったりしている番組で好きなもの、これからその会社でつくりたい番組を口語体で整理しておくこと。

　他に、自分がつくりたい番組のテーマに関する世の中の動きを簡単に解説できるようにしておき、「今なぜそのテーマなのか」の社会的な意義も一言で語りたい。

　「自己PR」「学生時代に力を入れたこと」などは、準備をしておく必要はあるが、本番ではさほど重視されない。「企画」に関することを話すうちに、自分の「人となり」は自然にあらわれてしまうものと考えておこう。

4 ディスカッション・ディベート突破法

　近年放送局の入社試験で多くなっている「ディスカッション」や「ディベート」について説明していこう。これはどちらも複数の志望者が集まって討論をするという形式の選考である。

　たとえばあるキー局では**「相撲の人気を高めるにはどうしたらよいか」**というものがあった。また、他のキー局では**「現金対クレジットカード、こちら（現金orクレジットカード）のほうが優れている」**というものが出された。この場合には、現金、クレジットカードのどちらの立場で話すかを本人は選べないものだった。「君は現金派でしゃべってね」といわれれば、本当はクレジットカードのほうが優れていると思っても、現金のほうが優れているという立場で話さなくてはならないのだ。

　前者を**「ディスカッション」**といい、後者を**「ディベート」**という。

　さて、ディスカッションやディベートという選考がなぜ行われるかを考えてみよう。

　個人面接では、多くの学生が想定問答を準備して臨む。予想される質問と答えをあらゆる角度から用意している志望者も多い。また面接担当者は日頃はテレビマンとしての仕事を専門にしており、年中面接をしているプロではない。したがって過去の経験から、とりつくろった学生の素顔をしっかりと見定めることが難しい、個人面接では限界がある、と考えられ始めたのだ。またそもそも、何度も言及しているが、テレビ番組づくりは基本的にはチームワークで行うものだ。ディスカッションやディベートをやれば、集団の中でどんな態度をとる人間かがすぐにわかる。ディベートならば、大勢の

人がいる中で機転をきかせることのできる人間かどうかもはっきりする。採用側にとってこれほど効率のよい採用方法はないと、近年特に入社試験でディスカッションやディベートを課す放送局や番組制作会社が増えているのだ。

　それでは、ディスカッションやディベートはどのように進められるのかを見ていこう。

1　討論の実際の進め方

　まず、グループ分けをされ、テーブルにつく。採用者側からテーマと制限時間が示される。その上で、ディベートならば、それぞれの立場を指定されることになる。

　次いで、ディスカッション、ディベートのやり方が伝えられる。司会者をどうするか、結論はどうしたらよいかという点だ。司会者については、採用担当者が務める場合、あらかじめ採用側から司会者を指名する場合、自分たちで司会者を決める場合、司会者を置くかどうかも含めて志望者側に一任される場合などがある。

　結論についても、フリー討論で結論は必要ないとされる場合、誰かが最後に結論を話すことを求められる場合、司会者が最後にまとめる場合などとさまざまである。

2　討論の実際のテーマ

　これまで出されたテーマを紹介しておこう。まずは一読してほしい。

【東京・キー局】
- ●「死刑制度の是非」（ディスカッション）
- ●「外国人参政権の賛否」（ディスカッション）
- ●「テレビマンに必要な資質」（ディスカッション）
- ●「コンビニ 24 時間営業の是非」（ディスカッション）

【大阪・準キー局】

- 「スマホとテレビの今後の進化」（ディスカッション）
- 「大食い番組をどう思うか」（ディスカッション）
- 「スマホに欲しい機能は何か」（ディスカッション）
- 「新しいブームをつくる」（ディスカッション）

【地方局】

- 「ネット時代に支持されるテレビ番組は？」（ディスカッション）
- 「当社の新キャッチコピーを考える」（ディスカッション）
- 「当社がやるべきこと」（ディスカッション）
- 「マイ箸」（ディスカッション）

以上は近年の課題だが、これまで放送業界で出されてきたディスカッションやディベートのテーマはおよそ五つの傾向に分かれる。

---

❶放送業界の現在と未来を問うテーマ
❷新番組の企画を考えるテーマ
❸時事問題に関するテーマ
❹社会生活上の常識的なテーマ（「マナーについて」など）
❺教育に関するテーマ（「塾か学校か」など）

一つずつ簡単に説明しよう。

❶は放送局や番組制作会社で働こうというのなら、放送業界をめぐる状況は知っていて当然という考えから出題される。また業界の未来をどう見据えているのかを訊ねるために出題している。業界紹介本だけでなく、日々の新聞、テレビのニュースなどから放送をめぐる問題について目下の話題は押さえておこう。それに対して自分の意見をつくっておく必要もある。

❷については、思いつきなどその場の発想力を見るだけではなく、今の時代とどうコミットして番組を提案できるかが試される。面接でも話せるような、実現可能な番組企画をストレートに話そう。

❸については、今の時代をどうとらえているか、ものの見方が問

われる。知識として知っているだけではものたりない。自分がその問題に対してどう考えているかまで示すことが大切だ。

❹時事問題では志望者に得手不得手が出てしまうことから、この手の常識的なタイトルが出されることもある。自分らしさをどう出していくかが大切になる。「マナーについて」「人助けについて」「ルールについて」「平和を保つ法」などさまざまなテーマが考えられる。体験を含めて話すことができれば説得的になる。

❺教育に関するテーマは出されやすい。志望者の誰もがそれぞれの教育を受けてきているのだから、採用側はもっとも公平で話しやすいテーマとして出題してくる。ここでは、自分の経験をどう織り込むかが重要になる。たとえば、「いじめについて」「教育改革について」「学歴について」「塾か学校か」「よい指導者の条件は」などに対して、自分の経験を踏まえて話さないと説得力が出てこないので注意したい。

3 討論の突破の仕方

さて、これらのディスカッション、ディベートをどう突破していったらよいのか。三つのポイントに分けて考えていこう。

❶日頃から議論することに慣れておく

まず、仲間を募ってディスカッションやディベートをやってみてほしい。テーマは前記のもので結構だ。

討論に参加するだけでなく、仲間の討論をじっくり見ることも大切である。討論する側、見学する側に分かれてやってみよう。見学していると、いろいろなことがわかる。ある人は、正しいことをいってはいるが、他の人の意見を無理やりつぶしていて、聞いていて不愉快な気持ちになることがあるだろう。いつも話が長くなってしまう人もいるだろう。また、それほどシャープな意見をいってはいないが、そこにいるだけで場を和やかにする力のある人もいるだろう。

さて、自分はどうか。議論が始まって、まったく話に加われなければ論外だ。何度も繰り返し練習会をするしかない。議論に参加できるようになっても、自分を客観的に見ることはまずできない。ぜひ、**議論終了後に意見交換をして、謙虚に周りの人の意見を聞き、よりよい方向に直していこう**。

ディスカッションやディベートは仲間と訓練できる。大いにやってもらいたい。

サークルでも大学のゼミでもよいから、さまざまなテーマで日頃から周りの人たちときっちり議論できるようにしておこう。慣れこそが大切だ。

❷落ち着くための一つの方法

個人面接ならば、どんなことを訊ねられるかはおおよそわかっている。想定問答集もつくってあるはずだから、少しは心の準備もできるだろう。しかし、ディスカッションやディベートでは、テーマに何が飛び出すかわからず、また他の志望者に見られているなど、極度の緊張状態になりやすい。

まず、自分があがっているように、他の志望者もあがっていると思ってほしい。

その上で、ぜひやってもらいたいことがある。討論開始時には、簡単な自己紹介がある。そこで、手元のメモ帳に参加メンバー全員の名前を記録しよう。名前を記録したら、討論の最中に「○○さんの意見についてですが」など、相手を実名で呼んでいこう。まず、「人と話をする時には、いつもしっかりと相手を一人の人として対することのできる人間」であることを採点者にアピールできる。それよりも、他の人の意見をメモするのに仕分けがしやすいし、相手のことを「あなた」と呼ぶか「彼（女）」と呼ぶか悩まなくてすむ。実際にやってみればわかるが、少しだけ心が落ち着く。

❸司会者になるのは得か損か

ずばり、ディスカッションやディベートでは司会者になろうがな

るまいが採点に有利不利はない。自分が得意でやりたければ手をあげればよいし、苦手ならば他の人に任せればよい。

　ただし一つの方法として、与えられたテーマを自分が不得手とする場合には司会者をやったほうがよいということはいえる。他の人の意見を聞きつつ自身の意見をまとめて最後に話すことができるからだ。

　司会をしている場合に話がまとめられなくなったらどうするか。参加者はそれぞれ目立とうとして自分の好きな方向に話をもっていこうとすることが多い。強引にまとめると悪印象を与えると感じたら、無理してまとめる必要もない。「そろそろ時間ですがまとまらないので、皆さんこれは明日までの宿題とします。明日この時間にここに集まってください。おわり！」ととぼけて合格した例もある。

　司会をしていない場合で、あまりに司会者が頼りなくて話が混乱したときはどうするか。この場合、「司会者がダメだから運が悪かった」ではまずい。**きちんと話を整理し、本筋に戻してほしい**。これはでしゃばりではない。

　なお、ディスカッションやディベートでは、そのグループの全員が合格する場合もあるし、全員が不合格になることもある。「グループの人間は皆仲間だ」という気持ちで参加しよう。これが、ディスカッションやディベート選考に向き合う大前提である。「自分だけが突破してやる」という考えで討論すると「協調性のない人」とすぐに見抜かれる。協調できない人と思われるのは、チームプレーが日常的な放送業界ではもっとも不利になる要素の一つである。

5 人前で話すのは得意？

　ディスカッションやディベートのほかに民放や番組制作会社の採用試験で特徴的なのは、プレゼンテーション、模擬企画会議試験である。

　具体的には次のように行われてきている。

【東京・キー局】
- ●「新番組の企画会議」
- ●「模擬企画会議」
- ●「団塊の世代を取り込むイベント・番組企画会議」
- ●「企画プレゼンテーションと意見交換」
- ●「個人製作とプレゼンテーション」
- ●「雑誌、本、新聞から一つを選んでプレゼンテーション」
- ●「（持ち物を用意し）自分をプレゼンテーション」
- ●「顔をテーマにプレゼンテーション」

【大阪・準キー局】
- ●「深夜の新番組の企画会議」
- ●「企画プレゼンテーション」
- ●「模擬企画会議」

【地方局】
- ●「若者ウケするコンテンツの提案会議」
- ●「企画会議とプレゼンテーション」
- ●「夕方の番組企画」

　さらに、すでに少し紹介したが、日本テレビや TBS テレビ、北

海道テレビ放送、番組制作会社のテレビマンユニオンでは、合宿試験までしている（1泊2日～3泊4日）。そこでは他の志望者と一緒に番組を制作して協調性が見られ、また企画のプレゼンテーション試験なども当然行われる。ほかに TBS テレビなど、最終面接の前にインターンシップを試験として行う会社もある。

＊

最後に、特にキー局・準キー局ではなぜこれだけ多くの面接、企画プレゼンテーション、はたまた合宿試験までを行うのかを、もう一度おさらいも含めて考えてみたい。

その理由は、**民間のテレビ局が放映するひとつひとつの番組には、実に多くの人々と膨大な金が関わっているから**である。

民放は、スポンサーの広告費で運営されている。**ゴールデンタイム（19～22時）に放映される1時間のバラエティー番組では、1回放送するごとに、スポンサーは1億円を出しているというデータがある**。その番組を1年間つくるとすれば（1年はおよそ50週間あり、50回の放映となる）、たった一つの番組に対して50億円の金を企業は放送局側に出しているのである。

スポンサーである企業、そして企業と放送局との間に入る広告代理店を納得させて、初めて番組をつくることができる。

当然のごとく、スポンサー、広告代理店、自局の中からも、さまざまな要望が出されるだろう。それだけではなく、プロデューサーやディレクターは実際に人を動かして番組をつくらなければならない。ドラマなら脚本家をはじめ俳優の面々、カメラマンや音声、撮影セットの制作を担う人たち、撮影が終われば完成品に仕上げるまでに携わる人々、とてつもなく大勢の人たちに理解してもらわなくてはならない。

番組制作会社のプロデューサーやディレクターならば、さらに放映する予定の放送局の人たちを説得しなくてはならないのだ。

マスコミといえば、新聞記者も出版社の編集者も、テレビ局のプロデューサーやディレクターも一緒に語られたりするが、新聞記者が記事を書いて紙面に載せる、書籍編集者が作家を口説いて原稿を

もらい本に仕立てるという職人的な仕事と、テレビ番組をつくる仕事とはちがう。

　テレビ番組をプロデューサーやディレクターとしてつくる仕事は、大きな船を動かしていくような仕事なのである。船に乗った人々が楽しく仕事ができるようにする、それがプロデューサーやディレクターの仕事なのだ。

　どれだけの会議や打ち合わせをしてもへこたれない、人と共同作業をすることが苦にならない、いや人間が大好きでなくてはならないのだ。

　採用試験で面接の回数が多いこと、ディスカッションやディベートがあること、企画プレゼンテーションや合宿試験まで行われていることが理解できると思う。

巻末付録

※多くの放送局・番組制作会社が独自の HP を開設しています。ご覧ください。

※以下のリストは、会社名、郵便番号、所在地、電話番号、URL の順に記載
してあります。

【放送局】

〈公共放送局〉

●日本放送協会（NHK）　150-8001　渋谷区神南 2-2-1　http://www.nhk.or.jp/

〈民間放送局〉〈日本民間放送連盟〈JBA〉加盟 205 社〔2023 年 7 月 1 日現在〕〉

［北海道地区］

● 北海道放送　060-8501　札幌市中央区北 1 条西 5-2　011-232-5800　http://www.hbc.co.jp/

● 札幌テレビ放送　060-8705　札幌市中央区北 1 条西 8-1-1　011-241-1181　http://stv.jp/

● STV ラジオ　060-8705　札幌市中央区北 1 条西 8-1-1　011-241-1181　http://www.stv.jp/radio/index.html

● 北海道テレビ放送　060-8406　札幌市中央区北 1 条西 1-6　011-233-6600　http://www.htb.co.jp/

● 北海道文化放送　060-8527　札幌市中央区北 1 条西 14-1-5　011-214-5200　http://uhb.jp/

● エフエム北海道　060-8532　札幌市中央区北 1 条西 2 札幌時計台ビル 14F　011-241-0804
　http://www.air-g.co.jp/

● テレビ北海道　060-8517　札幌市中央区大通東 6-12-4　011-232-1117　http://www.tv-hokkaido.co.jp/

● エフエム・ノースウェーブ　060-8557　札幌市北区北 7 条西 4-3-1 新北海道ビル 8F　011-707-8250
　http://fmnorth.co.jp

［東北地区］

● 青森放送　030-0965　青森市松森 1-8-1　017-743-1234　http://www.rab.co.jp/

● 青森テレビ　030-8686　青森市松森 1-4-8　017-741-2233　http://www.atv.jp/

● エフエム青森　030-0812　青森市堤町 1-7-19　017-735-1181　http://www.afb.co.jp/

● 青森朝日放送　030-0181　青森市荒川柴田 125-1　017-762-1111　http://www.aba-net.com/

● IBC 岩手放送　020-8566　盛岡市志家町 6-1　019-623-3111　http://www.ibc.co.jp/

● テレビ岩手　020-8650　盛岡市内丸 2-10　019-624-1166　http://www.tvi.jp/

● エフエム岩手　020-8512　盛岡市内丸 2-10　7 階　019-625-5511　http://www.fmii.co.jp/

● 岩手めんこいテレビ　020-0866　盛岡市本宮 5-2-25　019-656-3300　http://www.menkoi-tv.co.jp/

● 岩手朝日テレビ　020-0045　盛岡市盛岡駅西通 2-6-5　019-629-2525　http://www.iat.co.jp/

● 東北放送　982-0831　仙台市太白区八木山香澄町 26-1　022-229-1111　http://www.tbc-sendai.co.jp/

● 仙台放送　980-0011　仙台市青葉区上杉 5-8-33　022-267-1213　http://www.ox-tv.co.jp/

● 宮城テレビ放送　983-8611　仙台市宮城野区日の出町 1-5-33　022-236-3411　http://www.mmt-tv.co.jp/

● 東日本放送　982-8505　仙台市太白区あすと長町 1-3-15　022-304-5005　http://www.khb-tv.co.jp/

● エフエム仙台　980-8420　仙台市青葉区本町 2-10-28　022-265-7711　http://www.datefm.co.jp/

● 秋田放送　010-8611　秋田市中通 7-1-1-2 号　018-826-8533　http://www.akita-abs.co.jp/

● 秋田テレビ　010-8668　秋田市八橋本町 3-2-14　018-866-6121　http://www.akt.co.jp/

◉エフエム秋田　010-0973　秋田市八橋本町 3-7-10　018-824-1155　http://www.fm-akita.co.jp/
◉秋田朝日放送　010-0941　秋田市川尻町字大川反 233-209　018-866-5111　http://www.aab-tv.co.jp/
◉山形放送　990-8555　山形市旅篭町 2-5-12 山形メディアタワー　023-622-2020　http://www.ybc.co.jp/
◉山形テレビ　990-8511　山形市城西町 5-4-1　023-645-1211　http://www.yts.co.jp/
◉エフエム山形　990-9543　山形市松山 3-14-69　023-625-0804　http://www.rfm.co.jp/
◉テレビユー山形　990-9536　山形市白山 1-11-33　023-624-8111　http://www.tuy.co.jp/
◉さくらんぼテレビジョン　990-8539　山形市落合町 85　023-635-2111　http://www.sakuranbo.co.jp/
◉ラジオ福島　960-8655　福島市下荒子 8　024-531-4336　http://www.rfc.jp/
◉福島テレビ　960-8508　福島市御山町 2-5　024-536-8000　http://www.fukushima-tv.co.jp/
◉福島中央テレビ　963-8533　郡山市池ノ台 13-23　024-923-3300　http://www.fct.co.jp/
◉福島放送　963-8535　郡山市桑野 4-3-6　024-933-1111　http://www.kfb.co.jp/
◉テレビユー福島　960-8531　福島市西中央 1-1　024-531-5111　http://tuf.co.jp/
◉エフエム福島　963-8013　郡山市神明町 4-4　024-991-9000　http://www.fmf.co.jp/

◉ TBS テレビ　107-8006　東京都港区赤坂 5-3-6　03-3746-1111　http://www.tbs.co.jp/
◉ TBS ラジオ　107-8001　東京都港区赤坂 5-3-6　03-3746-1111　http://www.tbs.co.jp/radio/
◉文化放送　105-8002　東京都港区浜松町 1-31　03-5403-1111　http://www.joqr.co.jp/
◉日本テレビ放送網　105-7444　東京都港区東新橋 1-6-1　03-6215-1111　http://www.ntv.co.jp/
◉ニッポン放送　100-8439　東京都千代田区有楽町 1-9-3　03-3287-1111　http://www.jolf.co.jp/
◉日経ラジオ社　105-8565　東京都港区虎ノ門 1-2-8　03-6205-7810　http://www.radionikkei.jp/
◉テレビ朝日　106-8001　東京都港区六本木 6-9-1　03-6406-1111　http://www.tv-asahi.co.jp/
◉フジテレビジョン　137-8088　東京都港区台場 2-4-8　03-5500-8888　http://www.fujitv.co.jp/
◉テレビ東京　106-8007　東京都港区六本木 3-2-1 六本木グランドタワー　03-6632-7777
　http://www.tv-tokyo.co.jp/
◉エフエム東京　102-8080　東京都千代田区麹町 1-7　03-3221-0080　http://www.tfm.co.jp/
◉ J － WAVE　106-6188　東京都港区六本木 6-10-1 六本木ヒルズ森タワー33F　03-6832-1111
　http://www.j-wave.co.jp/
◉東京メトロポリタンテレビジョン　102-8402　東京都千代田区麹町 1-12　03-5276-0009　http://s.mxtv.
　jp/
◉ InterFM897　140-0002　東京都品川区東品川 1-3-3 テレビ東京天王洲スタジオ 7 階　03-5781-7610
　http://www.interfm.co.jp/
◉ WOWOW　107-6121　東京都港区赤坂 5-2-20 赤坂パークビル 21F　03-4330-8111　http://www.wowow.co.jp/
◉ミュージックバード　102-0083　東京都千代田区麹町 1-8JFN センター5 階　03-3261-8156　http://musicbird.jp/
◉ BS 日本　105-8644　東京都港区東新橋 1-6-1 日テレタワー23 階　03-6228-5444　http://www.bs4.jp/
◉ BS-TBS　107-0052　東京都港区赤坂 5-3-6TBS 放送センター15 階　03-5575-2250　http://www.bs-tbs.co.jp/
◉ビーエスフジ　137-8088　東京都港区台場 2-4-8 フジテレビ本社ビルメディアタワー22F　03-5500-8000
　http://www.bsfuji.tv/
◉ BS 朝日　106-6116　東京都港区六本木 6-10-1 六本木ヒルズ森タワー16 階　03-5412-9211
　http://www.bs-asahi.co.jp/
◉ BS テレビ東京　106-8107　東京都港区六本木 3-2-1 六本木グランドタワー　03-6635-0700
　http://www.bs-j.co.jp/
◉日本 BS 放送　101-0062　東京都千代田区神田駿河台 2-5　03-3518-1800　http://www.bs11.jp/
◉ジェイ・スポーツ　135-8668　東京都江東区青海 2-5-10 テレコムセンタービル 20F　03-5500-3488
　http://www.jsports.co.jp/
◉ブロードキャスト・サテライト・ディズニー　105-6355　東京都港区虎ノ門 1-23-1 虎ノ門ヒルズ森タワー
　0570-010-258　http://www.dlife.disney.co.jp/
◉ワールド・ハイビジョン・チャンネル　150-0001　東京都渋谷区神宮前 6-25-14 神宮前メディアスクエアビル 8 階
　03-5468-2122　http://www.twellv.co.jp/
◉ BS よしもと　542-0075　大阪市中央区難波千日前 11-6　0570-022-265　http://bsy.co.jp
◉ BS 松竹東急　104-0045　東京都中央区築地 1-13-1 銀座松竹スクエア 3F　050-3528-6319
　http://www.shochiku-tokyu.co.jp

● 群馬テレビ　371-8548　前橋市上小出町 3-38-2　027-219-0001　http://www.gtv.co.jp/
● エフエム群馬　371-8533　前橋市千代田町 2-3-1　027-234-8000　http://www.fmgunma.com/
● 栃木放送　320-8601　宇都宮市昭和 2-2-5　028-622-1111　http://www.crt-radio.co.jp/
● エフエム栃木　320-8550　宇都宮市中央 1-2-1　028-638-7640　http://www.berry.co.jp/
● とちぎテレビ　320-8531　宇都宮市昭和 2-2-2　028-623-0031　http://www.tochigi-tv.jp/
● 茨城放送　310-8505　水戸市千波町 2084-2　029-244-2160　http://www.ibs-radio.com/
● テレビ埼玉　330-8538　さいたま市浦和区常盤 6-36-4　048-824-3131　http://www.teletama.jp/
● エフエムナックファイブ　330-8579　さいたま市大宮区錦町 682-2JACK 大宮 11F　048-650-0795
　　http://www.nack5.co.jp/
● 千葉テレビ放送　260-0001　千葉市中央区都町 1-1-25　043-311-2052　http://www.chiba-tv.com/
● ベイエフエム　261-7127　千葉市美浜区中瀬 2-6-1WBG マリブウエスト 27F　043-351-7878
　　http://www.bayfm.co.jp/
● アール・エフ・ラジオ日本　231-8611　横浜市中区長者町 5-85　045-231-1531　http://www.jorf.co.jp/
● テレビ神奈川　231-8001　横浜市中区太田町 2-23　045-651-1711　http://www.tvk-yokohama.com/
● 横浜エフエム放送　220-8110　横浜市西区みなとみらい 2-2-1 横浜ランドマークタワー10F　045-224-1000
　　http://www.fmyokohama.co.jp/

● 新潟放送　951-8655　新潟市中央区川岸町 3-18　025-267-4111　http://www.ohbsn.com/
● NST 新潟総合テレビ　950-8572　新潟市中央区八千代 2-3-1　025-245-8181　http://www.nsttv.com/
● テレビ新潟放送網　950-8555　新潟市中央区新光町 1-11　025-283-1111　http://www.teny.co.jp/
● 新潟テレビ　21951-8521　新潟市中央区下大川前通六ノ町 2230-19　025-223-0021　http://uxtv.jp/
● エフエムラジオ新潟　950-8581　新潟市中央区幸西 4-3-5　025-246-2311　http://www.fmniigata.com/
● 信越放送　380-8521　長野市問御所町 1200　026-237-0500　http://sbc21.co.jp/
● 長野放送　380-8633　長野市中御所岡田町 131-7　026-227-3000　http://www.nbs-tv.co.jp/
● テレビ信州　380-8555　長野市若里 1-1-1　026-227-5511　http://tsb.co.jp/
● 長野エフエム放送　390-8520　松本市本庄 1-13-5　0263-33-4400　http://www.fmnagano.co.jp/
● 長野朝日放送　380-8550　長野市七瀬 4-5　026-223-1000　http://www.abn-tv.co.jp/
● 山梨放送　400-8525　甲府市北口 2-6-10　055-231-3000　http://www.ybs.jp/
● テレビ山梨　400-8570　甲府市湯田 2-13-1　055-232-1111　http://uty.jp/
● エフエム富士　400-8550　甲府市川田町アリア 105　055-228-1100　http://www.fmfuji.jp/

● 静岡放送　422-8680　静岡市駿河区登呂 3-1-1　054-284-8900　http://www.at-s.com/
● テレビ静岡　422-8525　静岡市駿河区栗原 18-65　054-261-6111　http://www.sut-tv.com/
● 静岡朝日テレビ　420-8567　静岡市葵区東町 15　054-251-3306　http://www.satv.co.jp/
● 静岡第一テレビ　422-8560　静岡市駿河区中原 563　054-283-8111　http://www.tv-sdt.co.jp/
● 静岡エフエム放送　430-8575　浜松市中区常盤町 133-24　053-457-1152　http://www.k-mix.co.jp/

● 北日本放送　930-8585　富山市牛島町 10-18　076-432-5555　http://www.knb.ne.jp/
● 富山テレビ放送　939-8550　富山市新根塚町 1-8-14　076-425-1111　http://www.bbt.co.jp/
● 富山エフエム放送　930-8567　富山市奥田町 2-11　076-432-5566　http://www.fmtoyama.co.jp/
● チューリップテレビ　930-8539　富山市奥田本町 8-24　076-442-7000　http://www.tulip-tv.co.jp/
● 北陸放送　920-8560　金沢市本多町 3-2-1　076-262-8111　http://www.mro.co.jp/
● 石川テレビ放送　920-0388　金沢市観音堂町チ 18　076-267-2141　http://www.ishikawa-tv.com/
● テレビ金沢　920-0386　金沢市古府 2-136　076-240-3344　http://www.tvkanazawa.co.jp/
● エフエム石川　920-8605　金沢市香林坊 2-4-30 香林坊ラモーダ 5F　076-262-8050　http://hellofive.jp/
● 北陸朝日放送　920-0393　金沢市松島 1-32-2　076-269-8800　http://www.hab.co.jp/
● 福井放送　910-8588　福井市大和田 2-510　0776-57-1000　http://www.fbc.jp/
● 福井テレビジョン放送　918-8688　福井市問屋町 3-410　0776-21-2233　http://www.fukui-tv.co.jp/

- ●福井エフエム放送　910-8553　福井市御幸 1-1-1　0776-21-2100　http://www.fmfukui.jp/

- ● CBC テレビ　460-8405　名古屋市中区新栄 1-2-8　052-241-8111　http://hicbc.com/
- ● CBC ラジオ　460-8405　名古屋市中区新栄 1-2-8　052-241-8111　http://hicbc.com/radio/
- ●東海テレビ放送　461-8501　名古屋市東区東桜 1-14-27　052-951-2511　http://tokai-tv.com/
- ●東海ラジオ放送　461-8503　名古屋市東区東桜 1-14-27　052-951-2525　http://tokairadio.co.jp/
- ●名古屋テレビ放送　460-8311　名古屋市中区橘 2-10-1　052-331-8111　http://www.nagoyatv.com/
- ●中京テレビ放送　453-8704　名古屋市中村区平池町 4-60-11　052-588-4600　http://www.ctv.co.jp/
- ●エフエム愛知　460-8388　名古屋市中区千代田 2-15-18　052-263-5141　http://fma.co.jp/
- ●テレビ愛知　460-8325　名古屋市中区大須 2-4-8　052-203-0250　http://www.tv-aichi.co.jp/
- ● ZIP-FM　460-8578　名古屋市中区丸の内 3-20-17KDX 桜通ビル 17 階・18 階　052-972-0778
  http://zip-fm.co.jp/
- ●岐阜放送　500-8588　岐阜市橋本町 2-52 岐阜シティ・タワー43 4 階　058-264-1181
  http://www.zf-web.com/
- ●エフエム岐阜　503-8580　大垣市小野 4-35-10-302　0584-83-0180　http://www.fmgifu.com/
- ●三重テレビ放送　514-0063　津市渋見町小谷 693-1　059-226-1133　http://www.mietv.com/
- ●三重エフエム放送　514-8505　津市観音寺町焼尾 1043-1　059-225-5533　http://www.fmmie.jp/

- ●びわ湖放送　520-8585　大津市鶴の里 16-1　077-524-0151　http://www.bbc-tv.co.jp/
- ●エフエム滋賀　520-0818　大津市西の庄 19-10 リンクスビル 6 階　077-527-0814
  http://www.e-radio.co.jp/
- ●京都放送　602-8588　京都市上京区烏丸通一条下ル龍前町 600-1　075-431-1115　http://www.kbs-kyoto.co.jp/
- ●エフエム京都　600-8566　京都市下京区烏丸通四条下ル水銀屋町 620COCON KARASUMA8F　075-344-0894
  http://fm-kyoto.jp/
- ●毎日放送　530-8304　大阪市北区茶屋町 17-1　06-6359-1123　http://www.mbs.jp/
- ● MBS ラジオ　530-8304　大阪市北区茶屋町 17-1　06-6359-1123　https://www.mbs1179.com
- ●朝日放送テレビ　553-8503　大阪市福島区福島 1-1-30　06-6458-5321　http://www.asahi.co.jp/
- ●朝日放送ラジオ　553-8503　大阪市福島区福島 1-1-30　06-6453-1008　http://www.abc1008.com/
- ●大阪放送　552-8501　大阪市港区弁天 1-2-4 ORC2002番街西館 4 階　06-6577-1302
  http://www.obc1314.co.jp/
- ●讀賣テレビ放送　540-8510　大阪市中央区城見 1-3-50　06-6947-2111　http://www.ytv.co.jp/
- ●関西テレビ放送　530-8408　大阪市北区扇町 2-1-7　06-6314-8888　http://www.ktv.jp/
- ●エフエム大阪　556-8510　大阪市浪速区湊町 1-3-1　06-4396-0851　http://fmosaka.net/
- ●テレビ大阪　540-8519　大阪市中央区大手前 1-2-18　06-6947-7777　http://www.tv-osaka.co.jp/
- ● FM802　530-8580　大阪市北区天神橋 2- 北 2-6　06-6354-8025　http://www.funky802.com/
- ●奈良テレビ放送　630-8575　奈良市法蓮佐保山 3-1-11　0742-24-2900　http://www.naratv.co.jp/
- ●ラジオ関西　650-8580　神戸市中央区東川崎町 1-5-7 神戸情報文化ビル 7F　078-362-7373　http://jocr.jp/
- ●サンテレビジョン　650-8536　神戸市中央区東川崎町 1-1-1　078-360-0330　http://sun-tv.co.jp/
- ●兵庫エフエム放送　650-8589　神戸市中央区波止場町 5-6　078-322-0899　http://www.kiss-fm.co.jp/
- ●和歌山放送　640-8577　和歌山市湊本町 3-3　073-428-1431　http://www.wbs.co.jp/
- ●テレビ和歌山　640-8533　和歌山市栄谷 151　073-455-5711　http://www.tv-wakayama.co.jp/

- ●山陰放送　683-8670　米子市西福原 1-1-71　0859-33-2111　http://www.bss.jp/
- ●日本海テレビジョン放送　680-8572　鳥取市田園町 4-360　0857-27-2108　http://www.nkt-tv.co.jp/
- ●山陰中央テレビジョン放送　690-8666　松江市向島町 140-1　0852-20-8888　http://www.tsk-tv.com/
- ●エフエム山陰　690-8508　松江市学園南 1-2-1 くにびきメッセ西棟 2 階　0852-27-5111
  http://www.fm-sanin.co.jp/
- ● RSK 山陽放送　700-8580　岡山市北区天神町 9-24　086-225-5631　http://www.rsk.co.jp/
- ●岡山放送　700-8635　岡山市北区下石井 2-10-12　086-941-0008　http://www.ohk.co.jp/

- ●テレビせとうち　700-8677　岡山市北区柳町 2-1-1　086-803-7000　http://www.webtsc.com/
- ●岡山エフエム放送　700-0821　岡山市北区中山下 1-8-45NTT クレド岡山ビル 11 階　086-226-7680
  http://www.fm-okayama.co.jp/
- ●中国放送　730-8504　広島市中区基町 21-3　082-222-1112　http://www.rcc.jp/
- ●広島テレビ放送　732-8575　広島市東区二葉の里 3-5-4　082-249-1212　http://www.htv.jp/
- ●広島ホームテレビ　730-8552　広島市中区白島北町 19-2　082-221-7111　http://home-tv.co.jp/
- ●テレビ新広島　734-8585　広島市南区出汐 2-3-19　082-256-2136　http://www.tss-tv.co.jp/
- ●広島エフエム放送　734-8511　広島市南区皆実町 1-8-2　082-251-2200　http://hfm.jp/
- ●山口放送　745-8686　周南市大字大徳 5832-2　0834-32-1111　http://kry.co.jp/
- ●テレビ山口　753-0292　山口市大内千坊 6-7-1　083-901-3333　http://www.tys.co.jp/
- ●エフエム山口　753-8521　山口市緑町 3-31　083-923-2100　http://www.fmy.co.jp/
- ●山口朝日放送　753-8570　山口市中央 3-5-25　083-933-1111　http://www.yab.co.jp/

[四国地区]

- ●四国放送　770-8573　徳島市中徳島町 2-5-2　088-655-7510　http://www.jrt.co.jp/
- ●エフエム徳島　770-8567　徳島市寺島本町西 1-61 徳島駅クレメントプラザ 5F　088-656-2111
  http://www.fm807.jp/
- ●西日本放送　760-8575　高松市丸の内 8-15　087-826-7350　http://www.rnc.co.jp/
- ●瀬戸内海放送　761-8581　高松市上之町 2-1-43　087-864-5555　http://www.ksb.co.jp/
- ●エフエム香川　761-8584　高松市上之町 2-1-43　087-866-0786　http://www.fmkagawa.co.jp/
- ●南海放送　790-8510　松山市本町 1-1-1　089-915-3333　http://www.rnb.co.jp/
- ●テレビ愛媛　790-8537　松山市真砂町 119　089-943-1111　http://www.ebc.co.jp/
- ●エフエム愛媛　790-8565　松山市竹原町 1-10-7　089-945-1111　http://www.joeufm.co.jp/
- ●あいテレビ　790-8529　松山市竹原町 1-5-25　089-921-2121　http://www.itv6.jp/
- ●愛媛朝日テレビ　790-8525　松山市和泉北 1-14-11　089-946-4600　http://eat.jp/
- ●高知放送　780-8550　高知市本町 3-2-8　088-825-4200　http://www.rkc-kochi.co.jp/
- ●テレビ高知　780-8577　高知市北本町 3-4-27　088-880-1111　http://www.kutv.co.jp/
- ●エフエム高知　780-8532　高知市鷹匠町 2-1-5　088-872-1100　http://www.fmkochi.com/
- ●高知さんさんテレビ　780-8533　高知市若松町 10-11　088-880-0033　http://www.sunsuntv.co.jp/

[九州地区]

- ● RKB 毎日放送　814-8585　福岡市早良区百道浜 2-3-8　092-852-6666　http://rkb.jp/
- ●九州朝日放送　810-8571　福岡市中央区長浜 1-1-1　092-721-1234　http://www.kbc.co.jp/
- ●テレビ西日本　814-8555　福岡市早良区百道浜 2-3-2　092-852-5555　http://www.tnc.co.jp/
- ●福岡放送　810-8655　福岡市中央区清川 2-22-8　092-532-1111　http://www.fbs.co.jp/
- ●エフエム福岡　810-8575　福岡市中央区清川 1-9-19 渡辺通南ビル　092-791-7290　http://fmfukuoka.jp/
- ● TVQ 九州放送　812-8570　福岡市博多区住吉 2-3-1　092-262-0077　http://www.tvq.co.jp/
- ● CROSS FM　802-8570　北九州市小倉北区京町 3-1-1 セントシティ北九州（COLET/I'm）10 階　093-551-0770
  http://www.crossfm.co.jp/
- ●ラブエフエム国際放送　810-8516　福岡市中央区今泉 1-12-23 西鉄今泉ビル 5F　092-734-5462
  http://lovefm.co.jp/
- ●サガテレビ　840-8558　佐賀市城内 1-6-10　0952-23-9111　http://www.sagatv.co.jp/
- ●エフエム佐賀　840-0023　佐賀市本庄町袋 286-5 サガンスクエアビル　0952-25-7790
  http://www.fmsaga.co.jp/
- ●長崎放送　850-0058　長崎市尾上町 5-6　095-824-3111　http://www.nbc-nagasaki.co.jp/
- ●テレビ長崎　850-8688　長崎市金屋町 1-7　095-827-2111　http://www.ktn.co.jp/
- ●エフエム長崎　850-8550　長崎市栄町 5-5　095-828-2020　http://www.fmnagasaki.co.jp/
- ●長崎文化放送　852-8527　長崎市茂里町 3-2　095-843-7000　http://www.ncctv.co.jp/
- ●長崎国際テレビ　850-8504　長崎市出島町 11-1　095-820-3000　http://www.nib.jp/
- ●熊本放送　860-8611　熊本市中央区山崎町 30　096-328-5511　http://rkk.jp/
- ●テレビ熊本　861-5592　熊本市北区徳王 1-8-1　096-354-3411　http://www.tku.co.jp/
- ●熊本県民テレビ　862-8504　熊本市中央区大江 2-1-10　096-363-6111　http://www.kkt.jp/

- ◉エフエム熊本　860-0001　熊本市中央区千葉城町 5-50　096-353-3131　http://fmk.fm/
- ◉熊本朝日放送　860-8516　熊本市西区二本木 1-5-12　096-359-1111　http://www.kab.co.jp/
- ◉大分放送　870-8620　大分市今津留 3-1-1　097-558-1111　http://www.e-obs.com/
- ◉テレビ大分　870-8636　大分市春日浦 843-25　097-532-9111　http://www.tostv.jp/
- ◉エフエム大分　870-8558　大分市府内町 3-8-8 ハニカムプラザ 4F　097-534-8888　http://www.fmoita.co.jp/
- ◉大分朝日放送　870-8524　大分市新川西 2-7-1　097-538-6111　http://www.oab.co.jp/
- ◉宮崎放送　880-8639　宮崎市橘通西 4-6-7　0985-25-3111　http://mrt.jp/
- ◉テレビ宮崎　880-8535　宮崎市祇園 2-78　0985-31-5111　http://www.umk.co.jp/
- ◉エフエム宮崎　880-8583　宮崎市祇園 2-78　0985-22-3344　http://www.joyfm.co.jp/
- ◉南日本放送　890-8570　鹿児島市高麗町 5-25　099-254-7110　http://www.mbc.co.jp/
- ◉鹿児島テレビ放送　890-8666　鹿児島市紫原 6-15-8　099-258-1111　http://www.kts-tv.co.jp/
- ◉鹿児島放送　890-8571　鹿児島市与次郎 2-5-12　099-251-5111　http://www.kkb.co.jp/
- ◉エフエム鹿児島　892-8579　鹿児島市東千石町 1-38 鹿児島商工会議所ビル 3F　099-239-1133　http://www.myufm.jp/
- ◉鹿児島讀賣テレビ　890-8574　鹿児島市与次郎 1-9-34　099-285-5555　http://www.kyt-tv.com/

［沖縄地区］

- ◉琉球放送　900-8711　那覇市久茂地 2-3-1　098-867-2151　http://www.rbc.co.jp/
- ◉沖縄テレビ放送　900-8588　那覇市久茂地 1-2-20　098-863-2111　http://www.otv.co.jp/
- ◉ラジオ沖縄　900-8604　那覇市西 1-4-8　098-869-2203　http://www.rokinawa.co.jp/
- ◉エフエム沖縄　901-2525　浦添市小湾 40　098-877-2361　http://www.fmokinawa.co.jp/
- ◉琉球朝日放送　900-8510　那覇市久茂地 2-3-1　098-860-1199　http://www.qab.co.jp/

【番組制作会社】〔全日本テレビ番組製作社連盟（ATP）加盟125社〔2023年6月現在〕〕

［あ行］

- ◉アイ・エー・ダブル　169-0074　東京都新宿区北新宿 2-10-18　03-5338-4701　http://www.iaw.co.jp/
- ◉ IVS テレビ制作　105-0014　東京都港区芝 3-24-3　03-3452-3600　http://www.ivstv.co.jp/
- ◉ AOI Pro.　104-0061　東京都中央区銀座 8-15-2 銀座 COM ビル　03-3779-8000　http://www.aoi-pro.com/
- ◉アズバーズ　160-0004　東京都新宿区四谷 2-10 第二太郎ビル 4F　03-3358-1881　http://www.asbirds.com/
- ◉アズマックス　107-0062　東京都港区南青山 4-17-22　03-3408-6360　http://www.azmax-pro.co.jp/
- ◉アトリエ・NOA　151-0063　東京都渋谷区富ヶ谷 1-2-13 高松 DC ビル 2F　03-5790-9996　http://www.at-noa.co.jp/
- ◉アマゾンラテルナ　151-8507　東京都渋谷区千駄ヶ谷 3-50-11 明星ビル 4F　03-5770-5600　http://amalate.co.jp/
- ◉イカロス　105-0021　東京都港区東新橋 2-2-8 スズキビル東新橋　03-5408-3681　http://www.n-ikaros.co.jp/
- ◉泉放送制作　107-0052　東京都港区赤坂 7-1-16-4F　03-5770-1811　http://www.izumitvp.co.jp/
- ◉いまじん　105-0003　東京都港区西新橋 1-1-1 日比谷フォートタワーWeWork 内　03-5860-9501　http://www.imagine-inc.co.jp/
- ◉エー・ビー・シーリブラ　553-0003　大阪府大阪市福島区福島 2-4-3ABC アネックス 5 階　06-6452-3666　http://www.abclibra.co.jp/
- ◉エキスプレス　530-0047　大阪市北区西天満 6-3-16 梅田ステートビル　06-6315-3100　／102-0092　東京都千代田区隼町 2-19 いちご半蔵門ビル 2 階　03-6261-5661　http://www.express.co.jp/
- ◉エスエスシステム　530-0074　大阪市北区本庄東 1-1-10 ライズ 88 ビル 505　06-6371-1000　／150-0004　東京都港区西新橋 6-9-6 第 12 東洋海事ビル 4F　03-6435-9080　http://sssystem.co.jp/
- ◉えすと　105-0004　東京都港区新橋 4-5-1 アーバン新橋ビル 6 階　03-6459-0075　http://www.est-est.co.jp/
- ◉エッジュ　105-0001　東京都渋谷区富ヶ谷 1-52-1KN ビル 4F　03-6427-4126　http://www.ezh.co.jp
- ◉ NHK エデュケーショナル　150-0042　東京都渋谷区宇田川町 7-13 第二共同ビル　03-3462-8101　http://www.nhk-ed.co.jp/
- ◉ NHK エンタープライズ　150-0047　東京都渋谷区神山町 4-14 第三共同ビル 4F　03-3481-7800　https://www.nhk-ep.co.jp/
- ◉ NHK グローバルメディアサービス　150-0047　東京都渋谷区神山町 9-2　03-3481-1191　http://www.nhk-g.co.jp/

◉ えふぷんの壱　150-0041　東京都渋谷区神南 1-9-10 番匠ビル 2F　03-5990-4800　http://www.ef-1.co.jp/
◉ エフロード　107-0061　東京都港区北青山 1-3-6 SI ビル青山 5F　03-3405-8541　http://www.f-road.jp/
◉ エム・ケイ・ツー　100-0014　東京都千代田区永田町 2-9-6 十全ビル 305　03-5637-7500
　　http://www.mk2.co.jp/
◉ mK5　150-0042　東京都渋谷区宇田川町 2-1 渋谷ホームズ 813　03-6712-7344　http://www.mk5.co.jp
◉ MBS 企画　530-8304　大阪府大阪市北区茶屋町 17-1 MBS 本社内 10 階　06-6359-1604
　　http://www.mbsp.co.jp/
◉ オッティモ　153-8660　東京都目黒区下目黒 1-2-5　03-3490-4645
◉ オフィスクライン　108-0073　東京都港区三田 1-11-22 SST ビル　03-6453-9381　http://o-klein.jp/
◉ オフィス・トゥー・ワン　106-0032　東京都港区六本木 3-16-33 青葉六本木ビル 8F　03-3586-2661
　　http://www.oto.co.jp/
◉ オルタスジャパン　107-0052　東京都港区赤坂 3-10-2 赤坂コマースビル 6 階　03-3587-7815
　　http://www.ortus-japan.co.jp/

[か行]
◉ ガスコイン・カンパニー　108-0073　東京都港区三田 3-12-17 プレクスビルディング 9F　03-3798-7171
　　http://www.gascoin.co.jp/
◉ カズモ　151-0063　東京都渋谷区富ヶ谷 1-37-14 グランシャリオ代々木公園 106 号　03-5478-1081
　　http://kazumo.jp/
◉ かわうそ商会　150-0063　東京都渋谷区富ケ谷 1-44-4 代々木いずみマンション 201　03-3469-2077
　　http://kawauso-shokai.com/
◉ キメラ　164-0011　東京都中野区中央 4-4-5 中央ビル 201　03-5342-2506　http://www.chimera-jp.com/
◉ CURIOUS PRODUCTIONS　150-0047　東京都渋谷区神山町 7-12 グランデュオ神山町 2F　03-6804-9508
　　http://curipro.co.jp
◉ 共同テレビジョン　104-0045　東京都中央区築地 5-6-10 浜離宮パークサイドプレイス 11F・12F
　　03-3547-4800　http://www.kyodo-tv.co.jp/
◉ クラッチ.　530-0047　大阪府大阪市北区西天満 3-6-28 オクタス西天満ビル 5 階　06-6364-3701
　　http://clutch-sp.com/
◉ クリエイティブ 30　107-0052　東京都港区赤坂 2-12-10HF 溜池ビルディング 3F　03-3586-7077
　　http://www.creative30.com/
◉ クリエイティブ・ジョーズ　531-0075　大阪府大阪市北区大淀南 1-5-1 ケイヒン梅田ビル 3F
　　06-6453-9011　http://www.jaws.co.jp/
◉ クリエイティブネクサス　106-0032　東京都港区六本木 3-4-23　03-3587-2666　http://www.cr-nexus.co.jp/
◉ グループ現代　160-0022　東京都新宿区新宿 2-3-15 大橋御苑ビル 7F　03-3341-2863
　　http://www.g-gendai.co.jp/
◉ ケイアイエヌ　150-0047　東京都渋谷区神山町 6-8 ユタカハイム 101 号　03-3467-2631
　　http://www.kinproduction.jp/
◉ ケイマックス　106-0044　東京都港区東麻布 1-9-15 東麻布一丁目ビル 5 階　03-3560-5511
　　http://www.kmax.co.jp/
◉ ゴーウェスト　150-0047　東京都渋谷区神山町 12-2 星野ビル 2F　03-5790-9936　http://www.go-west.co.jp
◉ 国際放映　157-0073　東京都世田谷区砧 5-7-1 東京メディアシティ　03-3749-7213
　　http://www.kokusaihoei.co.jp/
◉ ゴシック　107-0052　東京都港区赤坂 2-12-31 赤坂 GHS ビル 5F　03-5545-8078　http://www.gothictv.net/
◉ コスモ・スペース　102-0081　東京都千代田区四番町 5-6 四番町ビル 1 号館 3 階　03-3263-7201
　　http://www.cosmospace.co.jp/

[さ行]
◉ ザ・ワークス　105-0003　東京都港区西新橋 3-2-1Daiwa 西新橋ビル 1 階　03-5405-2505
　　http://www.theworks.co.jp/
◉ C.A.L　104-0061　東京都中央区銀座 8-14-14 銀座昭和通りビル 5F　03-3545-2911　http://www.cal-net.co.jp/
◉ CN インターボイス　103-0004　東京都中央区東日本橋 3-3-15 マウンテンビル 5F　03-5847-2900
　　http://www.cn-intervoice.com/

- ジーズ・コーポレーション　151-0063　東京都渋谷区富ヶ谷 1-18-5 T.I ビル 3F　03-5453-1922　http://gs4.co.jp/
- ジーヤマ　105-0001　東京都港区虎ノ門 4-2-3 トーセイビル 2F　03-3434-8434　http://g-yama.com/
- ジェイワークス　530-0003　大阪府大阪市北区堂島 2-2-26 アバンダント堂島 403　06-6341-7716　http://www.j-wks.com/
- シオン　100-0006　東京都千代田区有楽町 2-10-1 東京交通会館 10 階　03-6206-3080　http://sionnet.co.jp/
- ジッピー・プロダクション　150-0013　東京都渋谷区恵比寿 1-19-15 ウノサワ東急ビル 3F　03-6821-7773　http://www.zippy-pro.co.jp/home/
- ジニアス　160-0022　東京都新宿区新宿 1-16-16 テェアーカテリーナ 401　03-6457-7707　http://www.ginius.co.jp/
- ジャパネットブロードキャスティング　108-0073　東京都港区三田 1-4-1 住友不動産麻布十番ビル 7F　03-6634-6037　http://www.japanet.co.jp/
- ジャンプコーポレーション　106-0032　東京都港区六本木 3-5-27 六本木山田ビル 7F　03-5561-7810　http://jump.co.jp/
- 厨子王　105-0013　東京都港区浜松町 2-1-13 芝エクセレントビル 3 階 A-1 室　03-5445-3111　http://zushio.co.jp/
- スタッフラビ　107-0052　東京都港区赤坂 2-21-25 マニュライフプレイス赤坂 3F　03-3582-6280　http://labbi.jp/
- スローハンド　151-0063　東京都港区富ヶ谷 1-8-3 安達ビジネスパーク 3F　03-6407-0851　http://s-hand.co.jp/
- 創輝　104-0061　東京都中央区銀座 8-15-2 銀座 COM ビル 4 階　03-6278-0555　http://www.sohki.co.jp/
- ソナーメディア　181-0015　東京都三鷹市大沢 2-5-9　0422-90-6931　http://www.sonarmedia.jp

- 大映テレビ　106-0041　東京都港区麻布台 2-2-1 麻布台ビル 5 階　03-3582-8511　http://www.daiei-tv.com/
- 大河プロダクション　105-0014　東京都港区芝 3-28-2 カスターニ芝ビル 3F　03-6804-5660　http://www.taigapro.co.jp/
- ダイズ　531-0072　大阪府大阪市北区豊崎 3-10-2 アイアンドエフ梅田 807　06-4303-4766　https://www.daizu-mame.com
- ダイナマイトレボリューションカンパニー　105-0014　東京都港区芝 2-6-3 三宅ビル 3F　03-5439-5010　http://www.dynamiterc.co.jp/
- ダイメディア　536-0015　大阪市城東区新喜多 1-1-18 京橋南口辰田ビル 4F　06-6939-2523／150-0043 東京都渋谷区道玄坂 2-18-11 サンモール道玄坂 406　03-3464-3707　http://www.daimedia.co.jp/
- 太陽カンパニー　105-0003　東京都港区西新橋 3-13-7　Vort 虎ノ門 south　6 階　03-6264-7447　http://taiyo-company.com
- CHET Marketing　141-0021　東京都品川区上大崎 3-14-35 山手ビル 2F　03-6277-0588　https://chet.com
- 千代田ラフト　153-0042　東京都目黒区青葉台 3-1-19 青葉台石橋ビル 9F　03-3464-6393　http://www.chiyoda-raft.com/
- 円谷プロダクション　150-0036　東京都渋谷区南平台町 16-17 渋谷ガーデンタワー　03-5489-7860　http://m-78.jp/
- 釣りビジョン　160-0023　東京都新宿区西新宿 3-9-2 フジ・エステイト新宿第一ビル 7F　03-3373-0753　http://www.fishing-v.jp/
- TBS スパークル　107-8002　東京都港区赤坂 5-3-6TBS 放送センター18 階　03-5572-1001　http://www.tbssparkle.co.jp
- ディーレック　530-0044　大阪府大阪市北区東天満 1-10-12 エル・エスト不動産天満ビル 6F　06-6882-8808　https://drec-tv.com
- ディレクターズ東京　105-0011　東京都港区芝公園 1-3-8 松木ビル 4 階　03-5733-0830　http://www.dstokyo.co.jp/
- デジタル SKIP ステーション　333-0844　埼玉県川口市上青木 3-12-63 彩の国ビジュアルプラザ 9 階　048-264-7777　http://digital-skip-st.co.jp/
- テムジン　151-0063　東京都渋谷区富ヶ谷 1-34-4 TAKI ビル　03-5465-6678　http://www.temjin-tv.com/

- ◉テレコムスタッフ　107-0052　東京都港区赤坂 8-1-22 NMF 青山 1 丁目ビル 8 階　03-5411-2311
  http://www.telecomstaff.co.jp/
- ◉テレパック　107-0052　東京都港区赤坂 2-12-10 HF 溜池ビルディング 4 階　03-3585-8860
  http://telepack.co.jp/
- ◉テレビ朝日映像　106-0032　東京都港区六本木 1-1-1　03-3587-8165　http://www.tv-asahipro.co.jp/
- ◉テレビクリエイションジャパン　105-0012　東京都港区芝大門 2-11-16 Y・S ビル 4 階　03-6895-1341
  http://www.tcj-t.co.jp/
- ◉テレビ東京制作　105-0001　東京都港区虎ノ門 4-3-12 日経虎ノ門別館 4F　03-5777-5101　http://protx.co.jp/
- ◉テレビマンユニオン　151-0001　東京都渋谷区神宮前 5-53-67 コスモス青山 SOUTH 棟　03-6418-8700
  http://www.tvu.co.jp/
- ◉東京ビデオセンター　107-0052　東京都港区赤坂 3-7-15 小川ビル　03-3582-3965　http://www.tvc-net.com/
- ◉東通企画　107-0052　東京都港区赤坂 2-14-5 Daiwa 赤坂ビル　03-6230-3575
  http://www.totsu-plan.com/／531-0076　大阪府大阪市北区大淀中 1-16-7　06-6451-7677
- ◉東阪企画　162-0805　東京都新宿区矢来町 28-9　03-3267-7377　http://www.tohan-kikaku.co.jp/
- ◉東北新社　107-8460　東京都港区赤坂 4-8-10　03-5414-0211　http://www.tfc.co.jp/
- ◉ドキュメンタリージャパン　107-0052　東京都港区赤坂 8-12-20 和晃ビル 1F　03-5570-3551
  http://www.documentaryjapan.com/

[な行]

- ◉日企　105-0001　東京都港区虎ノ門 2-4-1 虎ノ門ピアザビル 5F　03-3591-3811　http://www.nichiki.co.jp/
- ◉日経映像　103-0025　東京都中央区日本橋茅場町 2-6-1 日経茅場町別館 5F　03-3639-2901
  http://www.nikkeivi.co.jp/
- ◉日テレアックスオン　105-7422　東京都港区東新橋 1-6-1 日テレタワー22F　03-3222-3150
  http://www.ax-on.co.jp/
- ◉日本ケーブルテレビジョン　106-0032　東京都港区六本木 1-1-1 テレビ朝日アーク放送センターB1F
  03-3568-8221　http://www.jctv.co.jp/
- ◉日本電波ニュース社　106-0047　東京都港区南麻布 1-5-10 小池ビル 3F　03-5765-6810
  http://www.ndn-news.co.jp/
- ◉ネッゲン　107-0052　東京都港区赤坂 5-4-11 山口建設第二ビル 4F　03-6459-1541　http://www.netzgen.jp/
- ◉ノマド　107-0052　東京都港区赤坂 8-1-5AB 赤坂ビル 3F　03-5772-2255　http://e-nomad.co.jp/

[は行]

- ◉ハウフルス　106-0045　東京都港区麻布十番 1-7-11 麻布井上ビル　03-5411-0011　http://www.howfulls.com/
- ◉パオネットワーク　107-0052　東京都港区赤坂 2-15-16 赤坂ふく源ビル 3F　03-5545-7731
  http://www.paonetwork.co.jp/
- ◉PASSION　105-0012　東京都港区芝大門 2-6-6 VORT 芝大門 5F　03-3432-8418
  http://www.passion-tv.co.jp/
- ◉バンエイト　135-0064　東京都江東区青海 1-1-20 ダイバーシティ東京オフィスタワー16F　03-6738-8810
  http://www.van8.co.jp/
- ◉BEGIN　107-0052　東京都港区赤坂 8-3-7 テレサハウス 101　03-6455-4041　http://www.begin-jidai.com/
- ◉ヴィジュアルフォークロア　160-0014　東京都新宿区新宿 1-12-12 オスカカテリーナビル 3F　03-3352-2291
  http://www.vfo.co.jp/
- ◉ピクチャーズネットワーク　102-0074　東京都千代田区九段南 4-6-13 ニュー九段マンション 601
  03-5215-2488　http://www.picturesnetwork.co.jp/
- ◉ファーストハンド　107-0052　東京都港区赤坂 2-15-18 西山興業赤坂ビル 501　03-3224-1420
  http://fhtv.co.jp/
- ◉フラジャイル　107-0052　東京都港区赤坂 4-7-4 BKB Akasaka2F　03-5561-9277
  http://www.fragile-tv.com/
- ◉ブリッジ　530-0054　大阪府大阪市北区南森町 2-1-20　06-6311-1086　http://bridge-inc.com/
- ◉フレックス　106-0031　東京都港区西麻布 1-2-9 EX タワー10 階　03-5785-1170　http://www.flex.co.jp
- ◉プロジェクトドーン　107-0052　東京都港区六本木 2-2-6 六本木福吉町ビル 202　03-5544-8095
  http://www.dawn.jp

- ●放送映画製作所　530-8304　大阪府大阪市北区茶屋町 17-1　06-6377-0218　http://www.hosoeiga.co.jp/
- ●ホームルーム　151-0051　東京都渋谷区千駄ヶ谷 5-16-16 千駄ヶ谷フラワーマンション 501
  03-5369-3637　http://www.homeroom-doc.com/
- ●ホリプロ　153-0064　東京都目黒区下目黒 1-2-5　03-3490-4601　http://www.horipro.co.jp/

[ま行]

- ●ムーブマン　151-0053　東京都渋谷区代々木 2-23-1 ニューステートメナー2278 号　03-3320-1981
  http://mouvement.jp/
- ●メディア・バスターズ　105-0004　東京都港区新橋 2-12-7 労金新橋ビル 3F　03-3593-3810
  http://www.mbinc.co.jp/
- ●メディアプルポ〈大阪本社〉　530-0025　大阪府大阪市北区扇町 2-1-7 カンテレ扇町スクエア 3 階
  06-6315-2578／〈東京支社〉　104-0045　東京都中央区築地 6-17-4 築地パークビル 302
  03-3544-8531　http://www.pulpo.jp/
- ●メディアミックス・ジャパン　107-0062　東京都港区南青山 1-15-14 新乃木坂ビル 7F　03-5410-0241
  http://www.mmj-pro.co.jp/
- ●メディア・ワン　151-0064　東京都渋谷区上原 3-6-6-4F　03-5790-7022　http://www.mediaone.co.jp/
- ●モスキート　105-0021　東京都港区東新橋 2-4-1 サンマリーノ汐留 9F　03-6402-2439
  http://www.mosquito.co.jp/

[や・ら・わ行]

- ●やんかわ商店　158-0083　東京都世田谷区奥沢 6-15-4　03-6809-8800
  http://www.yankawa-showten.co.jp
- ●ユーコム　107-0061　東京都港区南青山 2-13-5 青山サンクレストビル 7 階　03-5770-3110
  http://www.ucom-net.jp/
- ●ユーフィールド　105-0011　東京都港区芝公園 2-11-11 芝公園 2 丁目ビル 2F　03-6432-4310
  http://www.u-field.jp/
- ● UNITED PRODUCTIONS　105-0011　東京都渋谷区東 3-16-3　エフ・ニッセイ恵比寿ビル 2F
  03-6205-8301　https://united-p.co.jp
- ●ユニオン映画　104-0061　東京都中央区銀座 7-17-2 アーク銀座ビルディング 5F　03-3541-8188
  http://www.unioneiga.co.jp/
- ●吉本興業　542-0075　大阪府大阪市中央区難波千日前 11-6　06-6643-1122
  ／160-0022　東京都新宿区新宿 5-18-21　03-3209-8300　http://www.yoshimoto.co.jp/
- ●ラダック　107-0052　東京都港区赤坂 1-4-3 グランジュール赤坂 2F　03-6441-0185　http://ladak.jp/
- ●レジスタ X1　531-0075　大阪府大阪市北区大淀南 1-5-1 ケイヒン梅田ビル 5F　06-6453-0801
  ／107-0052　東京都港区赤坂 5-4-17SC ビル赤坂 4F　03-6441-2930　http://www.regista-x1.co.jp/
- ●ローリング　105-0011　東京都港区芝公園 1-3-8 苔香園ビル 7F　03-5776-1225　http://www.rolling-mov.com
- ● ytv Nextry　540-0001　大阪府大阪市中央区城見 1-3-50 読売テレビ本社ビル 6F　06-6947-7050
  http://www.nextry.net/
- ●ワンズワン　108-0073　東京都港区三田 3-7-18 THE ITOYAMA TOWER residence#125　03-6453-9240
  http://onesone.co.jp/

＊自分が好きな番組に出合ったら、ぜひ、その番組をつくった会社を調べてみ
　よう。放送局のみならず、きっと、いろいろな番組制作会社の仕事を知るこ
　とになるはずだ。
　また、番組制作会社の中には、通年で求人活動をしている会社も少なくな
　い。各社の HP を、ぜひチェックしてほしい。

おわりに

　放送業界をめざすにあたって、ぜひやってもらいたいことがある。

　それは、仲間を募って勉強会を組織することだ。1週間に一度集まって、作文の練習を中心に、クリエイティブ試験やエントリーシート対策を進めていこう。作文やクリエイティブ試験、エントリーシート対策は、一人ではできない。厳しい相互批判をしてよりよい文章をつくっていきたい。できれば、放送局に勤めている人、もしくは、新聞記者か編集者をゲストに呼んで、作文とエントリーシートを読んでもらえれば最高だ。

　勉強会では、入社試験情報の交換もしたいし、時事問題や雑学の勉強もしてほしい。雑学教養試験の対策で最も効率のよい方法は、次のとおりだ。

　毎週、各人が自分の興味のあるジャンルの5択問題を10問つくって皆に配る。次の週にその解答を配る。これを毎週繰り返すのだ。ある日の新聞から問題をつくるもよし、自分の好きなスポーツ関係の問題をつくるもよしである。問題のつくり方はPART 7の「放送業界の一般教養過去問題集」を参考にしよう。実際つくってみるとわかるが、5択問題を作成するとその問題の周辺の知識が得られる。また、他の人の問題をやれば世の中にはいろんなことに興味を持つ人のいることがわかり、知識も友情も深まるはずだ。

　10人の仲間でやれば、毎週自分の問題も含めて100問の知識が得られる。1カ月で400問、3カ月で1200問になる。一般教養対策はこれで充分だ。

　もし、仲間を集めることができず一人で勉強するしかない場合はどうするか。それでも、少なくとも作文は誰かに見てもらいたい。見てもらう人がいなければ、マスコミ就職塾に通うか、通信添削を受けてほしい。作文だけは、自分一人でどれだけ書きまくっても、

上達することも客観的な評価を知ることも難しい。書けば書くほど一人よがりな文になりがちだ。

　最後に、どうしてもテレビ番組制作に携わりたいと思う人にアドバイスしたい。

　まずは、毎年の就職戦線の流れのままに、最初に求人を行うキー局を中心とした放送局を受けることになるだろう。本書で学び、万全の準備で臨もう。それで内定が獲得できれば御の字だ。おめでとう！

　しかし、仮に放送局の内定がとれなくても落ち込むことはない。〈巻末付録〉にある番組制作会社のホームページを片っ端から覗いてほしい。番組制作会社では随時スタッフを募集しているところが多数あり、たえずどこかの会社で求人活動をしていることがわかるだろう。やる気と元気と明るさがあって、つくりたい番組を具体的に話すことができれば（文章化できれば）入社は可能だ。

　それでもダメならば、最後の手段。直接番組制作会社を訪ねて自分を売り込もう。「『我こそは』と思う方、いつでも遊びに来てください」とホームページに明記している会社もある。会社を訪問する際の注意点は、その会社の制作した番組をしっかり見ておくこと。つくりたい番組を考えておくこと。

　意欲があれば、受け入れてくれる可能性が大いにあるのがテレビ番組制作業界の現実だ。どこかの会社には、必ず入れる。

　現在、マスコミ業界でもっとも入りやすいのがテレビ番組制作会社である。どうしてもテレビ番組制作に携わりたいと思うのなら、迷わず飛び込んでみよう。道は、自ら開く。

あとがき

　2025年採用版の本書を、ここまでじっくり読んでくれた君なら、もう理解できたと思う。何がなんでも、どうしても、放送番組の制作に携わりたいと思うのなら、それは可能なのだ。

　新聞、出版に比べると、放送業界の歴史は浅い。1953年に始まったテレビ業界の場合、放送が始まってまだ70年、最初のテレビ番組制作会社が設立されて53年にすぎない。まだまだこれから熟していく業界なのだ。明るくて、元気、やりたいことにあふれた意欲ある君を、放送業界が放っておくはずがない。あの放送局でなくては入りたくない、この番組制作会社でなくてはいやだなど、選択肢を自分でせばめないことが大切だ。

　番組制作に携わるためにしなくてはならないことは本書に記した。まずは、入社のために必要な最新情報を本書で知ろう。そして、作文を書き始めよう。クリエイティブ試験に挑戦してみよう。企画を考えてみよう。

　「子どもの頃から大学生の現在まで、テレビ（ラジオ）番組を見て（聴いて）感動したから、自分はもっと感動できる番組をつくってみたい」。これは、夢ではなく実現できるものとして君の目の前にある。失敗をおそれず、前に進むことで、未来は自らの手で開くことができる。就職活動は待っていても、何もやってこない。がんばってほしい。

　なお本書は、放送業界に入るために最低限知っておきたい業界や放送局、番組制作会社のしくみ、最も大切な入社試験対策に絞って記した。したがって、年々移りゆく業界の現在や未来予想図については、あえてほとんど触れていない。なぜなら、放送業界全体の景気がよかろうが、業界の未来がたとえ明るくなかろうが、君や私個人にはあまり影響がないと考えたいからだ。放送業界にとって一番大切なのは番組制作である。実は番組づくりは草創期から変わって

いない。コンテンツ（内容）すなわち番組企画こそが重要だ。企画さえあれば、この業界で生き切ることができる。テレビやラジオは、私たちが生きているうちはなくならないと思う。やりたいことをして生きてゆく。それでいこう。

　この本の姉妹編として拙著『これが出る！　マスコミ漢字攻略バイブル』（早稲田経営出版）がある。漢字試験対策にさっそく取り組もう。ほかに拙著『2025年採用版　出版社内定獲得！』（TAC出版）もある。出版業界にも興味があれば読んでほしい。

　本書の刊行にあたって多くの方のお世話になった。

　『2025年採用版　出版社内定獲得！』とともに、独創的な編集をしてくださったTAC出版の田辺真由美氏、校正を担って下さった田村啓子氏、いつも仕事の道筋をつけてくださるTAC株式会社の高野宏一、磯野順一、石川博規の諸氏にまず感謝したい。また、カバーイラストを描き下ろしてくださった嶽まいこさん、装丁を担当してくださった若井夏澄さん、取材に応じてくださった放送業界の多くの友人たちにも感謝申し上げる。

　これまで各大学や、早稲田マスコミセミナー、日本ジャーナリスト専門学校などで多くの学生諸君と一緒に学んできた。

　本書に掲載した合格作文例は、私が毎回講義の際に配付している「優秀例文集」から引用した。また、大東文化大学法学部法律学科「文章表現法1・2」の冨板クラスの諸君の協力も得た。とりわけ、この本のために資料収集、データ協力をしてくれた多くの若い友人たちがいなければ本書の刊行はむずかしかった。次頁に名前を記したみなさんには特に感謝したい。本当にありがとう。

　最後に、『出版社内定獲得！』とともにオリジナリティーあふれる素敵なイラストを描いてくれた山崎祐子氏、こまやかで厳しく的確な校閲をしてくれた里見美香氏に感謝する。

2023年9月

　　　　　　　　　　　　　　　　　　　冨板　　敦

〈参考引用文献〉

『日本民間放送年鑑 2022』日本民間放送連盟　2022 年
『NHK 年鑑 2022』NHK 放送文化研究所　NHK 出版　2022 年
『情報メディア白書 2023』電通メディアイノベーションラボ　ダイヤモンド社　2023 年
『マスコミ就職読本③放送・広告・エンタメ篇』2021〜24 年度　創出版　2019〜22 年
『マスコミ就職読本①入門篇』2005〜24 年度　創出版　2003〜22 年
『マスコミ就職読本③放送篇』2005〜20 年度　創出版　2003〜18 年
『図解入門業界研究　最新放送業界の動向とカラクリがよくわかる本 (第 5 版)』中野明　秀和システム 2020 年
『会社四季報 業界地図 2023 年版』東洋経済新報社 2022 年
『CS 放送データブック 2005』衛星放送協会 2005 年
『テレビ・ラジオ・芸能の全仕事 2006』東放学園 2004 年
『テレビ・ラジオの仕事なり方完全ガイド』学習研究社 2003 年
『エンタテインメント業界就職〈2005 年版〉2. テレビ・ラジオ』DAI-X 出版 2003 年
『全国テレビプロダクションベスト 100 社 (最新版)』石井清司　東急エージェンシー出版部 2003 年
『CS デジタル放送ベスト 100 社 (最新版)』石井清司　ぱる出版 2000 年
『テレビの教科書』碓井広義　PHP 新書 2003 年
『テレビが夢を見る日』碓井広義　集英社 1998 年
『図解放送業界ハンドブック (新版)』西正　東洋経済新報社 2007 年
『よくわかる放送業界 [改訂版] (業界の最新常識)』河本久廣　日本実業出版社 2006 年
『放送 [新訂版] (比較日本の会社)』島田功緒　実務教育出版 2005 年
『テレビドラマ (シリーズ「プロの台所」)』土本亜理子・猫柳あけみ　現代書館 1991 年
『放送業界大再編—デジタル放送が巻き起こす地殻変動』西正　日刊工業新聞社 2004 年
『お前はただの現在にすぎない—テレビになにが可能か』萩元晴彦・村木良彦・今野勉　田畑書店 1969 年　朝日文庫 2008 年
『戦後史にみるテレビ放送中止事件』松田浩・メディア総合研究所　岩波書店 1994 年

〈参考引用ホームページ〉

「日本民間放送連盟」ホームページ
「ATP (全日本テレビ番組制作者連盟)」ホームページ

本書の執筆にあたって資料収集、データ協力をしてくださったみなさん (敬称略)

大川央、出口拓郎、髙橋七重、玉城太郎、林厚志、向畠幸恵、青木理恵、木之下ゆり子、三井錦里、村上香織、菅原悠、高野仁見、武田典子、渡辺遼子、柵高浩、村上達也、城後成吾、中根里紗、佐渡友美江、中島みなみ、吉田裕介、小倉明日香、小原健太

［著者紹介］

冨板　敦 （とみいた・あつし）

1962年8月29日愛知県一宮市生まれ。私立滝高校、早稲田大学商学部卒業後、1985年筑摩書房に入社。『ぼくたちのマルクス』（木原武一著）、『悪い警察とたたかう本』（千代丸健二著）など、多数の社会派ノンフィクションを企画・編集した。1994年退社、独立。現在は、フリー編集者、大東文化大学法学部法律学科非常勤講師（文章表現法）。テレビ番組制作会社でドキュメンタリー番組のプロデューサーをつとめ、「NHKスペシャル」のリサーチなどにも携わる。著書に『出版社内定獲得！』（TAC出版）、『これが出る！　マスコミ漢字攻略バイブル』『マスコミ合格！　「恥さらし」作文術』『Wセミナー公認就職活動バイブル』（いずれも早稲田経営出版）、『大杉栄年譜』『増補改訂日本アナキズム運動人名事典』『大杉栄と仲間たち』（編著、いずれも、ぱる出版）がある。『鶴見俊輔語録①②』（皓星社）の編者、『大杉栄全集（全13巻）』『大杉栄資料集成（全3巻）』（いずれも、ぱる出版）編集委員。早稲田マスコミセミナーでは、テレビ・ラジオ業界、出版業界志望者向けの講座を担当。親しみやすい人柄と、学生の個性を引き出す丁寧な指導で絶大な人気がある。元日本ジャーナリスト専門学校講師。調理師の免許も持っている。
現在は、月刊情報紙『アナキズム』、季刊『アナキズム文献センター通信』、また、月刊『浄土宗新聞』、季刊『かるな』（浄土宗出版）などの編集委員も務めている。

- 装丁：若井夏澄（tri）
- イラスト：嶽まいこ

2025年度版　テレビ局　内定獲得！

2023年10月15日　初　版　第1刷発行

著　　者	冨　板　　　　敦	
発　行　者	多　田　敏　男	
発　行　所	TAC株式会社　出版事業部	
	（TAC出版）	

〒101-8383
東京都千代田区神田三崎町3-2-18
電話 03（5276）9492（営業）
FAX 03（5276）9674
https://shuppan.tac-school.co.jp

組　　版	有限会社　マーリンクレイン	
印　　刷	株式会社　ワ　コ　ー	
製　　本	株式会社　常　川　製　本	

© Atsushi Tomiita 2023　　　Printed in Japan

ISBN 978-4-300-10905-2
N.D.C. 377

TAC出版 書籍のご案内

TAC出版では、資格の学校TAC各講座の定評ある執筆陣による資格試験の参考書をはじめ、資格取得者の開業法や仕事術、実務書、ビジネス書、一般書などを発行しています！

TAC出版の書籍
*一部書籍は、早稲田経営出版のブランドにて刊行しております。

資格・検定試験の受験対策書籍

- ❂日商簿記検定
- ❂建設業経理士
- ❂全経簿記上級
- ❂税　理　士
- ❂公認会計士
- ❂社会保険労務士
- ❂中小企業診断士
- ❂証券アナリスト

- ❂ファイナンシャルプランナー(FP)
- ❂証券外務員
- ❂貸金業務取扱主任者
- ❂不動産鑑定士
- ❂宅地建物取引士
- ❂賃貸不動産経営管理士
- ❂マンション管理士
- ❂管理業務主任者

- ❂司法書士
- ❂行政書士
- ❂司法試験
- ❂弁理士
- ❂公務員試験(大卒程度・高卒者)
- ❂情報処理試験
- ❂介護福祉士
- ❂ケアマネジャー
- ❂社会福祉士　ほか

実務書・ビジネス書

- ❂会計実務、税法、税務、経理
- ❂総務、労務、人事
- ❂ビジネススキル、マナー、就職、自己啓発
- ❂資格取得者の開業法、仕事術、営業術
- ❂翻訳ビジネス書

一般書・エンタメ書

- ❂ファッション
- ❂エッセイ、レシピ
- ❂スポーツ
- ❂旅行ガイド (おとな旅プレミアム/ハルカナ)
- ❂翻訳小説

書籍の正誤に関するご確認とお問合せについて

書籍の記載内容に誤りではないかと思われる箇所がございましたら、以下の手順にてご確認とお問合せをしてくださいますよう、お願い申し上げます。

なお、正誤のお問合せ以外の**書籍内容に関する解説および受験指導などは、一切行っておりません。**
そのようなお問合せにつきましては、お答えいたしかねますので、あらかじめご了承ください。

1 「Cyber Book Store」にて正誤表を確認する

TAC出版書籍販売サイト「Cyber Book Store」の
トップページ内「正誤表」コーナーにて、正誤表をご確認ください。

CYBER TAC出版書籍販売サイト
BOOK STORE

URL：https://bookstore.tac-school.co.jp/

2 1の正誤表がない、あるいは正誤表に該当箇所の記載がない
⇒ 下記①、②のどちらかの方法で文書にて問合せをする

★ご注意ください★

お電話でのお問合せは、お受けいたしません。

①、②のどちらの方法でも、お問合せの際には、「お名前」とともに、
「対象の書籍名（○級・第○回対策も含む）およびその版数（第○版・○○年度版など）」
「お問合せ該当箇所の頁数と行数」
「誤りと思われる記載」
「正しいとお考えになる記載とその根拠」
を明記してください。

なお、回答までに１週間前後を要する場合もございます。あらかじめご了承ください。

---

① ウェブページ「Cyber Book Store」内の「お問合せフォーム」より問合せをする

【お問合せフォームアドレス】

https://bookstore.tac-school.co.jp/inquiry/

---

② メールにより問合せをする

【メール宛先　TAC出版】

syuppan-h@tac-school.co.jp

※土日祝日はお問合せ対応をおこなっておりません。
※正誤のお問合せ対応は、該当書籍の改訂版刊行月末日までといたします。

乱丁・落丁による交換は、該当書籍の改訂版刊行月末日までといたします。なお、書籍の在庫状況等により、お受けできない場合もございます。

また、各種本試験の実施の延期、中止を理由とした本書の返品はお受けいたしません。返金もいたしかねますので、あらかじめご了承くださいますようお願い申し上げます。